高等院校广告和艺术设计专业系列规划教材

广告心理学

丁艳艳 王瑞春 主编
汪永芝 王彦 副主编

清华大学出版社
北京

内 容 简 介

本书以广告心理学基本原理为主线,根据广告心理学应用操作规程,具体介绍广告心理学的研究对象和研究方法、广告受众注意、广告的认知过程、广告的记忆过程、广告影响消费者的行为、广告作品心理、主要广告媒体的心理特点、广告传播者心理、广告心理效果测量等知识,并注重通过案例分析讲解,提高应用能力。

本书逻辑结构层次清楚、内容翔实、体系完整、案例生动、贴近实际、突出实用性。本书既适用于本科及高职高专院校广告艺术设计专业的教学,也可以用于文化创意企业和广告设计公司从业者的职业教育与岗位培训,对于广大"中小微"广告艺术设计创业者也是一本必备的自我训练指导手册。

本书封面贴有清华大学出版社防伪标签,无标签者不得销售。
版权所有,侵权必究。举报:010-62782989,beiqinquan@tup.tsinghua.edu.cn。

图书在版编目(CIP)数据

广告心理学/丁艳艳,王瑞春主编. —北京:清华大学出版社,2016(2024.2重印)
(高等院校广告和艺术设计专业系列规划教材)
ISBN 978-7-302-39824-0

Ⅰ. ①广… Ⅱ. ①丁… ②王… Ⅲ. ①广告心理学－高等学校－教材 Ⅳ. ①F713.80

中国版本图书馆 CIP 数据核字(2015)第 080764 号

责任编辑:张 弛
封面设计:李子慕
责任校对:刘 静
责任印制:杨 艳

出版发行:清华大学出版社
网　　址:https://www.tup.com.cn,https://www.wqxuetang.com
地　　址:北京清华大学学研大厦 A 座　　邮　编:100084
社 总 机:010-83470000　　邮　购:010-62786544
投稿与读者服务:010-62776969,c-service@tup.tsinghua.edu.cn
质量反馈:010-62772015,zhiliang@tup.tsinghua.edu.cn
课件下载:https://www.tup.com.cn,010-62795764

印 装 者:涿州市般润文化传播有限公司
经　　销:全国新华书店
开　　本:185mm×260mm　　印　张:14　　字　数:356 千字
版　　次:2016 年 1 月第 1 版　　印　次:2024 年 2 月第 8 次印刷
定　　价:49.00 元

产品编号:064665-02

编审委员会

主　　任：牟惟仲

副主任：（排名不分先后）

　　　　　宋承敏　冀俊杰　张昌连　田卫平　滕祥东　张振甫
　　　　　林　征　帅志清　李大军　梁玉清　鲁彦娟　王利民
　　　　　吕一中　张建国　王　松　车亚军　王黎明　田小梅

委　　员：（排名不分先后）

　　　　　梁　露　崔德群　金　光　吴慧涵　崔晓文　鲍东梅
　　　　　翟绿绮　吴晓慧　温丽华　吴晓赞　朱　磊　赵　红
　　　　　马继兴　白　波　赵盼超　田　园　姚　欣　王　洋
　　　　　吕林雪　王洪瑞　许舒云　孙　薇　赵　妍　胡海权
　　　　　温　智　逄京海　吴　琳　李　冰　李　鑫　刘菲菲
　　　　　何海燕　张　戈　曲　欣　李　卓　李笑宇　刘　剑
　　　　　刘　晨　李连璧　孟红霞　陈晓群　张　燕　阮英爽
　　　　　王桂霞　刘　琨　杨　林　顾　静　林　立　罗佩华

丛书总编：李大军

丛书副总编：梁　露　鲁彦娟　吴晓慧　金　光　温丽华　翟绿绮

专家组：田卫平　梁　露　崔德群　崔晓文　华秋岳　梁玉清

序言

　　随着我国改革开放进程的加快和市场经济的快速发展,广告和艺术设计产业也在迅速发展。广告和艺术设计作为文化创意产业的核心和关键支撑,在加强国际商务交往、丰富社会生活、塑造品牌、展示形象、引导消费、传播文明、拉动内需、解决就业、推动民族品牌创建、促进经济发展、构建和谐社会、弘扬古老中华文化等方面发挥着越来越大的作用,已经成为我国经济发展重要的"绿色朝阳"产业,在我国经济发展中占有极其重要的位置。

　　1979年中国广告业从零开始,经历了起步、快速发展、高速增长等阶段,2017年我国广告营业额达到7 000亿元,已跻身世界前列。商品销售离不开广告,企业形象也需要广告宣传,市场经济发展与广告业密不可分;广告不仅是国民经济发展的"晴雨表"、社会精神文明建设的"风向标",也是构建社会主义和谐社会的"助推器"。由于历史原因,我国广告和艺术设计产业起步晚,但是发展飞快,目前广告行业中受过正规专业教育的从业人员严重缺乏,因此使得中国广告和艺术设计作品难以在世界上拔得头筹。广告设计专业人才缺乏,已经成为制约中国广告设计事业发展的主要瓶颈。

　　当前,随着世界经济的高度融合和中国经济国际化的发展趋势,我国广告设计业正面临着全球广告市场的激烈竞争,随着经济发达国家广告设计观念、产品营销、运营方式、管理手段及新媒体和网络广告的出现等巨大变化,我国广告艺术设计从业者急需更新观念、提高专业技术应用能力与服务水平、提升业务质量与道德素质,广告和艺术设计行业与企业也在呼唤"有知识、懂管理、会操作、能执行"的专业实用型人才。加强广告设计业经营管理模式的创新、加速广告和艺术设计专业技能型人才培养已成为当前亟待解决的问题。

　　为此,党和国家高度重视文化创意产业的发展,党的十七届六中全会明确提出"文化强国"的长远战略,发展壮大包括广告业在内的传统文化产业,迎来文化创意产业大发展的最佳时期;政府加大投入、鼓励新兴业态、发展创意文化、打造精品文化品牌、消除壁垒、完善市场准入制度,积极扶持文化产业进军国际市场。结合中国共产党第十九次全国代表大会提出的"坚定文化自信,建设文化强国"的号召,国家广告产业发展"十三五"规划纲要明确提出促进广告业健康发展。中央经济工作会议提出"稳中求进"的总体思路,强调扩大内需、发展实体经济,对做好广告工作提出新的更高要求。

针对我国高等教育广告和艺术设计专业知识老化、教材陈旧、重理论轻实践、缺乏实际操作技能训练等问题,为适应社会就业需求、满足日益增长的文化创意市场需求,我们组织多年从事广告和艺术设计教学与创作实践活动的国内知名专家教授及广告设计企业精英共同精心编撰了本系列教材,旨在迅速提高大学生和广告设计从业者的专业技能素质,更好地服务于我国已经形成规模化发展的文化创意事业。

本系列教材作为高等教育广告和艺术设计专业的特色教材,坚持以科学发展观为统领,力求严谨,注重与时俱进;在吸收国内外广告和艺术设计界权威专家学者最新科研成果的基础上,融入了广告设计运营与管理的最新实践教学理念;依照广告设计的基本过程和规律,根据广告业发展的新形势和新特点,全面贯彻国家新近颁布实施的广告法律、法规和行业管理规定;按照广告和艺术设计企业对用人的需求模式,结合解决学生就业、加强职业教育的实际要求;注重校企结合、贴近行业企业业务实际,强化理论与实践的紧密结合;注重管理方法、运作能力、实践技能与岗位应用的培养训练,并注重教学内容和教材结构的创新。

本系列教材包括《色彩》《素描》《中国工艺美术史》《中外美术作品鉴赏》《广告学概论》《广告设计》《广告摄影》《广告法律法规》《会展广告》《字体设计》《版式设计》《包装设计》《标志设计》《招贴设计》《会展设计》《书籍装帧设计》等。本系列教材的出版对帮助学生尽快熟悉广告设计操作规程与业务管理,以及帮助学生毕业后能够顺利走向社会就业具有特殊意义。

教材编委会

2018 年 5 月

广告作为文化创意产业的核心支柱,在加强国际商务交往、丰富社会生活、拉动内需、解决就业、促进经济发展、构建和谐社会、弘扬中华文化等方面发挥着越来越大的作用,已经成为我国服务经济发展的重要产业,在我国经济发展中占有极其重要的位置。

广告界有句名言说得好:"科学的广告术是遵循心理学法则的。"广告界的大量事实也证明"广告战即心理战"。广告针对人,主要是宣传产品和服务,成功的广告必须研究和把握广告受众的心理;广告需要借助媒介,成功的广告必须有创意地利用好电视广播等各种传播媒体;成功的广告创意来自灵感、来自坚实的专业基础,更来自于对市场营销、对广告受众的心理揣摩与分析归类。广告需要广告心理学,广告心理学可以帮助广告策划人及艺术设计者迈向成功。

广告心理学研究成果能够增强广告活动的科学性,根据广告心理学基本原理确定广告"说什么""如何说""向谁说""由谁来说",才能取得良好的广告效果,达到预期的广告目标。学习好广告心理学、做现代广告人、掌握广告心理学的理论原则和基本应用,对于开拓广告创意、提高广告制作水平、推动广告市场发展、获取丰厚的广告经济效益和社会效益具有深远的意义。

本书作为高等院校广告与艺术设计专业的特色教材,严格按照国家教育部关于"加强职业教育、突出实践能力培养"的教学改革精神,根据广告企业服务规范的实际要求,既注重广告心理学与世界各民族文化的有机结合,又注重广告艺术设计活动中的心理作用。通过强化服务细节实训,有助于学习者按照科学发展观要求,更好地掌握开展广告心理服务的知识与技能,并运用于创作与管理实践活动。

广告心理学是高等艺术院校非常重要的专业基础课,也是广告和艺术设计创作人员创意创作的重要理论支撑。全书共十章,以学习者应用能力培养为主线,根据广告心理应用操作规程,具体介绍广告心理学研究对象、原则方法、广告受众注意、广告认知过程、广告记忆过程、增强广告记忆方法策略、广告影响消费者行为、广告作品心理、广告媒体心理特点、广告传播者心理、广告心理效果测量等知识，并注重通过实证案例分析讲解，拓宽视野、启发开拓思路，提高学生和从业者的心理素质与专业应用能力。

由于本书融入了广告心理学最新的实践教学理念，力求严谨，注重与时俱进，具有逻辑结构层次清楚、内容翔实、体系完整、案例生动、贴近实际、突出实用性的特点，因此本书既适用于本科及高职高专院校广告艺术设计专业的教学，也可以用于文化创意企业和广告设计公司从业者的职业教育与岗位培训，对于广大"中小微"广告艺术设计创业者也是一本必备的自我训练指导手册。

本书由李大军筹划并具体组织，丁艳艳和王瑞春主编，丁艳艳统改稿，汪永芝、王彦为副主编，由我国著名心理学家陈捷教授主审。作者及其分工如下：牟惟仲(序言)，丁艳艳(第一章、第七章)，王彦(第二章、第四章)，王瑞春(第三章、第九章)，鲁彦娟(第五章)，汪永芝(第六章、第八章)，吴晓慧(第十章)，华燕萍、李晓新(文字修改、版式调整、制作教学课件)。

在本书编著过程中，我们参考、借鉴了大量中外有关广告心理学的最新书刊和相关网站资料，精选收录了具有典型意义的案例，并得到广告业界专家教授的细心指导，在此一并致谢。为配合本书发行使用，特提供配套电子课件，读者可以从清华大学出版社网站(www.tup.com.cn)免费下载。因作者水平有限，书中难免存在疏漏和不足，恳请同行和读者批评指正。

编　者

2015 年 6 月

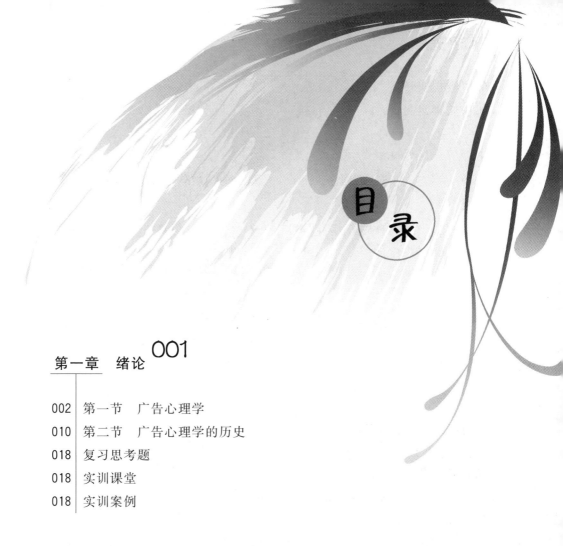

目录

第一章 绪论 001

002 第一节 广告心理学
010 第二节 广告心理学的历史
018 复习思考题
018 实训课堂
018 实训案例

第二章 广告心理学的研究对象和研究方法 020

021 第一节 广告心理学的研究对象及原则
025 第二节 广告心理学的研究方法
034 第三节 广告心理学与相关学科的关系
036 复习思考题
036 实训课堂
036 实训案例

第三章 广告受众的注意 038

039 第一节 注意
053 第二节 广告的注意
060 复习思考题

061 实训课堂
061 实训案例

第四章　广告的认知过程　062

063　第一节　广告受众对广告的感觉
070　第二节　广告受众对广告的知觉
077　第三节　知觉原理在广告中的应用
082　复习思考题
082　实训课堂
082　实训案例

第五章　广告的记忆过程　084

085　第一节　广告记忆
096　第二节　增强广告记忆的方法和策略
101　复习思考题
101　实训课堂
102　实训案例

第六章　广告影响消费者的行为　103

105　第一节　消费者购买决策过程
111　第二节　消费者的个性、自我观念与生活方式
113　第三节　消费者的需要、动机、行为和目标
122　第四节　广告影响消费者的行为
125　复习思考题
125　实训课堂
125　实训案例

第七章　广告作品心理　126

- 127　第一节　广告诉求的心理策略
- 135　第二节　广告要素及其心理效应
- 141　第三节　广告制作心理
- 144　第四节　优秀广告作品的心理学特点
- 152　复习思考题
- 152　实训课堂
- 152　实训案例

第八章　主要广告媒体的心理特点　154

- 156　第一节　广告媒体
- 159　第二节　传统广告媒体的心理特点
- 168　第三节　新型广告媒体的心理特点
- 170　第四节　媒体组合策略的运用
- 172　复习思考题
- 173　实训课堂
- 173　实训案例

第九章　广告传播者心理　175

- 177　第一节　广告主心理
- 186　第二节　广告人心理
- 193　第三节　广告传媒人心理
- 195　复习思考题
- 195　实训课堂
- 196　实训案例

第十章　广告心理效果测量　200

201　第一节　广告心理效果测量的内容及程序
204　第二节　广告心理效果测量的方法
208　复习思考题
209　实训课堂
209　实训案例

参考文献 212

第一章

绪论

（1）了解广告心理学的历史和发展，掌握广告心理学的定义。
（2）了解广告活动中的心理现象。

（1）学会识别广告心理现象，分析广告中的心理现象。
（2）记忆广告心理学的代表性事件和代表人物。

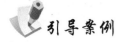

广告　广告心理学　广告心理现象　广告策略

引导案例

广告战即心理战

宝洁公司在我国刚推出"安儿乐"纸尿裤时，主要诉求是纸尿裤"方便妈妈"，免除年轻妈妈洗尿布之苦。但在大规模推向市场的过程中，产品销售并不理想。宝洁公司便委托市场调查公司进行调查。在对广大年轻妈妈的心理调查中发现，原来安儿乐纸尿裤诉求的"方便妈妈"，使花钱买纸尿裤的妈妈容易有偷懒之嫌。特别是中国自古就有婆媳关系难处的说法，这其中一个主要原因就是婆婆总是误会媳妇偷懒。那些想买纸尿裤的妈妈会因为避嫌而放弃购买。消费者的心理原因找到了，于是，宝洁公司便改变了广告诉求，突出宣传纸尿裤"能更好地保护宝宝健康成长，同时方便妈妈"。这样，年轻的妈妈就可以理直气壮地购买该产品，享受安儿乐纸尿裤给宝宝带来的舒适,给自己带来的方便。如此针对消费者心理的广告诉求调整,很快在市场上获得了成功。

(资料来源:舒咏平.广告心理学教程.北京.北京大学出版社,2010)

点评:在经济全球化和新经济的浪潮中,广告成为企业开拓市场、赢得公众的第一法宝。"优质产品+优质服务+优秀广告",往往成为企业征战市场的理想模式。

广告界有句名言说得好:"科学的广告术是遵循心理学法则的。"也就是说,广告要获得成功,必须要符合消费者的心理与行为特点,必须要满足广告受众的心理需求。广告界的大量事实也证明"广告战即心理战"。

第一节　广告心理学

广告心理学研究广告活动参与者在广告活动过程中产生的心理现象及其心理活动规律。成功的广告一定是符合广告受众的广告认知规律,依据消费者心理规律策划设计制作出来的。

广告不断影响人们做出消费决策,在许多产品越来越趋于同质化的背景下,必须根据人们的不同需求,结合广告心理学原理去创意、设计、制作、播发广告,使广告更加具有科学性和艺术性,采用恰当的方式和形象传播产品信息,更加符合广告受众对广告信息的认知规律和欣赏习惯。通过研究广告心理学,将不断地提高对广告活动过程中产生的心理现象及心理活动规律的认识。

一、广告概述

(一)广告的定义

1995年2月1日起施行的《中华人民共和国广告法》的第二条:"本法所称广告,是指商品经营者或者服务提供者承担费用,通过一定媒介和形式直接或者间接地介绍自己所推销的商品或者所提供的服务的商业广告。"

小贴士

广告一词来源于拉丁文"Adverture",原意为注意、诱导、披露的意思。现代英语"Advertise"或"Advertising"都是从拉丁文"Adverture"演变而来的。

(二)广告的特征

1. 广告必须有明确的广告主

广告主是广告费用的承担者,是指由商品经营者或者服务提供者承担广告费用的广告活动的发起人和出资人。广告主是决定广告目标和广告内容的主体,同时也要承担广告活动带来的后果和责任。没有广告主出资,就不可能产生广告活动形成广告业,广告主应保证所提供广告信息的真实和完整,以使广告受众了解广告信息的来源;同时广告主的行为也应该受到检查和约束。

2. 广告是一种投资行为

广告是一种投资行为,是指广告具有有偿性和风险性。投资是为达到一定的目的并期望有一定的商业回报的资金投入,广告是一种商品,提供特定的服务,其使用价值在于促进产品销售和品牌建设。

广告主做广告需要支付广告费用，包括广告作为一种商品形成过程中创意、设计、制作、播发等各环节发生的费用及广告活动全过程的管理费用。

广告活动存在风险，广告如果获得成功达到预期的目标，广告主可得到利益回报；广告如果失败没有达到预期的目标，广告主必须承担相应的费用损失。

3. 广告有特定的传播内容

广告传播的内容是有关商品、服务和观念的信息，针对消费者的物质和精神需求，提供有关商品、服务和观念的具体特征。遵循商业信用的原则，要求广告必须传达准确的信息，要求广告内容真实具体而又生动形象，能够吸引广告受众的注意，同时广告内容还要符合公序良俗，并受到相关法律法规的管理和约束。

不同商品、服务和观念的广告都具有特定的内容，如若符合受众接受广告信息的心理特点，就能产生促销效果，达到预期的广告目的。

4. 广告是借助媒介的传播活动

广告媒介是指传播广告信息的媒介物。广告心理学中的广告媒介主要指大众媒介。媒介是信息的载体，广告主的广告信息，必须选择适当的信息载体，必须借助并通过广告媒介向人们宣传其商品、服务或理念。

广告是传播有关商品、服务或理念等信息的重要手段之一，广告就是把广告主要传播的信息通过媒介向广大受众进行单向传播，以达到影响受众行为的目的。广告仅是一种诱导活动，不是人与人面对面进行的推销活动，而是必须借助媒介来完成的推销活动。

5. 商业广告活动以赢利为最终目的

广告主出资做广告，就是宣传介绍其产品、服务和理念，促成顾客的消费行为，以达到赚钱的目的。广告公司作为企业，其创意、设计、制作广告、选择广告媒介发布广告的经营活动，也是受利益驱使。

广告媒体通过发布广告获得广告费，最终实现赢利目标。参与广告活动的各部门在广告运行的过程中发挥各自的功能，通过广告活动各环节获得各自的利益。建立广告业中各部门的价值链，通过赢利实现广告业的良性循环运行。

6. 广告是一种劝说行为

广告是一种宣传劝说行为。广告的最终目的是促进销售和获得利润，而要使广告受众接受广告宣传的产品并产生购买行为，运用态度形成和改变的理论设计制作的广告有较高的影响力。广告影响受众最具体的方法就是根据目标对象人群的需求和特点，迎合他们不同的兴趣和欲望，采取不同的劝导说服方式，使广告受众易于和乐于接受广告信息，改变态度做出消费决策，购买广告宣传的产品。

7. 广告提供经过艺术加工的信息

广告的实质是说服，必须具有很强的艺术性，广告提供的信息是经过艺术加工的，把具体的广告信息通过艺术加工形成广告形象，增强美感，提高受众的关注度。创意是广告得以成功的基础，在广告作品中体现的艺术性成为广告吸引受众、准确表达产品特征的主要手段。广告是经过艺术加工的信息，由于针对不同广告受众群体的心理特点，采用不同的艺术表现形式，符合受众的欣赏习惯，使广告信息到达广告受众、并易于被受众所接受，广告信息的艺术加工还丰富和美化了环境，达到经济效益和社会效益的统一。

8. 广告有特定的受众

广告受众是广告诉求的目标群体，是广告信息传播影响的对象。广告是单向的信息传递过程，首先广告主通过市场细分确定目标群体，然后根据目标群体作为广告受众的心理特点，进行广告的创意、设计、制作、播发等活动。

广告必须针对特定的广告对象，通过独具特色的广告方式、手段、技巧去影响和打动广告受众，以期达到预期目的，促进广告受众转变为产品的消费者。提高广告的针对性，才能降低广告成本、扩大市场、促进销售、增加收益。

二、广告心理学

（一）广告心理学的定义

广告心理学是心理学的一个分支，是心理学在广告中的运用，是一门应用性和交叉性的边缘学科。广告心理学的研究对象是广告活动参与者在广告活动过程中产生的心理现象及其心理活动规律。

广告心理学与广告信息传播及市场营销理论一起构成了认识和理解广告的基本知识体系框架。

现代广告的创意、设计、制作、传播及广告的策划、策略、营销、发布均以心理学的研究成果为基础，广告心理学原理的运用极大地提高了广告创意、设计、制作和表现的水平，增强了广告传播的效果，扩大了市场营销的作用。

（二）广告心理学的内容

广告心理学是广告创意、设计、制作、传播及进行广告的策划、营销、发布的重要支柱之一。广告心理学中的注意、感觉、知觉、联想、记忆及动机、情绪、需要和个性等，都是外界事物作为刺激物，经过人脑加工处理产生的各种心理活动形式，遵循刺激—反应的模式。早期的广告制作和传播途径主要取决于广告从业者的经验，在传播效果和促进销售上取得了巨大成功的广告，被认为靠个人的灵感和运气所取得。

随着广告业的发展，现代成功的广告一定是依据消费者认知的心理规律进行创意设计和制作播出的，符合受众广告信息接受的心理特点，依靠广告的科学性和艺术性取胜。

1. 广告作用于受众的心理机制

在广告的刺激下，广告受众的心理变化过程是广告心理学的研究内容之一，在广告受众转变成为产品的消费者过程中，其心理的变化过程是广告设计制作的基础。

广告心理学研究初期认为，受众接受广告的模式是注意—联想—行动，即广告如何引起注意、导致联想、产生购买行动，随着广告心理学研究的进展，其模式复杂化为注意—理解—联想—记忆—行动，强调受众对广告的主观解释的水平即受众理解的重要作用。同时，通过记忆作用形成的广告滞后效应受到广泛关注，受众并非接受广告信息后立即发生购买行为，广告信息依赖于记忆保持一段时间,影响受众的未来购买决策表现为滞后效应。

研究消费者的消费心理机制,通过广告影响消费者的购买决策,实现广告的目标提高产品市场占有率。研究广告刺激引起广告受众的行为反应的过程,广告作用于受众的心理机制,确定广告的预设目标和衡量广告的效果,广告心理学的研究成果对广告的制作与播发,具有普遍的理论指导意义。

在相同广告的刺激下消费者的不同反应,来自于消费者的心理差异。广告通常对特定的受众也就是目标群体进行宣传,广告宣传影响广告受众的购买决策的强度,取决于不同的广告受众主体特点和环境条件。

广告主所期望达到的广告目标,是促进产品销售、扩大市场规模。由于消费者的个性特征、社会地位、需求水平、支付能力、购物决策模式的不同,广告对消费者心理产生的影响也不同,部分消费者受到广告影响后可能立即采取购买行动,但同时部分消费者并没有立即采取购买行动,广告作用表现为滞后效应,部分消费者由于对广告的产品不感兴趣不会购买。不同消费者的心理差异形成的细分市场,造成广告效果的分散,广告作用于不同受众的心理机制的研究受到广告心理学研究者的极大重视。

案例 1-1

霓虹灯广告引人注意

在夜晚时大量的霓虹灯广告,万紫千红、色彩绚烂、忽明忽暗、动感十足,各种广告图案文字布满夜空,引起人们的注意,形成对广告内容的记忆。如泸州老窖特曲、全聚德烤鸭店、中国大饭店、华联超市、尼康相机、松下电器、可口可乐等,如图1-1所示。

中国银行的霓虹灯广告独具特色,"中国银行"四字为银灰色,在夜晚非常引人注目。红色的中国银行行标以外圆内方的中国古代圆形铸币形态为原形,经变形成为"中"字标志,表现出中国银行的金融业特征,标志将中国的古代文化与现代文化相结合,体现了浓郁的中国文化特色,极富时代感,给人留下深刻印象。

中国银行行标于1986年经中国银行总行批准正式使用。行标从总体上看是古钱形状代表银行;"中"字代表中国;外圆表明中国银行是面向全球的国际性大银行。中国银行中文行名由郭沫若先生题写,如图1-2所示。

图1-1　泸州老窖特曲灯光广告

图1-2　中国银行灯光广告

2. 广告受众对广告的认知规律

广告受众接受广告的认知规律是广告心理学的主要研究内容之一。人依靠感觉器官接收外界的信息,在大脑的参与下完成认知活动。广告受众的认知规律同样在广告的认知过程中起作用,人对外界事物的反映是从认识外界事物属性特征开始的,广告对广告受众的影响也是从广告受众对广告的认知开始的,一般涉及注意、感觉、知觉、理解和记忆等方面的心理研究内容。同时人对广告的接受也符合信息传播的规律,对信息收集、保存、加工和使用的过程也是受众接受广告信息的过程。

广告认知在遵从一般认知规律的基础上有其独特的规律,广告的单向信息传播特点及广告的非人际沟通方式,使得广告信息的播发必须具有新颖性和独特性。充分利用广告认知的规律,为广告认知提供恰当的媒体表达,将支持广告受众完成对广告的认知。

广告的核心是吸引"眼球"、引起注意,受到注意是广告成功的一半,形成广告的"眼球"大战和"眼球"争夺战,其中注意过程的研究、感性广告的情绪和动机因素的研究、非文字沟通的研究等的目的是提高广告注目率水平。受众对广告的认知是在广告不断丰富的环境下发生的,广告记忆率为 $1‰\sim3‰$,研究广告受众对广告的认知规律意义重大。

要研究特定广告受众群体具有的心理特点,需了解广告受众对广告的认知和心理变化过程,掌握不同广告受众对广告的态度,认识广告传播接受的规律。通过广告心理学研究者的工作,发现广告受众的认知心理机制的规律性。广告受众对广告的态度极大地影响到广告的传播效果,只有符合广告受众的广告认知心理的广告,才能完成广告的传播功能,促进产品的销售,改变人们的生活方式。

案例 1-2

"乐百氏纯净水,27 层过滤"

"乐百氏纯净水,27 层过滤"将绿色饮水产品理念具体化,纯净水的好处在于经过多次的过滤。广告画面表现水通过滤层,最终形成纯净水水源,洁净安全、喝着放心、引人注意。具有理性诉求的信息内容针对受众的逻辑思维,侧重于产品特色的宣传,"27 层过滤"表达产品品质可靠,提升"乐百氏纯净水"的品牌价值。广告主的诉求定位准确,画面中水的透明感形成视觉冲击力,"乐百氏纯净水,27 层过滤"的广告语吸引人的听觉注意,使受众好奇心倍增,足以引人开怀畅饮一回了。

3. 广告受众对大众媒体的接受心理

广告受众对大众媒体的接受心理是广告心理学的主要研究内容之一。广告借助媒体播发并最终到达广告受众,不同媒体的心理特征直接影响广告信息的送达。

研究广告受众接触媒体的方式和目的,对媒体所播发广告信息的信任度,接受媒体广告信息的心理活动过程,比较各种媒体在受众心目中的地位差异等,已引起广告心理学研究者的关注。

各种媒体的特点和其传播范围,服务的对象群体的特征,为广告的播发提供了明确的目标人群。任何产品都有其相应的消费者层,不同媒体具有特定的对象群体,二者重叠的部分是有效的广告目标受众。

广告受众从媒体获得自己所关心的问题的资料和广告信息。广告信息被有效地送达广告受众,不但取决于广告本身的特点和水平,而且取决于媒体本身的吸引力。不同媒体的内容均有其特色,以吸引不同的读者群和观众群,媒体的专业性、区域性和内容的特异性,使得该媒体的目标受众群十分明确,不同社会阶层的消费者偏爱相应的媒体。

了解媒体受众群及受众群对媒体的偏爱程度,可以确定广告信息对广告受众的意义,为广告受众提供恰当的广告信息,获得良好的广告传播效果。

广告通过大众媒体提供信息,其单向性传播的特点,要求按照广告受众接受心理特点设计制作广告,同时必须考虑不同大众媒体的特色。采用恰当的产品定位,清新的广告形象,在利用受众群偏爱媒体的过程中,实现广告信息的传播。大众媒体具有成本低廉,方式多样,传播广泛,可靠性高,速度快的特点。不同媒体的形象各有特色,拥有各自的读者群和观众群,广告受众也同时是媒体读者和观众,媒体传播的内容和经营的特色影响到广告受众的选择和认同,媒体的可靠性高,所播发的广告也同样受到重视。

案例 1-3

可口可乐改版中国官网

可口可乐在 2015 年 5 月 8 日,也就是这家公司 129 周年生日的这天,全面改版了它的中国官网"一路可口可乐",并宣布"跨界传媒",以电子杂志的形式来展示企业,如图 1-3 所示。

图 1-3　可口可乐中文网页面

企业官网大多是一个企业单向传播的页面,尤其是许多缺乏互联网基因的企业,很少会在官网上下功夫。"我们考察了很多公司官网,发现千篇一律,我们想做点全新的东西。"可口可乐方面对界面新闻表示。

早在 2006 年 3 月,可口可乐就推出了品牌网站 icoke.cn,这一网站被定位为针对 16 岁至 24 岁的核心消费群的品牌与市场活动阵地,并希望跟消费者有所互动。

而现在,可口可乐希望进一步加强官网的社交属性。在进行新网站规划时,可口可乐就将官网设计成一个具有可读性的自媒体平台,运用影音图文等载体传播企业信息。并且新网站还要改变可口可乐与消费者在线对话的方式。

目前新的官网除了单方面展示品牌历史等信息,还有分享功能,比如官网上的内容都能直接转发到微博、QQ 空间、百度空间、开心网和人人网上,而这只是第一步。等到今年 9 月,在可口可乐官网全球平台升级完成后,就会开通 UGC(用户生成内容)功能,届时消费者可以直接在官网上上传照片等内容。

(资料来源: http://roll.sohu.com/20150521/n413457930.shtml)。

4. 广告诉求的心理依据

广告诉求的心理依据研究已成为广告心理学的内容之一。广告必须向受众传递信息,广告怎么说比广告说什么对广告受众影响更大。"信不信由你"变为"不由你不信"。研究广告怎么说就是确定广告诉求的方式,广告信息的表达方式决定广告信息被接受的程度,根据广告受众的偏爱采用某种广告诉求方式,发挥不同诉求方式的作用,目标广告受众对符合其文化背景和欣赏习惯的诉求方式更敏感。

 小贴士

广告通过理性诉求、情感诉求、形象诉求、潜意识诉求等方式,运用不同的广告诉求手段表达广告内容。

人的需求和偏爱要求广告既要注意"说什么"也要注意"怎么说"以及"由谁来说",真实的广告信息向广告受众说明利益,诱导广告受众最终变为消费者,恰当的诉求方式更易引起广告受众的注意。

选择适宜的广告诉求方式结合真实的广告信息内容,会使广告的传播取得事半功倍的效果。广告内容具有针对性,其所提供的信息价值高,更易引起广告受众的兴趣和思考,强化购买动机,促进做出购买决策,变广告受众为广告产品的消费者。广告诉求方式主要解决的是广告信息的包装问题,好货巧包装更易达到目标。

广告心理学在研究广告信息的选择和广告表达方式的规律的同时,也探讨广告的科学性和广告的艺术性相结合的问题。广告内容的科学性原则保证了广告信息的真实性,广告诉求方式的艺术性原则满足了广告受众的审美心理需求,美化社会生活环境传递广告信息。

人们希望看到更多的信息真实、诉求方式巧妙的广告,丰富生活内容、改善生活方式、提高生活质量。不同亚文化群体的消费者偏爱不同类型的广告诉求方式,科学性和艺术性相结合的广告,可以达到引导广告受众的消费,促进产品销售、扩大市场的目的。

例如:"一人吃,俩人补"台湾新宝纳多孕妇补品广告,注意了科学性与艺术性的结合,形成了极大的产品功能的想象空间,美化了产品,既符合生理原理又符合心理需求,产前补胎、产后补身的产品特色符合传统的中医理论,具有文化的亲和力。

然而一段时期电视上铺天盖地的脑白金广告,"今年过节不收礼,收礼只收脑白金",由于脑白金的优异销售业绩证实其广告促销效果极佳。但广告作品本身的简单重复,引起了一些广告受众的反感,被人视为恶俗广告之一。

5. 广告构成要素影响广告心理效果的规律

广告构成要素影响广告心理效果的规律研究已成为广告心理学的内容之一。平面广告作品的基本构成要素包括广告标题、广告正文、广告画面和广告环境。人们从环境中得到的信息80%来自于视觉,一则平面广告作品的视觉效果所具有的冲击力,成为引发广告受众注意的核心。

广告画面效果由文字、色彩、符号、图形、构图及其比例等要素构成,形成广告的视觉冲击力,其中各要素的贡献是不同的。优秀的平面广告作品满足人的审美心理,广告画面主题突出、特色鲜明,符合人接受信息的认知规律。

广告必须具有想象力、强烈的视听冲击力和吸引力。广告内容涉及语言、画面和音响,有时还会涉及气味和嗅味等。广告标题和广告正文以语言符号形式表达,不同的音、形、意的文字符号带来不同的心理感受,影响广告受众接受广告信息。

画面中的构图形式的设计,色彩搭配的协调,对象和背景的区分,运动画面的处理,形成对广告受众的视觉冲击力。音响中的乐音旋律、人的声音和环境噪声形成对广告受众的听觉冲击力。通过广告整体所具有的想象力的表现水平和文化背景的展示形成对广告受众的吸引力。

不同文化背景的广告受众群体的广告接受效果是不同的,考虑到各种因素的影响,不同广告受众群体的经济观、社会观、文化观、价值观各异,广告表现应适应习俗特点。广告应采用某一广告受众群体偏爱的表现方式,缩小企业与广告受众群体的情感与心理空间距离,使之产生亲切感。

国际化企业的广告实行化繁为简的原则,使得广告表现具有国际社会认知的通行性。通过广告构成要素的组合形成独特个性,提高广告传播的效应,增强广告的可读性与辨识性。

案例 1-4

香奈儿 N°5 香水平面广告

主题:香奈儿 N°5(见图 1-4)

表现元素:性感迷人的模特,N°5 鱼尾裙。

艺术构思:背景大大的不同颜色的 5 字,模特身着鱼尾裙,仿佛踏水而来,身体的曲线、抖动的裙摆将我们的目光牢牢锁住,不单是这样,当你慢慢地欣赏时,你会注意到她的手中拿着的是 N°5,瓶盖拧开带走一串 N°5,另一只手上的瓶子倾斜,香奈儿 N°5 就这么一洒而落,作品的整个画面都具有动感,香奈儿 N°5 的香味就随着这动感向外扩散,让我们整个人都沉醉于无尽的温柔中难以逃脱,直至我们的灵魂被俘虏。

(资料来源:广告理论与实务精品课程网)

6. 广告效果及其测量方法的心理学依据

广告效果及其测量方法的心理学依据的研究已成为广告心理学的内容之一。广告效果的测量一直备受业内人士的关注,广告心理学工作者研究广告的创意和制作过程的同时,十分重

图 1-4 香奈儿 N°5 香水平面广告

视广告效果的测量方法的研究。广告公司的主要工作是给广告主提供令其满意的广告作品,同时,广告主也十分关心广告的效果,确切的广告效果是广告主进行广告决策的依据,广告效果的评价数据是广告主选择广告公司的主要参考标准。经验型的广告测量方法与科学的广告测量方法结合,反映广告效果的实际状况。

广告效果评价结果的实用性水平高低,一直是广告主、广告媒体和广告公司共同关注的焦点之一,广告活动对广告受众影响的评估途径,对社会文化发展起作用的大小,只有通过广告心理学的研究才能得到各方认可的结论。

广告效果最终体现在产品销售量和市场占有率上,广告主通常是在没有产品的具体销量或市场规模的具体数据条件下,决策进行广告宣传,意在获得广告效果,开发新市场。广告测量方法的客观性和实用性对广告活动的意义重大,应选取心理学指标获得广告测量的数据,提高可信性。

广告的作用在于引起消费者的注意，激起购买的欲望，采取购买决策。一个广告的效果如何评价，离不开播发广告对受众的各种心理效应的研究，涉及知觉、记忆、情绪、态度、情感、动机及行为等方面。广告效果及其测量方法采用的指标体系，根据不同的传播途径和不同的营销方法采用不同的标准，广告效果及其测量方法的准确性和实用性，直接影响广告的设计和制作。广告活动过程中的不确定因素的影响，使得许多广告测量的指标的现实意义受到质疑，有待进一步完善。

例如，阈下广告是在某种媒体背景上呈现极微弱或极短暂的广告信息的一种广告宣传手段。阈下广告的研究引起普遍的关注，1957年在美国新泽西州的一家电影院里，在电影正常播放的过程中，在一个活动的屏幕上每隔5秒以3/1000秒的速度，呈现信息"请吃爆米花"和"请喝可口可乐"。结果影院周围的爆米花和可口可乐的销量分别增加了57%和18%。研究人们对视听媒体的刺激的感知水平，一般刺激呈现在23~50毫秒，有的甚至在12毫秒左右，虽然此例中的广告信息呈现时间为3毫秒，没有被人们有意识地觉察到，但还是对广告信息进行了加工。

7. 广告传播者心理

早期广告心理学的研究对象从传播学的角度看，主要是受众的接受心理；从市场营销学的角度看，是消费者对广告信息的反应；从心理学的角度看，是作为广告诉求对象的人在广告活动中的注意、知觉、学习、态度形成与改变、动机、人格等心理过程和个性心理特征。

随着现代广告概念的确立，广告的形态从最初的广告作品发展成为包括一系列活动的广告运动整体，广告心理学研究的对象也拓宽了，除了广告活动中的受众或者消费者以外，广告活动中的其他主体，包括广告人（广告客户服务人员、创意和制作人员、广告媒体计划和购买人员）、广告主、广告传媒人的心理和行为的规律也被纳入广告心理学的研究。广告心理学研究对象的拓展，可以揭示广告活动中的人的心理和行为的规律，从而对于指导广告实践有着重要的意义。

具体来说，首先，广告心理学研究广告主的心理，以便于广告公司与广告主进行有效的沟通，这是一个成功的广告活动的第一步。其次，广告心理学研究广告人，包括广告创意和制作人员、广告媒体计划人员在进行广告创意和制作中的心理特征和规律。广告主和广告人构成广告传播中的传播者。再次，广告心理学研究媒介人，包括传媒经营者、传媒广告经营者、编辑、记者等，以了解传媒经营与广告收入的关系、广告载具的开发思维、广告载具的营销策略，他们是广告传播中的传播媒介人。最后，广告心理学研究的最核心的对象是广告受众，无论是广告主、广告人和广告媒介人，他们最关心的都是广告受众在广告活动中的心理规律。为了达成有效的广告传播，受众自广告心理产生之日起就是主要研究对象，至今仍是广告心理学、消费者行为学的主要内容。

第二节　广告心理学的历史

一、广告心理学的形成

广告业的发展引起广告从业人员对心理过程和心理现象的重视和研究，符合心理学原理的广告，取得了良好的传播效果，达到了广告主的预期目标。随着广告业的发展，业内人士对广告活动过程中的心理作用的研究取得了很多重要的成果。

对受众对广告的注意、认知、记忆、理解和偏好,广告信息的获得途径、信息加工、信息效用及购物决策方面的影响因素的研究,不断促进广告取得良好的传播效果。

小贴士

广告对受众的作用过程是一个信息加工的心理过程。分成广告信息到达、认知、态度、行动、反馈 5 个阶段。

(一) 心理学的独立

德国哲学学、生理学家威廉·冯特(Wilhelm Wundt,1832—1920 年),德国莱比锡大学教授。于 1879 年在莱比锡大学建立了世界上第一个心理实验室并开创了实验心理学的研究,成为心理学脱离哲学独立的标志。

冯特由于在科学上的贡献被誉为心理学之父,他用内省方法研究感觉经验,对心理现象进行主观的观察分析的同时,在心理实验中严格控制刺激条件,进行精确的实验记录。冯特的实验涉及有关视觉、听觉、触觉、时间知觉以及注意、感情和联想的研究。冯特认为心理学是研究人的直接经验的一门科学。

(二) 广告心理学的产生

1. 哈洛·盖尔

1895 年,美国明尼苏达大学心理实验室的哈洛·盖尔(Harlow Gale)率先使用问卷法,研究了消费者对广告及广告商品的态度和看法,是广告心理方面最早的研究。1900 年,哈洛·盖尔在多年调查研究的基础上写成了《广告心理学》。

哈洛·盖尔强调商品广告的内容应该使消费者容易理解,并适当运用心理学原理以引起消费者的注意和兴趣。但其研究内容涉及的范围较小,没有建立起广告心理学理论体系。

2. 瓦尔特·狄尔·斯科特

1901 年,瓦尔特·狄尔·斯科特(Walter Dill Scott,1869—1955 年)开始研究顾客的消费心理,获得为广告公司和企业提供顾客心理咨询的一系列研究成果,连续发表了 12 篇有关广告心理学的文章,1903 年,汇集出版《广告原理》一书,为广告心理学的建立奠定了基础。

1908 年,斯科特进一步将广告心理学的知识系统化,写成《广告心理学》出版,其内容涉及对记忆、人类本能、情绪情感、意志习惯等的研究。研究者通常把此书视为广告心理学诞生的标志。

1913 年出版的《广告心理学》是最能使斯科特被人们记住的一本书,斯科特在此书中涉及了很多主题,如记忆、情感、人类的知觉、暗示、信念以及习惯,并探讨了受众的记忆问题。他强调增强记忆力的四个原则:重复、深刻、联系及巧妙,在这四个原则中"联系"最为重要,对增强广告的记忆度特别有效,在此基础上,斯科特探讨了如何才能做出让人过目难忘的广告。

1921 年斯科特出版了《广告心理学的理论和实际》一书,其内容涉及对知觉、想象、联想、记忆、情绪、暗示和错觉等的研究,以及心理学原理在印刷物中的应用。

案例 1-5

"不要推销商品,先要'收买'顾客"——斯科特

瓦尔特·狄尔·斯科特是第一位将心理学应用于广告的学者,也是人事管理的创始人之一,还是教育行政管理的专家,曾担任美国西北大学校长达 19 年之久。他的职业横跨学术、企

业和军队服务各个领域,在美国人事管理和销售业发展史上,斯科特提出的观点和方法一度成为时尚。

斯科特出生于伊利诺伊州一个农场主家庭,14岁时,由于他的哥哥去西北大学教书,他被安排独自管理整个农场。但是,斯科特的梦想不是做一名驰骋在马背上的牛仔,而是做一名探究人类内心奥秘的教师。为此,他进入伊利诺斯师范大学学习。毕业后他以全奖进入西北大学,在乔治·A.科尔教授的领导下研究哲学。这段经历,使斯科特对研究人的心灵形成了浓厚兴趣,于是,他又前往声名远扬的莱比锡,在那里师从冯特,获得心理学博士学位,成为继闵斯特伯格之后从莱比锡走出的又一位心理学大师。

斯科特回到西北大学后开创了实验心理学研究,并获得教授席位,接着又担任了西北大学校长。离开西北大学后,他进入卡内基技术研究所,接着出版了他的几本商业心理学讲义,组建咨询性质的斯科特公司,并为45家公司提供管理咨询服务。斯科特最初从事的是广告心理学的研究,这一研究开始于分析和设计广告文本。

1908年,斯科特进一步将广告心理学的知识系统化,写成《广告心理学》出版,该书的问世标志着广告心理学的诞生。

在《广告心理学》中,斯科特首次提出了广告内容应简明扼要、浅显易懂,要提高广告与消费者之间的接触次数,以感情诉求的方式吸引消费者等观点。他认为,人类的经济行为通常建立在感性或情绪的基础上,而不是建立在理性或逻辑的基础上。所以,广告应该激发消费者的情绪,诱导消费者的感知,而不是给消费者算明细账,更不是给消费者讲逻辑。

在广告产生作用的途径上,暗示比论证更有效。例如:展示出男士系着箭牌领结的广告图片,使人感受到他的帅气和风采,要比一条条列举选择箭牌领结的理由更能使人接受。广告不求令人信服,只求影响人的潜在欲望。广告让人难以忘怀的三大要素是:重复、强度和联系。按照这三大要素,公司需要经常重复它们的广告,采用生动的形象和词句,并把广告内容与购买者的生活联系起来。

广告的出发点是了解顾客的需求,而不是把企业的需求强加于顾客。斯科特的研究成果使他成为美国最有名的广告街——纽约麦迪逊大街的座上客,也使广告心理学开始为世人所认可。他的《广告心理学》成为广告人的"圣经";他的座右铭"不要推销商品,先要'收买'顾客",也随之成为广告人的"信条"。

通过大量的案例,斯科特证明了增强记忆原则在广告中的实践是有效的。斯科特认为"联系"这一原则对增强广告的记忆度特别有效。他指出:广告中所说的论点,应该能够和目标受众的个人兴趣联系起来,与受众以前的经历联系起来,而且他强调了这种联系应当存在于广告的表述和顾客之间,而不是迎合制造商。

沿着这条线索,斯科特强调,让顾客产生认同感对于广告而言非常重要。他探讨了人类普遍存在的同情心,并认为广告应当引起人们的这种情感。斯科特认为,媒体应当拒绝招人反感的广告商和令人作呕的广告,以免引起受众的反感。

斯科特1921年出版《广告心理学的理论与实际》一书。

(资料来源:全球品牌网.http://www.globrand.com/2009/187187.shtml)

3. 雨果·闵斯特伯格

1912年德国心理学家雨果·闵斯特伯格(Hugo Munsterberg,1863—1916年)出版《心理学与经济生活》一书,其内容涉及对报刊广告的面积、色彩、文字运用、广告编排等因素与广告效果关系的实验研究,研究从生产者的角度出发,目的在于更好地达成广告的销售效果。

闵斯特伯格的研究和探索丰富了广告心理学的内容,研究应用广告心理学原理指导广告的设计、制作和表现,强调广告效果来自于符合广告受众的心理规律的表达方式。

二、广告心理学的发展

广告活动的实践表明,要实现广告对消费者的影响力,一个重要方面就是研究广告心理学,并据此创意、设计、制作与传播广告。广告心理学是以心理学、市场营销学与传播学的基本原理和方法,构成了广告心理学的学理基础,心理学、市场营销学与传播学的发展影响广告心理学的发展。依据消费者需求和心理特点设计制作广告,心理学进入广告领域将发挥越来越大的作用。

(一)心理学的发展对广告心理研究的影响

广告主通过广告向广大受众通报产品用途、特性或服务项目,以真实的广告信息宣传扩大销售和服务,广告是指向消费者的,所以广告的效力在很大程度上依赖于对消费者心理特点、需求趋向、购买习惯和生活方式的研究,广告最终的目的在于对潜在消费者施加影响作用,形成普遍意义上的购买决策的动机,从潜在消费者变为现实的消费者。广告心理学初期的广告设计制作主要依据广告人的经验,美化广告的画面和内容,使之具有艺术性,符合受众的审美情趣,促进广告传播。

1. 结构主义学派

以德国心理学家冯特(Wilhelm Wundt,1832—1920)为代表的构造主义学派认为,心理学研究的对象是意识经验,并且首先采用内省法来研究意识经验。他们把意识经验分析成感觉、表象和感情等若干基本的心理要素,认为心理活动是这些基本要素的整合,心理学是研究心理和意识事实的一门经验科学。1874年冯特发表了《生理心理学原理》,书中建立了一个系统的心理学来研究人的感识:感觉、体验、意志、知觉和灵感。

小贴士

1879年冯特创建了世界上第一个心理实验室,被视为心理学独立的标志。

心理学作为一门新兴科学而诞生,其登上科学历史的舞台并占有一席之地,极大地影响到其他科学的发展。由于经济的迅速发展,广告市场不断扩大,对广告作用的认识逐渐深化,心理学的原理被应用到广告工作的实践中,使广告的创意、设计、制作和发布从经验总结方法,发展到引入心理学研究理论,研究人的注意、感觉和知觉等在广告中的作用,提高规划广告活动的水平。曾师从冯特的斯科特运用心理学研究广告,于1908年出版的《广告心理学》,成为广告心理学诞生的标志。

2. 机能主义学派

以美国心理学家詹姆士(William James,1842—1910年)为代表的机能主义学派认为,心理学是描述和解释意识状态(包括感觉、愿望、认识、推理、决心、意志、注意、意识、知觉等)的科学,心理活动是一种持续的意识流,因此不能分析出基本的心理要素。机能主义学派强调的是行为的机能而不是结构,认为心理学研究的对象是个体适应环境的机能,重点研究思维的过程而非思维的内容。

广告必须符合人的愿望,具有突出的特点,人们对广告的接受在于人的意识活动性,不断接受环境变化产生心理反应,形成一种持续的意识流。广告形成的特定的刺激,引起相应的特定的反应,决定广告的创意、设计、制作和表现必须与广告受众的心理活动相对应。机能主义学派对注意、意识、知觉的过程的研究,对广告心理学的发展产生了重要影响。

3. 行为主义学派

以美国心理学家华生(John B. Watson,1878—1920年)为代表的行为主义学派认为,心理学研究的对象是可以观察和测量的行为。华生主张用客观的方法,按照刺激—反应(S—R)的公式去研究心理学。代表人物华生和斯金纳主张,心理学应去研究那种从人的意识中折射出来的看得见、摸得着的客观东西,即人的行为。

行为就是有机体用以适应环境变化的各种身体反应的组合。他们认为,具体的行为反应取决于具体的刺激强度,因此,他们把刺激—反应(S—R)作为解释人的一切行为的公式。行为主义理论认为,心理学的任务就在于发现刺激与反应之间的规律性联系,这样就能根据刺激而推知反应,反过来又可通过反应推知刺激,从而达到预测和控制行为的目的。

广告心理学中对广告刺激—反应的研究发现,由于刺激与反应之间的规律性联系可以通过人为的手段建立,广告的刺激强度可以通过对广告受众的测试来确定。广告作为刺激物的不同特点,对广告受众的影响水平不同。广告受众接受广告信息的程度取决于广告刺激的种类和强度。

平面广告只提供视觉刺激,广播广告只提供听觉刺激,利用的感觉通道单一,而电视广告同时提供视听刺激,利用视听双通道,明显占有优势。实物广告利用人的视觉、听觉、嗅觉、味觉、触觉等联合起来对刺激做出反应,通过多个感觉通道加深人们对产品的具体认识。在广告活动过程中,通常运用刺激—反应的规律设计制作广告,通过传播达到广告目标,预测广告传播的效果。

4. 完形学派

以德国心理学家韦特海默(M. Wertheimer,1880—1943年)为代表的格式塔心理学派认为心理学既研究直接经验,也研究行为,但是研究的对象是个整体,是具有特殊的内在规律的完整历程。完形学派认为任何一个心理现象都是一个完整的整体。整体是具有特殊的内在规律的完整的历程,具有具体的整体原则的结构,整体总比部分之和还要多,把心理现象看作有组织、有结构的整体,而不是把它们分解开来理解。心理过程中人的经验十分重要,直接影响到知觉的水平,影响到对事物对象的判断。如图1-5所示。

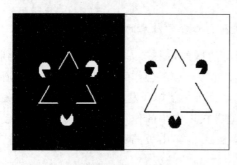

图1-5 三角形错觉

格式塔心理学派强调整体的观点,重视各部分之间的综合。格式塔心理学的研究主要在感知觉的范围,通过研究发现"整体不等于部分之和"。比如,把许多单个音符放在一起,从它们的组合中会出现新东西(一支曲调),而这种新东西并不存在于任何个别的音符中;把四根线段组成一个正方形,这个正方形是具有一种新性质的新形式,其含义比四根线段本身的含义多得多。

广告的创意、设计、制作和表现必须考虑受众的经验,在广告的对象和广告背景之间建立某种联系,形成潜在的寓意,利用广告受众的经验,提高广告的心理效应。

5. 精神分析学派

以奥地利心理学家弗洛伊德(S.Freud,1856—1939年)为代表的精神分析主义学派认为,心理学研究的对象是意识,包括显意识和潜意识两个部分,而中心课题应当是研究潜意识的活动,这些活动包括人的原始冲动、各种本能及虽然曾经被意识但被压抑到无意识中的欲望。力比多(libido)是心理活动的能量,有时被认为是本能,包括性力比多和攻击力比多。人格结构包括本我、自我、超我三个层次。

在人的心理活动中,若将人的意识比喻成一座冰山,则显意识的范围约占意识的10%,而潜意识占意识的90%。那么浮出水面的部分属于显意识,潜意识属于隐藏在水面下的冰山,虽然看不到却拥有巨大的作用能力,含有潜意识因素的广告受到极大的关注。大量使用性力比多解释人的行为,形成"泛性论",导致大量带有性暗示的信息充斥于广告中,以吸引广告受众的注意,制作含有性暗示信息的广告成为一种普遍的手法。

不同人格水平的本我、自我、超我三个层次,形成对广告的不同感知途径,本我遵循简单快乐原则,自我遵循现实主义原则,超我遵循理想完美原则。

6. 人本主义学派

以美国心理学家马斯洛(Abraham Harold Maslow,1908—1970年)为代表的人本主义学派认为,人的需要是分成不同种类和层次的,形成人的不同种类和层次的动机。马斯洛理论把需求分成生理需求、安全需求、社交需求、尊重需求和自我实现需求五类,依次由较低层次到较高层次。任何一种特定需求的强烈程度取决于它在需求层次中的地位,以及它和所有其他更低层次需求的满足程度。

需要层次理论为广告心理学中消费者需要的研究提供了理论基础。通过广告宣传,激发广告受众潜在的特殊欲求,刺激欲望,从而促使广告受众购买能够满足其心理欲求的商品。商品满足消费者的什么需要,对消费者有什么好处,成为广告的出发点。

广告不是针对消费者的头脑,而是针对其需要。不同社会地位和个性的消费者的需求层次各异,广告设计者应站在满足消费者需要的欲望立场,针对其不同种类和层次的需要,创意、策划、设计、制作广告,宣传有关商品的特性。需要层次理论提高了广告水平,极大地促进了广告心理学的研究。

7. 认知学派

认知学派产生于20世纪70年代初,认知心理学派是在信息论、控制论、系统论及计算机科学得到发展后产生的。认知学派认为,人的行为主要取决于认识活动,包括感性认识和理性认识,人的意识支配人的行为。强调人是进行信息加工的生命机体,人对外界的认知实际就是一种信息的接受、编码、操作、提取和使用的过程。认知心理学就是要研究人类认识的信息加工的过程,提供信息加工的模型。

在信息社会背景下,人对信息的接收和加工成为日常生活中的核心,广告受众接受广告信息模式的研究,促进了广告传播的研究。广告受众的广告认知在信息的接受、编码、操作、提取和使用的过程中,表现出不同的特点,结合广告受众作为消费者的心理,运用认知理论创意、策划、设计、制作广告宣传商品,已成为广告业界最新的研究领域,成为广告心理学的新研究内容。

(二)广告心理学的进展

1. 传播心理

广告吸引注意的策略:注意—理解—联想—记忆—行动,强调了理解的作用,注意是广告获得心理效果的第一步。理解广告信息的视觉基础,个体获得信息的80%通过视觉完成,广告的色彩和形象吸引力,对广告的传播效果起着巨大的作用。

提高广告记忆率,使广告受众识记广告,保持广告信息,形成再现与再认,完成记忆过程,采取广告记忆的心理策略提高广告的强化作用。想象在广告活动中居于重要地位,激发消费者的想象,建立关于商品的美好形象,对消费决策起着重大作用。

2. 说服心理

研究广告的说服心理过程,提高对广告作用的认识。人的物质需要和精神需要的满足,是人的消费行为发生的前提,广告诉求以需要为基础,通过广告的情感诉求和理性诉求对消费者进行劝说,促使消费者形成或改变态度,发生购买行为。广告说服理论的研究,与符合说服心理的相应广告策略的采用,成为广告人关注的领域。

3. 需求心理

对消费者需求心理的研究,是广告心理学的主要内容之一。需求决定动机,通过动机的驱动作用和目标的诱导作用,使消费者产生消费决策最终购买商品。随着社会生活水平的不断提高,消费者的需求不断发生变化,对于消费者潜在需求的研究成为产品开发的前提,新产品的广告通过劝说的方式,使消费者的潜在需求变为现实需求,由新产品满足这种需求。根据广告调查获得数据,对市场进行细分得到目标市场,找出目标消费群,根据他们的需求心理,创意、策划、设计和制作广告。

4. 广告心理效果测定

不同文化、不同地区和不同社会阶层、不同群体的受众对同一广告的不同反应,可以通过广告心理效果测定说明。广告心理效果测定是广告心理学中的难题之一。不同社会阶层的消费者关心的产品类别不同,取决于其住房条件、家庭结构、经济收入、决策模式、消费习惯和宗教规范等。

中国传统文化中勤俭节约的观念,影响到日常的消费习惯,电器产品更新周期过长,不坏不换,宁修不换,使新产品的推广受到极大的影响。

5. 品牌心理

社会生产水平的提高,产品的同质化倾向越来越严重,消费者为降低采购成本,往往认牌购买以降低购物风险。由于品牌产品的质量稳定,售后服务全面,消费者因对特定品牌使用的满意感而产生信赖和品牌忠诚。消费过程中产品品牌识别特征的作用,品牌和广告之间存在的相互影响,品牌个性与消费者自我形象的关联,品牌定位与品牌主张对消费者的心理影响,消费者认牌购买的形成过程,是广告心理学研究的,也是目前广告业最为普遍的问题。

6. 广告新途径

新技术在广告业的广泛应用,使商业广告的范围不断扩大。目前广告公司利用卫星通信、光纤通信、移动通信、计算机网络、电话传真、数据传输等方式播发广告传播信息。通过"在线系统"和"电子商务"系统,开展广告业务经营,密切注视市场的商品信息动态,密切联系广告主、广告公司、广告媒体、广告受众和广告管理者,跨越时空完成广告信息的传播和接受,形成反馈。

新科技所带来的世界信息产业的发展,促进广告业向全球发展的过程。随着计算机技术、网络技术、通信技术的进一步普及和发展,广告的信息传递功能将进一步发展和强化,发挥更高的效能。

利用"电子商务"的网络广告系统,可以实现"一对一"或"点对点"的广告播发,大大增强广告的针对性,使广告的传播做到个性化和多样化,在"电子商务"的网络中实现广告播发、信息咨询、货物预定、网上支付,再通过物流系统将货物按时送至消费者指定地点。网上商店大量出现,网络广告大行其道,通过计算机网络掌握各阶层群体的需求,可以把各种广告资料准确无误地传递给潜在消费者。

由于卫星通信和数字化技术的发展,电视播出频道的数量大幅度增加,不同频道的专业化将节目的重点集中于特定的观众对象群体。收看专业电视频道的观众群体其整体特征较为明显,动画频道的观众群体主要是少年儿童,观看科学频道的主要是受过良好教育的观众群体,旅游频道的观众最为广泛,播出内容适合社会的各个阶层。频道专业化带来的观众的分化,形成广告的受众群体的相对集中,大大提高了广告的宣传效果。

由于使用计算机编辑排版,使报纸可以运用计算机专业软件,同时制成不同内容的多页广告,每页针对不同的读者,扩大了广告的内容范围和覆盖领域,根据市场细分数据,广告制作的分类更加细化,针对性增强。

报纸广告的进一步繁盛,促进广告的创意、策划、设计、制作水平提高。电子分色技术的应用,使得广告的印刷更加精美艳丽,美观的广告吸引到更多受众的注意,提高广告的到达率。

案例 1-6

"炮制虽繁必不敢省人工,品味虽贵必不敢减物力"

北京同仁堂是中药行业著名的老字号,创建于清康熙八年(1669 年),自雍正元年(1723 年)正式供奉清皇宫御药房用药,历经八代皇帝,长达 188 年。历代同仁堂人恪守"炮制虽繁必不敢省人工,品味虽贵必不敢减物力"的传统古训,树立"修合无人见,存心有天知"的自律意识,确保了同仁堂品牌的长盛不衰。其产品以"配方独特、选料上乘、工艺精湛、疗效显著"而享誉海内外,产品行销 40 多个国家和地区。

2006 年同仁堂中医药文化进入国家非物质文化遗产名录,同仁堂的社会认可度、知名度和美誉度不断提高。

"同仁堂"商标如图 1-6 所示,其设计意图为:在有着悠久历史文化的中国,龙是至高无上的象征,北京同仁堂数百年的制药精华与特色是:处方独特,选料上乘,工艺精湛,疗效显著,因而在国内外医药市场上享有盛名。

"同仁堂"商标采用两条飞龙,代表着源远流长的中国医药文化历史,"同仁堂"作为主要图案是药品质量的象征;整个商标图案标志着北京同仁堂是国之瑰宝,在继承传统制药特色的基础上,采用现代的科学技术,研制开发更多的新药造福人民。

图 1-6 "同仁堂"商标

(资料来源:北京同仁堂网站.http://www.tongrentang.com)

"电子报纸""电子杂志"可以通过广播通信系统、移动电话系统、闭路电视系统、网络传播系统或光纤传真通信系统,送到读者手中,"电子报纸""电子杂志"的个性化可为广告受众提供其所需要的广告服务。大屏幕液晶电视作为信息传播媒体,分布在不同的公共场所,不断滚动播出广告,提供商品信息。

新兴的户外广告媒体为广告的传播提供新途径,如:飞机机身的平面广告,高大建筑的外立面广告,公共空间的实物广告,大屏幕液晶显示屏广告,行为艺术广告,等等。

复习思考题

1. 说明广告心理学的定义。
2. 广告的主要特征是什么？
3. 简述广告心理学的主要研究内容。
4. 浅析心理学的主要流派及其特点。
5. 列举出广告心理学的主要代表人物。
6. 浅析"网络广告"的广告心理特征。

实训课堂

亲自调查"网络广告"目前的状况，写一篇有关"网络广告"的调查报告。

实训案例

农夫山泉有点甜

农夫山泉股份有限公司原名浙江千岛湖养生堂饮用水有限公司，成立于1996年9月26日，2001年6月27日改制成为股份有限公司。

1997年6月，农夫山泉4升装产品在上海和浙江的重点城市上市，并很快进入注重生活质量的现代家庭。同年，农夫山泉在上海同类产品的市场占有率排名已跃居第一。1998年，农夫山泉取自国家一级水体——千岛湖，不经任何处理即可达到饮用水标准的550毫升运动装在全国各地作推广，开始在中央电视台投放广告，"农夫山泉有点甜"的广告语迅速传遍大江南北，农夫山泉在全国各地的销量大增，农夫山泉在瓶装水的市场占有率迅速上升为全国第三。

由国家国内贸易局商业信息中心（现更名为中华商业信息中心）提供的年度全国食品日用品市场监测报告显示：从1999年到2003年，农夫山泉的销售业绩每年都有增长，其瓶装水的市场份额从16.4%增加到20.8%，连续5年占据市场第一的位置。2001年的增长幅度更高达160%。

自1999年起，农夫山泉连续五年成为中国乒乓球队的主要赞助商；农夫山泉凭借"天然、健康、安全"的优秀品质被中国奥委会选定为2000年悉尼奥运会与2004年雅典奥运会中国体育代表团训练及比赛专用水；2000年7月18日被中国奥委会授予"中国奥委会合作伙伴/荣誉赞助商"称号；被授予"2008年北京奥运申办委员会热心赞助商/2008年北京奥申委声援团"称号。

2003年10月，农夫山泉赞助1000万元支持中国航天事业，在"神舟5号"顺利发射前，被中国航天基金会首批授予"中国航天员专用水/中国载人航天工程赞助商"称号，成为与中国航天基金会进行"中国载人航天"合作的唯一饮用水品牌。

2001年年初，开展"喝农夫山泉为奥运捐一分钱"活动即每卖一瓶水为2008年北京奥运会捐赠一分钱，2002年，启动了"农夫山泉阳光工程"，每卖一瓶水捐赠一分钱为贫困地区的儿童购买体育器材,此活动延续到2008年,为期7年。

2003年春天,农夫果园正式上市。这标志着农夫山泉公司从单一的饮用水公司跨入综合饮料开发深加工企业的行列。先后推出农夫果园混合果汁饮料、尖叫系列功能饮料。农夫果园成为2003年度消费者最喜爱的果汁品牌之一,"农夫果园,喝前摇一摇"也成为2003年度最佳广告之一。2004年,全新功能性维生素水上市。2005年推出农夫汽茶和浆果奶昔,2006年推出由国际巨星李英爱代言的农夫茶系列饮料。

(资料来源:农夫山泉股份有限公司网站.http://www.nongfuspring.com)

【案例分析】

"农夫山泉有点甜"兼顾了真实性和艺术性,运用差异化策略使广告的诉求具有新颖性和独特性,激发人的探究心理,使人产生好奇心,吸引了广告受众的注意。借助体育运动员和航天员的健美形象,塑造农夫山泉"天然、健康、安全"的品牌特色;通过参与公益活动提高美誉度和知名度,使市场扩大,品牌的无形资产持续增值。

广告成为拓展产品市场和建立品牌的核心因素和主要手段,符合心理规律的广告极大地强化受众对产品和品牌的认知,通过广告效应促进产品销售,提高了品牌的影响力。

【案例研讨】

2008年夏,农夫山泉率先推出饮料新品"水溶C100",率先在中国市场开创了一个补充维生素C的柠檬饮料新品类。农夫山泉"水溶C100"作为市场的先入者,获得市场推广先机,具有先发优势。"水溶C100柠檬"如图1-7所示,微呈乳白色的果汁,微酸的独特口感,时尚大方的透明瓶子,4.5元的价格,与其他类似果汁类产品(3元左右)相比略显高昂的定价,"水溶C100"迅速在市场打响了知名度。

根据中国居民膳食营养日推荐摄入量(RNI),其中维生素C为100mg,即中国人每天要摄入维C是100mg,所以该产品命名为"水溶C100"。

"水溶C100柠檬"是柠檬含量为12%的果汁,每瓶所含维生素C,相当于5个半新鲜柠檬,可以补充人体每天所需的维生素C。请结合农夫山泉的一贯广告策略,分析"水溶C100柠檬"产品广告宣传的重点。

图1-7 水溶C100柠檬

第二章

广告心理学的研究对象和研究方法

（1）了解广告活动中的心理现象与内容，记忆广告心理学的主要研究方法。

（2）掌握广告心理学研究对象、研究原则及广告心理学与相关学科的关系。

（1）了解广告心理学的研究范围。

（2）掌握广告心理学研究对象的特点。

广告心理学研究对象　广告心理学研究原则　广告心理学研究方法

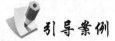

沃尔玛超市　为顾客节省每一分钱

沃尔玛公司由美国零售业传奇人物山姆·沃尔顿创立。1962年，山姆·沃尔顿在阿肯色州的本顿维尔开了一家小杂货店，这就是日后沃尔玛的雏形。经过40多年的经营，如今沃尔玛已经成为全球零售行业的巨头，曾多次获得"最受赞赏公司""最佳雇主""供应商最满意零售企业"等荣誉称号。其成功的市场营销策略——广告，发挥了关键的作用。

广告是每个商家、厂家常用的销售手段。但沃尔玛独辟蹊径，虽然在传统意义上的广告投入显得微乎其微,但沃尔玛根据自身企业的特点,制订了以产品"硬宣传"的方式来吸引消费者。"硬宣传",顾名思义,就是加深产品本身的吸引力。众所周知,沃尔玛的口号是"为每一个消费者每省一分钱",就是在这样的理念下,沃尔玛把商品价格压低到了同期其他公司所无法匹敌的程度。

不仅如此,沃尔玛还始终保持着"热心服务于每个顾客"的生意原则。公司要求旗下每一家商店的商品陈列干净利落。在沃尔玛购物,人们会觉得不仅价格低廉,而且快捷,这里的员工都显得与众不同。他们经常组织员工穿上沃尔玛的工作服,在社区里开展花车游行活动,为了活跃社区沉闷的气氛,他们还会定期举办一些大型的户外拍卖、乐队和杂技演出活动。在慈善事业上,沃尔玛往往一掷千金。

(资料来源:许广崇.攻心为上88个经典广告策划.长沙:湖南科学技术出版社,2013)

点评:广告本身不管以何种方式表现出来,根本目的首先就是——吸引人。你只有先吸引了消费者的注意之后,他们才有机会了解你所推销的产品。广告本身也没有一定之规,需要设计者审时度势,根据自身特点来选择广告的呈现方式。

沃尔玛在消费者心目中留下了非常好的印象,与其一贯秉承着"为顾客节省每一分钱"的理念有着直接的关系。

第一节 广告心理学的研究对象及原则

一、研究对象

广告心理学是研究广告活动中的人的心理和行为及其规律的科学。研究广告过程中人的心理现象及其发生、发展的规律,利用心理规律提高广告服务水平,促进广告市场的发展。心理是行为的内在原因,行为是心理的外部表现,研究广告传播心理和广告受众行为的关系是广告心理学的中心内容。

广告心理学是应用心理学的一个重要分支学科,是把心理学的知识应用于广告实践,研究广告活动中消费者心理活动发生发展规律的一门学科。广告心理学的研究对象是消费者在广告活动中的心理现象及其对广告活动的影响规律。这一表述包含三层意思:一是广告心理学研究的是广告这种特殊的社会实践活动,即广告传播本身;二是广告心理学的研究对象是广告活动中消费者的心理活动,即广告受众的心理现象;三是广告心理学的研究重点是消费者产生的心理现象对广告活动的制约与影响,即如何根据消费者的心理进行广告策划与传播。

广告心理学的研究任务主要包含两个方面。

(一)研究消费者在广告活动中产生的心理现象

广告经过特定的媒介传播后,会对消费者的心理活动产生一定影响。但是,广告活动中的消费者并不是被人任意操纵和影响的对象,他们接受广告影响的心理过程有其内在的规律。广告不仅仅要考虑吸引广告受众的注意,还要考虑是否能让他们记住,更要考虑是否符合他们的需要,使广告受众产生某种广告所期望引起的情绪情感。广告心理学的任务就是分析、研究和掌握广告传播对象,即消费者的心理特征,并遵循这些规律,使广告达到事半功倍的效果。

案例 2-1

越拍越低的拍卖

麦当劳(中国)有限公司与淘宝网合作,开出的全球首家麦当劳网店——麦当劳天天超值店于 2009 年 2 月正式开张。该店最引人注目的活动是"倒拍",即拍卖物品的拍卖价格越拍越低。拍卖期间每天推出拍品 100 多个,价值从近百元到超过 3000 元不等。拍品有数码相机、笔记本电脑、家庭影院、手机等时尚数码产品,以及化妆品、流行服饰等日常生活用品。

与其他普通拍卖不同,这次麦当劳制定的拍卖规则是"价低者得"。买家每点击一次,价格就下跌 1 元钱,依此类推,直到价格跌到 16.5 元的那一拍,谁第一个点到这个价,谁就可以成功拍下标的物。3000 多元的笔记本电脑、1000 多元的数码相机、新潮手机,最终成交价和麦当劳推出的"天天超值套餐"单价 16.5 元一样。虽然根据规则,每位活动参与者每 5 分钟内只能出价 1 次,且商品价格特定时间内只下降一次。要想得到奖品,除了要具备足够的耐心,还得有非常好的运气。但是,这无疑已经成功吸引了大批麦当劳的目标客户。

其中颇具心思的是,拍品虽是笔记本电脑、手机等热卖的时尚数码产品及手表、化妆品、流行服饰等日常用品,但不管拍中哪一样拍品,中奖者都需支付 16.5 元购买等额的麦当劳食品券,方能领取奖品。显然,麦当劳网上拍卖目的还在于强化 16.5 元"天天超值套餐"在消费者中的形象。

"倒拍活动"的奖品总价值高达 150 万元,超出此前公司的所有奖品金额额度。但是淘宝网上麦当劳因此积累的人气,相比"天天超值套餐"2009 年年初上市以来,麦当劳广告"海陆空"式的大规模投入,这次的另类广告无疑收效巨大。

这次麦当劳与淘宝的跨业联盟,基础是双方有共同的消费群与用户。因为在互联网上拍"宝贝",针对喜爱时尚数码类产品的时尚年轻人群、儿童群体,而这类人群显然都是麦当劳最主要的消费人群。而且对于喜欢上网购物的年轻人来说,这种奖品诱人、难度却极大的网络营销显然也比传统抽奖有着更大的吸引力。

(资料来源:刘伟.麦当劳:借淘宝倒拍赚人气.http://www.bokee.net/company/weblog_viewEntry/6610779.html)

(二)研究心理现象和规律在广告活动中的应用

广告是与人打交道的一项活动,甚至可以称之为一门艺术。科学的广告需要心理学有关理论和方法的指导,广告心理学要把心理学的基本原理应用于广告设计、制作和传播中,从而产生最能激发消费者消费欲求的广告,为广告传播提供心理学依据。因为只有掌握了消费者的心理,根据消费者不同性别、年龄、文化程度、收入水平、工作性质等,才可以更好地迎合、引导消费需求,做出有效的广告,进而达到双赢的局面。广告心理学的主要任务就是探讨广告活动过程中消费者心理活动的规律,使广告活动建立在心理学法则的基础上,以提高广告的科学性。

 小贴士

中国"小资"的消费倾向

在当下中国,"小资"在某种程度上可以作为时尚风向标、高品质生活的代名词,受到逐渐富裕起来的国人的追捧。但是,中国"小资"用来标识身份的物品多是洋品牌,其消费观念和氛

围都呈现出明显的欧化特征：咖啡西点、牛排红酒、北欧家具等。

他们过于认同西方生活方式及生活情调，可能引起本土品牌民族个性的丧失，造成中国品牌设计师对西方文化的模仿与依赖；同时，还可能导致国人文化自卑心理，引发民族文化的认同危机。就像韩国人以不买外国车为荣一样，"小资"群体完全可以形成消费本土品牌的中国"小资"文化。

今天值得"小资"引以为鉴的是，20世纪30年代中国"小资"的代表——周作人先生坚守着具有中国文化底蕴的情调观。他以喝茶、看花、听雨、闻香，抑或在古老的京城里品尝老字号点心为生活之艺术，认为日常生活中也有不同寻常的审美情趣，优雅和情趣就存在于每个人的身边，而不只是远洋彼岸。

他还认为，比起洋饭菜，家乡饮食往往在简易质朴中蕴藏着"野趣"或"真味"。品茶道，喝不求解渴的酒，吃不求饱的点心，着简洁舒适的民族服装，居清疏有致的房屋，以区别于上海"十里洋场"用消费洋货代表身份的"小资"。其实，这不是一种特立独行，而是一种民族文化自信的表现。

由此可见，打造民族品牌，引导大众形成正确的身份认同取向很重要，而建立国人的民族文化认同与自信，尤为紧迫！

一个基本的传播过程，是由以下要素构成的：传播者、受传者、讯息、媒介、反馈。这也对应了传播学主要研究的五个方面：传播者研究、受传者研究、传播内容研究、传播媒介研究、传播效果研究。本书从传播学的角度出发，结合广告心理学研究的主要内容，侧重于广告受众心理、主要广告媒体的心理特点、广告作品心理、广告从业人员和广告效果心理等几个方面。

二、研究的原则

要达到广告预期的目的，必须研究广告活动参与者在广告过程中的心理现象及其行为的规律性，利用广告心理学研究的成果指导创意、设计和制作广告。广大广告工作者研究广告心理学，不断发现广告心理现象的客观存在及其变化的规律，促进广告产业的发展，不仅是广告专业研究者的任务，也是广告从业者关注的热点内容。

采用科学的方法研究广告活动过程中人的心理，在不同的研究领域中，根据不同的研究对象，使用不同的研究方法，将具体研究方法的特点与研究对象的特点相结合。在开展广告心理学课题研究时，都要遵守客观性原则、发展性原则、系统性原则和应用性原则。

（一）客观性原则

客观性原则是科学研究必须遵循的重要原则，指的是科学研究要尊重客观事实，以实事求是的态度按照它们的本来面目加以考察。在广告心理学研究中，要从广告受众心理活动产生所依存的客观条件，行为表现和心理作用来揭示广告心理活动发生发展变化的规律性。

客观性原则不但要求研究者保证获得的材料真实客观，而且要保证结论的内容确实反映研究对象自身的真实状况，研究结论建立在采用科学的方法加工所得到的资料和数据的基础之上，如实反映客观事实中发现的广告心理的新原理和新规律。广告心理学研究者从选题到得出结论的整个研究过程，都要采取实事求是的态度，以追求科学真理为己任。

研究广告中的任何心理现象，都必须依据可以观察并加以检验的客观事实，严格贯彻客观

性原则。

广告心理及行为存在于十分复杂的广告活动过程中,广告心理现象是一种客观存在的事实,广告活动中的各要素相互联系,广告心理的发生和发展过程遵循其自身的规律。广告活动参与者的主观能动性调节着其心理活动,在自我意识控制和客观环境的作用下,有时言行一致,有时口是心非,表现出自我意识的差异性,而使广告心理状态和广告行为表现间的关系更为复杂和微妙。在广告心理学的研究中,通常运用逻辑方法对客观的事实和资料分析推理得出结论。

(二)发展性原则

发展性原则是指广告活动参与者的心理现象始终处在发展和变化之中。一种心理品质形成后,随着环境和实践活动的改变,也会有一定的发展和改变。广告心理学的研究者必须遵循发展性原则,把广告受众的心理活动看作动态变化发展的过程,来研究广告心理活动的发生发展的规律性。

个体在长期生活中形成的心理特点是具有一定的稳定性,当面对广告信息变化的刺激,个体的反应会表现为某种一贯性。任何心理现象都有其客观发展的规律,广告受众较稳定的个性心理特征,由于长时间各种因素的作用,也会发生改变,出现新的特点。

广告活动参与者的心理活动总是处于不断的变化当中,广告工作者不仅要了解广告心理的发生原理和各时期的特征,而且要预测到广告的心理效应。遵循发展性原则在广告活动过程中对广告心理现象进行考察,运用广告心理学的原则开展广告业务,提供高水平的广告服务。广告工作者对市场需求变化的研究,对广告受众的收入、职位、家庭、年龄等变动因素的研究,这一切都会对广告心理活动产生影响,并预测可能会出现的心理现象,根据广告心理的变化设计制作符合广告心理的新广告。

广告心理和行为都有其连续的发展过程,要在广告活动发展过程中考察心理和行为,既要联系客观事实,又要注重未来发展。对广告心理研究持全面的发展观点,广告心理和行为依赖一定主客观条件不断发展变化,广告受众的自我意识不同,外因通过内因起作用,使得同一广告对不同的受众个体所起的作用也会有所差别。

不断研究广告受众心理变化的情况,广告内容的表现方式随主客观条件不同发生改变,广告受众相应的心理和行为必然发生变化。广告业的发展要求广告心理学的研究者对不断发展变化的广告市场和广告受众进行动态的具有前瞻性的研究。

(三)系统性原则

系统性原则是指将研究对象放在有组织的系统中进行考察,运用系统的方法,从系统的不同层次、不同侧面来分析研究对象与各系统、各要素的关系。广告心理现象与外部刺激、活动内容、客观环境及其他各种心理现象之间都有紧密的联系,处在一个大的系统之中。

广告心理现象是一个极其复杂的动态系统,其中任何一种因素的变化,都可能引起人的心理变化。因此,对于广告心理现象,必须进行全面的、系统的分析和考察。系统性原则要求在对广告心理现象进行研究时,必须考虑各种内、外部因素之间相互联系和制约的作用,把某一心理现象放在多层次、多因素的系统中进行分析。

广告活动参与者总是处在一定的社会系统之中,其职业特征、社会地位、家庭生活、思维决策等各不相同的子系统构成其自身的社会系统,在广告的创意设计制作过程中,各子系统变化的相互作用影响广告心理效应。广告表现是广告活动中各种生理和心理因素在系统中相互作用的结果,导致不同广告心理效应的出现。

在人的心理系统和社会系统中研究广告心理现象,在对整个系统的研究中发现广告心理规律。广告工作者和广告受众生活在具有不同质的多个系统之中,参与不同系统的运行,支持系统功能的实现,广告工作者完成广告的设计制作,利用广告媒体将广告信息传播到广告受众。

在广告心理中,需要、动机、态度、信念、价值观等因素起主要的或较重要的作用,而家庭、群体、社会、文化传统等因素起次要的或辅助性的作用,影响广告心理的各因素在系统中不同程度地发生作用和相互作用。在广告心理学的研究中,无法对从系统中孤立出来的某一种心理现象进行研究。

(四)应用性原则

应用性原则是指广告心理学的研究要密切结合广告工作中的实际问题,为解决广告业务中存在的现实问题而开展研究,通过广告工作的实践检验研究的结论。广告心理学的研究通过收集资料、分析问题、提出方案、解决问题、发展理论、应用理论成果为广告业的创新发展服务。广告业的发展为广告心理学的研究提供了广泛丰富的研究内容,广告心理研究的应用性特点十分明显,广告心理学的任务是认识广告心理现象及其变化规律,为广告的发展提供理论依据。

广告心理学的应用性极强,广告活动中心理因素起着主要的作用。广告心理各个因素的相互联系相互作用,决定广告心理效应的水平高低。广告心理本身表现为不同水平(从无意识的层面到意识的层面),不同侧面(从稍纵即逝的心理过程到稳固的个性心理特征),不同发展层次(从生理需要到自我实现的需要),不同序列(从智商到情商)的复杂性。广告业的发展需要广告心理学,广告心理研究受多层次多因素的影响,具有极其复杂的多样性,广告心理学的目的在于发现广告心理现象及其变化规律。

科学研究中的客观性原则、发展性原则、系统性原则和应用性原则相互联系,缺一不可,是研究广告心理学必须遵循的基本原则。

第二节 广告心理学的研究方法

广告心理学理论对广告实践有着很强的依赖性,由于研究的时间、被试、搜集与处理资料的方式等各种条件的不同,广告心理学的具体研究方法也多种多样,这里只介绍几种常用的广告心理学的研究方法。

广告心理学的研究方法有观察法、访谈法、问卷法、实验法和个案研究法,分别适用于不同的研究课题,既可以单独使用,也可以把几种方法结合起来使用。

一、观察法

观察法是利用感官或借助于科学的观察仪器,在自然情景中,有计划有目的地对被观察者的言行表现进行考察记录,以期发现心理活动变化和发展规律的方法。观察法是广告心理学研究中普遍使用的一种基本方法,有时可以借助摄影机、录像机、录音机、闭路电视等先进技术来协助观察。观察法的运用是在记录事实的基础上,客观地解释这些事实及它们产生的条件和原因。

(一) 观察法的操作步骤

(1) 根据研究课题,制订观察计划,确定具体的观察内容,制作观察记录表。

(2) 实施观察时,要求被观察者处于自然状态,最好不要被其察觉。

观察的方法不外两种:一种是观察者亲自观察;另一种是利用仪器设备来观察。如果采用的是第一种方法,观察者要认真收集观察到的资料,观察记录应尽可能详细,可选取一定的简易符号作为记录代码,而且不要带有主观偏见。

(3) 整理、分析观察资料,得出结论。

(二) 观察法的种类

观察法几乎是各类研究方法中一个最基本的手段,因而它经常和其他方法结合使用。在广告心理学研究中,观察法主要用来收集广告受众接受广告信息、受到广告影响而产生的各类反应,从而收集到研究的一手资料。但不是所有的研究都可以采用观察法。

小贴士

观察法的使用条件是,所要获取的信息必须是能观察到的,观察的行为必须是重复性的,且是相对短期的。

1. 自然观察法

自然观察法,是在完全自然状态下所进行的观察,对观察对象不加干预和控制。被观察者一般不知道自己正处于被观察中,保持在日常生活中真实一般的行为表现。

例如,在一定时间和地点观察橱窗广告对消费者的影响,对那些由于注意到橱窗广告而进入购物现场的消费者,记录他们注意到商品、询问价格、了解商品的特点、进行购买不同情况下的行为表现,加以分析和判断橱窗广告对消费者的影响水平。

2. 控制观察法

控制观察法,是在限定的条件下进行观察,被观察者可能知道,也可能不知道自己正在被观察。

例如,为了了解消费者的从众行为,观察者需要系统地观察消费者在购物过程中,受他人影响时的行为表现及发生从众行为的决策模式。真正的被试往往并不了解其他参与实验研究的人员的真实情况,也并不知道自己正在被观察,保证了实验结果的客观性。

3. 参与观察法

参与观察法是观察者直接参与被观察者的活动,并在共同的活动中对被观察者进行观察的方法。例如,观察者与其他广告受众一起观看电影,观察电影贴片广告长度对其他广告受众情绪变化的影响,边观看边观察记录广告受众观看电影贴片广告过程中的不同情绪表现,积累广告受众在观看电影贴片广告时的情绪变化资料,研究发现电影贴片广告长度影响广告受众的情绪变化的规律,为广告工作者确定电影贴片广告长度提供依据。

4. 非参与观察法

非参与观察法是观察者不参与被观察者的活动,以旁观者的身份所进行的观察。

例如,在一定时间和地点,暗中观察人们对路牌广告的注意情况,记录人们对路牌广告注视的时间长短,研究者计算人们对路牌广告的注意率和注意的总时长,以评价路牌广告的受注意水平。三金药业西瓜霜的路牌广告,如图2-1所示,可以被选为进行非参与观察法研究的对象。

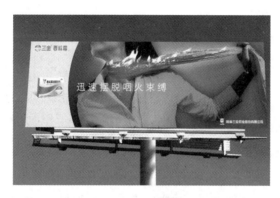

图 2-1　三金药业西瓜霜的路牌广告

(三)观察法的特点

1. **资料客观真实**

由于观察法是在被观察者不觉察的情况下进行的,其行为和心理活动很少受到干扰,避免了在面对面人员调查的过程中调查人员的主观态度和问题结构中存在的缺陷而导致的误差,保证了资料的客观性和真实性。

可获取不能直接报告或不便直接报告的对象的有关信息。观察法由于目的明确,方法简便易行,所得的第一手资料又比较系统,所以应用范围广泛。

2. **适用范围广**

可以对各种类型广告心理学研究对象进行观察,被观察对象选取方便,可直接利用观察者感官,在自然情景中,有计划、有目的地对被观察者的言行表现进行考察记录,成本较低,可开展大规模观察研究。

3. **获取信息全面**

采用观察法可获取当前所发生的行为和其他现象的有关信息。不但可以使观察者把握全面的普遍现象,而且还可以注意到当时的特殊气氛与情境。观察法与其他研究方法结合使用进行广告心理学的研究,效果会更加深入明显。

4. **易陷入主观推测或偏见**

观察法通常只能了解广告受众的一般行为表现和表面现象,很难了解复杂心理现象的本质特征,观察法往往停留在对表面现象的观察,无法深入探究人们的动机、态度和情感,而且被观察者的随意性也使观察到的行为不具有代表性。观察的质量也受到观察者本身经验和能力的限制,以及观察过程中不可预知因素的影响。

由于观察到的可能仅是被试所表现出来的行为的一小部分,而且在没有控制的条件下可能有一些无关变量的干扰,所以不易从所观察到的资料中得到某种因果关系的推断,对观察资料的解释易陷入主观推测或偏见。

二、访谈法

访谈法是通过访谈者和受访者的交谈,收集受访者有关心理与行为的资料。通过口问、耳听、眼看,访谈者能够获得有关受访者的更多的、更有价值的、更深层次的心理活动情况。应用访谈法,可以获取非常丰富、完整和深层次的信息,对于个案研究非常有用。访谈法的基本特征是通过直接面对面的交谈或间接的电话交谈来获取有关信息。

(一)访谈法的操作步骤

(1)根据调查目的事先确定访谈的目的和内容,选取访谈对象,拟定访谈程序。还应该配备摄像、录音、纸张文具等工具,以期收集到全面、关键的资料。

(2)在访谈过程中,把握访谈的方向与主题。访谈时应紧扣主题,尽量避免题外话;所提问题应尽量明确而具体,遣词用字应使访谈对象易于理解;随时观察访谈对象的情绪变化及其出现的新问题,既不能使访谈受其情绪变化所左右而跑题或中断,同时又要捕捉与调查题目密切相关的新信息,将其纳入访谈内容之中。

(3)整理、核实所得资料。

(二)访谈的方式

访谈法分为两种方式:结构式访谈和非结构式访谈。这两种访谈方式的异同点与优缺点如表2-1所示。

表 2-1 结构式访谈与非结构式访谈比较

类型	相同点	不同点	优点	缺点
结构式访谈	有一定目的;面对面的谈话;有访谈策略,收集到的资料具有较高的可靠性;能获得被试的非言语行为	有固定的程序;测试的内容和顺序是标准化的;评价的标准和评分方法也是标准化的	谈话易于控制;简练、省时;测试结果也利于分类、量化及相互比较;结果受主观性因素影响较小	受访者比较被动;访谈不易深入;谈话方式程式化,不太灵活;有时会抑制被试的表达和限制信息搜集的范围
非结构式访谈		没有固定的标准测试程序;测试的内容和顺序都有一定的灵活性;没有标准化的评分标准	气氛轻松;可以根据实际情况灵活提问;受访者易吐露心迹;可以了解到特定的情况	费时、费事;结果难以量化和相互比较;对访谈者的要求较高,缺少经验的访谈者很难开展好这类访谈

不论是结构式访谈,还是非结构式访谈,要使访谈顺利进行,并获得满意的效果,访谈者应掌握基本的访谈程序和访谈策略,访谈前要了解受访者的基本情况,准备详细的访谈提纲,制定如何接近受访者、取得受访者的信任、怎样处理受访者的拒绝和积极展开交谈的策略。

鉴于结构式访谈与非结构式访谈各有优缺点,所以有时根据实际需要把两种访谈方式结合起来,对有些问题进行标准化的结构式访谈,以获得标准化的数据进行统计分析,对一些复杂问题或主试感兴趣的问题则通过非结构式访谈进一步追问,以获得深入、详细的信息。

（三）访谈法的特点

1. 收集资料迅速

研究者采用访谈法开展研究,可在短时间内确定访谈的目的和内容,选取访谈对象,迅速收集到资料,能够深入了解受访者对某一问题的观点和看法,是解释某一广告现象或市场状况,激发受访者产生新观念、新思想和新创意的最佳途径。

2. 灵活而易于控制

研究者可根据研究目的随时调整、追加或重新解释有关问题,对重要的问题可进行深入访谈。使受访者可以坦率直言,又可以在访问员的适当控制下不偏离主题。但对于访谈结果的处理与分析比较复杂,难以量化。

3. 适用范围广

可以对各种类型的个体访谈多种不同的问题,成人、儿童、文盲等都可以接受访谈调查。但访谈需花费时间与精力,导致访谈对象的数量受到限制,使用该方法的时间成本较高。

4. 访谈的效果取决于双方的互动和合作

由于访谈是谈话人之间的一种社会交往过程,谈话双方的心理特性与行为等相互影响,这给研究工作带来了复杂性,也对访谈者提出了更高的要求。访谈法的最大潜在不足来自访问员。由于访问员素质和能力上的差异,收集的资料及对资料的推论和分析会有很大的差异,访问员的主观偏见也会对访谈结果造成很大偏差。

三、问卷法

问卷法利用封闭式的问卷,依据标准化的程序来收集数据,然后对这些数据进行整理和分析,描述、解释和预测广告受众的心理变化。问卷是现代社会调查中最常用的一种搜集资料的工具,是研究人员和被调查者进行交流的媒介,它将调查目的和调查要求具体化为一系列有机联系着的提问项目和可测指标,把经过科学设计的问卷(系统问题或表格)发给(或寄给)研究对象,要求对方如实回答。问卷法在广告心理学研究中广泛应用,主要用来研究消费者对广告的反应,以及广告效果的测量。

（一）问卷的设计

一般来说,一份标准的问卷包括封面信、指导语、问题及答案备选项、其他资料等四部分。封面信是一封致被调查者的短信,是调查者对被调查者的自我陈述,要说明调查者的身份、调查的主要目的和大致内容、被调查者的选取方法和调查结果的保密措施,以取得被调查者的合作,篇幅一般为二三百字。

问卷填答指南是用来指导被调查者填答问卷,或用来指导访问员如何正确进行访谈的各种解释与说明。问题与答案是问卷的主体部分,其他资料包括问卷的名称、问卷编号、调查地点、问卷发放回收的时间、调查员姓名、督导员姓名等。

1. 问题的形式

问卷的问题有两种类型:封闭题和开放题。封闭题指已给好备选答案的题目,被调查者从问卷中已列出的多个答案中选择一个或多个答案,开放题则不提供被调查者选择的答案。对于封闭题,答案的设计一定要注意答案的穷尽性和互斥性。在一份问卷中,题目可以全部是封闭题,也可以全部是开放题,这取决于研究问题的性质、特点。

如果需要快速回答,对量化结果感兴趣,被调查者受教育程度较低,采用封闭题比较合适;如果回答的详尽性比时间、编码简化和数据分析都更重要,则开放题比较可取。但在通常情况下，一份问卷既有封闭题，也有开放题。

2．问题的措辞

问题的措辞必须准确清楚，问题的表达对每个人来说必须意味着同样的意思，防止模棱两可，避免引起歧义。因而题目应尽量具体而不抽象，问卷中也不要使用难于理解的词汇和语言，如果非用不可，需要调查者向被调查者进行解释。此外，要避免问题带有诱导性，否则将会人为地增加某一特定答案出现的概率。

3．问题的编排

一份调查问卷通常包含许多题目，在题目编写、筛选完毕后，合理安排题目的顺序也是问卷设计的重要步骤。问题编排的原则包括以下几项。

（1）要考虑问题的逻辑关系，先易后难。

（2）如果需要筛选被调查者，过滤性问题应放在问卷的最前面。

（3）按类别次序排列题目，将同类问题放在一起，有利于被调查者集中思考作答。

（4）敏感性和开放性问题可置于问卷的最后，避免用年龄或收入作为第一个问题。

（5）在适当的地方插入一些激励被调查者继续回答的话语。

（二）使用问卷法应注意的问题

1．构建问卷结构的理论分析

问卷的编制要符合严格的科学要求。具体来说，在明确目的要求、欲测变量及其行为表现等基础上，构建问卷结构。在构建过程中，往往需要先作必要的理论分析，确定问卷的理论框架。

2．编制合适的问题

问题是问卷的主干结构，要调查研究的内容是通过一系列的问题来体现的，问题编制直接决定着研究的成效。问题的措辞应简洁明确，易于理解，避免使用诱导性或情绪化的字句；问题的数量和回答时间应适中；问题呈现的顺序应依据先易后难、先简后繁的原则。必要时，还应编制一些测谎题和校正题，以保证其科学性。

3．对问卷进行测试与修订

在正式试测之前，应先进行小范围的试测或预测。通过试测，可以检查问卷所存在的缺陷，修改那些含糊、容易引起混乱的问题。应对问卷进行项目分析，考查其效度与信度，检查是否达到所要求的质量。根据试测的结果，再次修订问卷，以保留、删除或补充某些题目。

（三）问卷法的具体方法

根据操作方式，问卷法可以分为拦截调查、入户调查、留置调查、计算机辅助调查、电话调查、邮寄调查、网络调查。

拦截调查是在指定地点，对被调查者进行问卷访问；入户调查是在被调查者家里进行一对一的问卷访问；留置调查是一种针对较长问卷的方法，访员将问卷留置在被调查者家中，2~3天后收回；计算机辅助调查是被调查者直接面对计算机上的问卷接受访问；电话调查利用普通电话、计算机辅助或电话自动询问系统对被调查者进行访问，并记录被调查者所做出的回答；邮寄调查是将问卷通过邮局寄给被调查者，并请求被调查者按照规定的要求和时间填写问卷，然后寄回调查者的方法；网络调查是透过互联网从被调查者那里获取信息的资料收集方法。

在使用问卷法时，抽样的环节非常重要。抽样方法可分为随机和非随机。随机抽样保证总体中的每个单位被抽中的可能性是均等的；非随机抽样从总体中非随机地选择特定的单位,合理地运用非随机抽样,能够产生极具代表性的合理的抽样结果。但是,如果抽样设计不合理,样本没有代表性,那么所做的推论就有问题。

四、实验法

实验法是指人为地、有目的地控制和改变某种条件,使被试产生所要研究的某种心理现象,然后进行分析研究,以得出这一心理现象发生的原因或起作用的规律性结果。

实验法是心理学研究中的一种普遍方法,是从某种理论或假设出发,有计划地控制某些条件,以促使某种或某些现象的产生,从而对其结果进行分析研究,探索心理现象之间是否存在因果关系,是探讨广告传播心理机制、揭示广告活动心理规律的一种重要研究方法,广告心理学的大量研究通过实验法进行。

(一) 自然实验法

1. 自然实验法的概念

自然实验法是在日常生活情况下或模拟自然的情况下,适当创造或改变某些条件,研究被试某种行为与心理产生的原因与变化规律的方法。自然实验法又称现场实验法、实地实验法。在自然实验法中通过不同的刺激,引发被试的各种反应,观察被试的行为变化。自然实验法越来越受到研究者的重视与认可,广告心理学的许多研究都是应用的自然实验方法。

例如,在访谈法中研究者在单向镜后观察受访者的言谈举止,各种形式购物行为的有关研究都属于自然实验。

在广告心理学研究中,常用的自然实验法是销售测验法,即尽量控制其他一切影响销售的因素,让广告宣传成为唯一的影响因素,通过销量的比较来衡量广告效果。

2. 自然实验法的特点

(1) 与实际联系密切,易反映真实情况

在实际情形中进行研究,既进行了适度的控制,又不失其真实情境的特性,因此可以获得较为真实、可靠的资料,研究的结果具有普遍性和实用性。但自然实验一般花费较高,所需的研究技能也较复杂。

(2) 研究中涉及的变量较多

由于是在真实的自然情景中进行的研究,被试的取样与分配、实验处理等都不是随机的,而是以符合实际条件的方式来操作的,有许多变量参与到实验中,影响实验结果。需要应用不同的方法,在不同的时间对变量之间的关系进行多次检验,以确定其结果是否一致。

3. 自然实验应注意的问题

(1) 详细制订实验计划

最好是将实验的各项步骤编成进度表,以便严格控制执行。

(2) 尽量控制无关变量与误差

与实验室实验一样,自然实验也要对无关变量进行最大限度的控制,以保证实验结果的真实、有效性。通过实验设计,尽可能地将实验控制在基本合理的范围内。而在实验的实施过程中,也会不可避免地出现许多影响实验的意外事件和干扰因素,致使实验结果产生误差。

比如被试的中途退出、各种实验者效应(如期望效应)、被试效应(如安慰剂效应)等。针对这种情况,应该在实验之前充分考虑,采取预防措施;实验过程中采取及时的补救措施,以将误差减至最小。

（二）实验室实验法

1. 实验室实验法的概念

实验室实验法是在严格控制外界条件的情况下，在实验室中用专门的实验仪器，测定被试心理现象的方法。

例如，速示器可以测定被试在瞥一眼广告时所看到的广告内容；眼动仪可以测量广告对消费者注意力的吸引程度；脑电仪可以研究消费者对广告是否感兴趣。通过实验室严格人为条件的控制，可以获得较精确的研究结果。

2. 实验室实验法的主要特点

（1）对实验情境和实验条件进行严格控制

通过对实验场景、实验刺激（自变量）、被试选取及反应等多种因素人为地主动控制，可以排除无关变量的干扰，探讨在其他条件下无法研究的种种现象，揭示各变量之间的因果关系。但由于实验的人为控制，有时难以将实验室内得到的结论直接推导到现实中。尤其对于一些复杂的心理现象的研究，如社会规范的学习过程的研究等，实验室实验有一定的局限性。

（2）实验结果的记录、统计比较精确、客观

借助于实验仪器和统计学技术来准确测定、记录和处理资料，使结论的科学性与精确性有所增强。

3. 实验室实验应注意的问题

（1）实验设计要科学

实验设计是在实验之前对如何操纵自变量、控制无关变量及如何检测因变量的一种扼要的计划，它是保证实验顺利进行的一个非常重要的先决条件。由于研究目的、变量类型及其关系等的不同，实验设计有多种多样的方式。研究者应该根据所要研究的问题来确定、选择自变量与因变量，识别无关变量，并确定具体的实验设计类型。

（2）控制无关变量

无关变量虽然与实验目的无关，但若不加控制，将影响实验结果，使实验半途而废或达不到预期效果。无关变量的控制是实验室研究中非常关键的一个问题，也是研究者极为关注的。控制无关变量的方法有许多种，一般是通过合理的实验设计和统计处理（如协方差统计分析）来解决。

（3）选择和利用恰当的实验仪器

在选择和使用仪器时，应该使其性能符合研究目的和要求。

（三）实验法的优缺点

1. 实验法的优点

实验法中实验者是主动的，通过对自变量的控制和对因果变量的观察，可从复杂的因素关系中确认有关变量之间的因果关系，具有较高的效度。特别是在自然实验条件下，被试一般不知道自己正在接受实验，实验结果比较符合客观实际。

2. 实验法的缺点

实验法在费用和时间上的成本都很高，研究者在很多情况下需要衡量付出的成本和得到的研究信息之间的价值。再者，实验法存在着控制变量难于控制，无法准确测试自变量和因变量的关系的可能。尤其是在自然实验中，由于各地市场环境的不同，在某地的测试可能不适用于其他市场，因而无法一概而论。在实验室实验中，被试已经意识到正在接受实验，由此干扰了实验结果的客观性，并影响实验结果应用于日常生活。

案例 2-2

广告内容的色彩、大小、位置与阅读

眼动记录技术应用于广告研究,以实时数据更加生态化地反映了受众观看广告时的心理和行为过程。通过眼动技术的应用分析受众的广告信息的接受和理解的水平,受众广告信息加工中注视的过程,至少存在编码视觉刺激、对边缘信息采样和计划下一个眼跳三个阶段。广告眼动研究通过专用眼动仪和专用分析软件获得眼动指标进行。

有人对被试阅读电话号码本上的广告进行了眼动研究。在研究过程中为排除经验对被试的影响,研究者设计了一个32页的电话号码本。该电话号码本大小及其中的字体、颜色、纸质等特征均与实际使用的电话号码本一样。

研究结果如下:带有图案的彩色广告更吸引人的注意,人们往往先看彩色广告再看黑白广告。被试注视彩色广告的时间比注视黑白广告的时间多21%;研究发现,93%的大幅广告被受试注意到了,而只有26%的普通大小的广告被注意到;广告在印刷品上的位置影响人对广告的注视,总有一些广告是被试从来不看的。

广告通常由标题、图案、正文和背景组成。有人研究发现,被试对于正文的注视时间最长,其次是标题,对于图案和背景的注视时间最短,对正文的注视时间比对图案和背景的注视时间多三倍;被试对广告的注视顺序为图案、正文、背景;当广告重复出现1~3次时,对广告注视时间将减少50%;70%的眼跳运动发生在正文阅读时。

五、个案研究法

个案研究是对某一个体、群体或组织在较长时间里连续进行调查、了解,收集全面的资料,从而研究其行为、心理发展变化的全过程。在大多数情况下,尽管个案研究以某个或某几个个体作为研究的对象,但这并不排除将研究结果推广到一般情况,也不排除对个案进行比较后在实际中加以应用。

(一)个案研究法的用途

广告心理学研究中,个案研究主要用于对广告受众、广告主、广告从业人员的研究,即关于人的研究。在关于广告受众的个案研究中,可以了解其生活习惯、消费行为等。

(二)个案研究法的步骤

个案研究的实施通常有三个步骤。

1. 研究设计

(1)明确研究主题。

(2)选择个案。

(3)议定获得研究该个案权力的可能性。

(4)设计研究方案。

2. 收集资料

(1)收集纪实资料。纪实资料包括信函、备忘录、记事簿、会议记录、日记、自传、回忆录、视听材料等。这类纪实资料可以为个案研究提供有形线索。

(2)观察。研究者在观察中可以以不同的身份出现:可以是一个完完全全的参与者,在所观察的环境中充当一个角色为个案所接纳;还可以是个非参与者,尽可能减少与个案之间

的相互作用。

（3）面谈。由研究者引出话题，并掌握面谈的进程，谈话一旦开始，研究者主要扮演聆听者的角色，并对个案的行为进行认真的观察。

3. 分析资料

分析资料是最难的一步，因为个案研究的资料没有较好的规则和程式，又不能像问卷法和实验法那样用计算机进行统计分析。在收集资料时要系统地保存资料，及时写上资料收集的时间和地点，并分类装入档案袋，不要等到资料收集完成后再做分析，而应该是一边收集一边分析。

（三）个案研究法的优缺点

1. 个案研究法的优点

个案研究法着重于一种特定的现象，依据归纳和推理的过程，并在检测大量资料中得出结论，以研究现实问题。个案研究法有助于研究者提出新的观点或研究线索，并通过其他研究方法证实或否认个案特征的代表性。

2. 个案研究法的缺点

由于个案研究法的研究过程非标准化，难以排除价值观念对研究的影响，研究的结果和发现受不清晰的证据和有偏见的观点影响，导致其缺乏严谨的科学性。再者，由于只研究个案，没有典型性和代表性，无法导出普遍性的法则，不容易推论。

此外，个案研究法需要花费很多时间。常出现的问题是，研究者虽然已获得了大量的资料，但一时难以消化，很难对资料做出结论，以至许多研究者可能研究了很长时间，得到的结果却价值不大。

上述列举的几种研究方法各有其特点，在实际的广告心理学研究中，往往是多种研究方法合理地综合应用，而非某种单一方法即可奏效的，应该根据研究的目的，来选取恰当的方法。

第三节　广告心理学与相关学科的关系

广告心理学是一门边缘交叉学科，与心理学、广告学、消费心理学等学科有密切关系。它在引用、吸收其他学科的理论和方法的基础上，逐步发展成为一门独立的学科。

一、广告心理学与心理学

心理学是研究人的一般心理现象和心理规律的科学，心理学研究所揭示的许多规律是各个应用心理学科的理论基础，当然也是广告心理学的重要理论基础。例如在广告心理学中，要求广告人员创作出来的广告语不要过长，这一指导原则的理论依据就是认知心理学关于短时记忆的研究结论，即短时记忆的容量一般为 7 ± 2 个组块。所以，要深入研究广告活动中的心理学问题，离不开基础心理学研究提供的理论基础和方法。

心理学是研究心理现象及其规律的科学，人的心理现象是多种多样的，但归纳起来可以分为心理过程和个性心理两个方面。

1. 心理过程

大脑对客观刺激进行能动反映的心理过程包括认知、情感和意志三个方面。认知是大脑对客观事物的表面属性和内在联系进行反映的心理过程。情绪或情感是客观事物能否满足人的主观需要所产生的一种内部体验过程。

人类的反映活动与动物的反应过程不同,人不仅要认识世界,而且要改造世界。为此就要提出目标,制订计划,并努力地付诸实践,这就表现出意志。认知、情感和意志都是心理过程。注意则是这些心理过程所共有的心理特性。它伴随于这些过程之中。

2．个性心理

人在认识客观对象的过程中,会表现出不同的特点。例如,在能力上的差异:有人从小表现出超人的艺术、音乐的才能,有人则在数学才能上出类拔萃,这些是标志人在完成某种活动时潜在可能性的特征;有人做事快速灵活,而有人则做事迟钝稳重,这种在心理活动的强度、速度、稳定性、灵活性上的差异,是高级神经活动的特点在人的行为上的表现,这是气质方面的不同;有人内向,有人外向,或有人活泼开朗,有人沉默寡言,有人谦虚谨慎,有人骄傲自大,这种对现实态度和相应的行为方式上的差异,被称为性格特点。上述能力、气质、性格上的特点,构成了人们心理特征上的差异,即个性心理特征。

个性心理特征受人的需要、动机、兴趣、信念、理想和价值观的制约,这些被称为个性倾向性。个性心理特征,向上受制于个性倾向性,向下又制约和影响着心理过程的进行。然而,个性倾向性和个性心理特征,又都是通过心理过程形成和发展的。

广告心理学是从探索心理学原理在广告活动中的应用开始,而后逐渐发展形成一门独立的学科。虽然广告心理学与基础心理学都是以人为研究对象,但是心理学研究的是一般情况下的人,而广告心理学研究的则是处于广告活动情景中的人。虽然广告心理学要以基础心理学的研究为基础,但是广告心理学的研究成果,反过来也丰富了心理学的学科知识。

总之,广告心理学是心理学在应用领域的一个分支。也可以说,广告心理学是应用心理学的一个分支。所以在广告专业杂志出现之前,许多广告心理学研究成果主要发表在应用心理学杂志上。

二、广告心理学与广告学

广告学是探讨广告活动现象及其一般规律的科学。广告学的研究描绘出广告活动的基本框架,广告心理学正是在广告学所描绘的广告活动框架之下,探讨人在广告活动中产生的心理现象和心理规律,为广告活动提供理论基础。相对而言,广告学研究的广告活动过程是宏观的,而广告心理学研究的广告活动中人的心理是微观的。

在广告学中,人们既强调广告的艺术性,也强调广告的科学性。但在广告心理学中,人们更加重视从科学性的角度来审视和探讨广告及广告活动。换个角度来说,广告心理学是适应广告的科学性要求逐步发展起来的。它为广告活动中的各种决策提供科学的理论依据、实证依据。例如广告目标的决策问题,如果没有广告心理学提供的层次效果等理论模型,解决起来就缺乏理论基础。

现代广告诉求对象的确定,如果没有心理学关于人格分类的理论和测量手段,广告宣传要做到有的放矢就比较困难,因为传统的按人口统计学特征来界定广告诉求对象在许多情况下并不十分有效。

三、广告心理学与消费心理学

广告心理学与消费心理学有着非常密切的关系。在西方国家,广告心理学常常被看做消费心理学的重要组成部分。这种认识并非偶然,因为无论是广告心理学,还是消费心理学,都将消费者作为重要的研究对象。特别是关于消费动机的研究,深受这两个学科的重视。也可以说,在消费动机这个领域,两个学科是统一的。但是仅将广告心理学当作消费心理学的一部分是不恰当的,原因如下。

(1) 广告心理学所研究的一些问题,消费心理学研究并不关心。如广告的认知过程、广告的说服、广告创意的思考方法、媒体接触的心理活动等。相反,一些消费心理学关注的问题,广告心理学并不关心,如消费情景、文化环境对消费行为的影响等。

(2) 消费心理学侧重研究人与商品的关系。广告心理学虽然也关注这种关系,但它更加侧重于人与广告活动的关系。

(3) 消费心理学研究服务于市场营销,而广告心理学研究主要服务于营销活动中的广告宣传。所以说,这两个学科有共同关心的问题,也有各自要解决的问题。它们是相互交叉的两个学科。

复习思考题

1. 广告心理学的研究对象是什么?
2. 简述广告心理学研究的原则。
3. 观察法的主要特点是什么?
4. 使用问卷法应注意的问题是什么?
5. 列举各种实验法的主要特征。
6. 举例说明个案法研究的适用范围。
7. 举例说明广告心理学研究的主要方法。
8. 结合广告案例说明广告心理学的研究对象。

实训课堂

选择学校附近的一个超市,采用观察法,对大学生的购物路线、时间和购买的商品种类进行观察和记录,并写出简单的报告(要求至少观察5个样本)。

实训案例

通过访谈法进行帮宝适纸尿布产品的心理定位

帮宝适纸尿布在美国销售初期的销量不是很理想,于是,广告公司找到一些使用过和未使用过此种纸尿布的妇女,分成小组进行访谈,每组8~10人。

问:您觉得纸尿布怎么样?

答:它方便。

追问:您觉得怎么方便?

答:用它很合适,不用再洗尿布了,也不会尿湿衣服被褥。

追问:什么情况下感到方便呢?

答:外出旅游时最方便。

追问：还有什么情况下会使用纸尿布？

妇女迟疑，答：婆婆不在时会用它。

追问：为什么要等婆婆不在时用呢？

答：因为婆婆看不惯。

再问：她看不惯什么呢？

答：她可能觉得这样做，是只图自己省事。

在这样持续的追问过程中，访谈者透过对被调查者的仔细观察，发现说话的年轻妇女在说婆婆的看法时，神情有一种不安，其他人也有同感。她们认为使用纸尿布仅仅方便了妈妈，减轻了妈妈的负担，但不清楚对孩子是否有利，由此产生了一种对孩子的内疚，同时也害怕被婆婆视为偷懒、不负责任的母亲。

调研人员得出结论：纸尿布不畅销的直接原因是许多妈妈只有外出旅行时才使用，而不是天天使用；根本原因是她们害怕被他人认为自己是个不尽职的妈妈。

【案例分析】

广告公司在进行新的广告策划时，确定产品的心理定位，找到了新的诉求点，即突出帮宝适纸尿布对宝宝的益处，如帮宝适纸尿布的柔软速渗功能可使宝宝免受尿布尿湿之苦，一次性使用可保证干净卫生。通过广告的宣传使许多妈妈认识到：使用纸尿布对宝宝是卫生的，对宝宝的健康是有利的，而不仅仅是为了图省事。恰当的心理定位，消除了妈妈们的内疚心理负担，于是帮宝适纸尿布的销量大增。

【案例研讨】

分析上述访谈法的特点。

第三章

广告受众的注意

(1) 了解注意的分类,理解注意的特征和功能,掌握注意的定义。
(2) 认识广告活动中的注意现象。

(1) 学会识别注意的类别,分析广告中的注意现象。
(2) 使用引起广告受众注意的策略。

注意 注意的功能 注意的种类 注意的规律

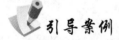

男士,驾车时请专心

这是 Calvin Klein 的一幅广告,宣传其公司的女士内衣产品,如图 3-1 所示。

卡尔文·克莱恩(Calvin Klein)1942 年出生于美国纽约,就读于著名的美国纽约时装学院(F. I. T),1968 年创办 Calvin Klein"卡文克莱"公司。Calvin Klein 是当之无愧的全美最具知名度的时装设计师,其产品范围除了高档次、高品位的经典之作外,克莱恩还是那些以青年人为消费对象的时髦的无性别香水

图 3-1 Calvin Klein 公司的一幅广告

和牛仔服装的倡导者。

Calvin Klein 公司有 Calvin Klein（高级时装）、CK Calvin Klein（高级成衣）、Calvin Klein Jeans（牛仔）三大品牌，另外还经营休闲装、袜子、内衣、睡衣、泳衣、香水、眼镜、家饰用品等。

Calvin Klein 一直坚守完美主义，每一件 Calvin Klein 时装都显得非常完美。因为体现了十足的纽约生活方式，Calvin Klein 的服装成为新一代职业妇女品牌选择中的最爱。

（资料来源：Calvin Klein 官方网站）

点评：这是一幅引人注目的平面广告作品，画面弱化了模特的面部，并将身体露出的中间部分处理成石膏像的质感，既吸引人的眼球又没有过于暴露，不会造成广告受众的反感。充分利用广告画面的形象，产生吸引力。Calvin Klein 公司的这幅广告，达到了宣传其女士内衣产品的目的。

在商品经济发达的今天，市场竞争日趋激烈，"好酒不怕巷子深"的传统观念受到严峻挑战。在"好酒"到处都有的情况下，没有人愿意费时费力地到"深巷"去买。广告界流行一句名言："让人注意到你的广告，就等于你的产品卖出去一半。"广告要想对消费者产生作用，前提是必须在众多广告中脱颖而出，引起消费者的注意。

广告能够引起消费者注意，就等于成功了一半，注意是广告受众接受广告信息的开端。富有特色的广告能够引起消费者的注意，促使其对广告产品产生兴趣，进一步激发消费者的购买欲望和最终促成购买行为为完成。因此，也有人把当前的经济称为"注意力经济时代"。那么什么是注意？它有哪些特点？怎样才能使广告引起受众的注意？本章将探讨这些问题。

第一节 注　　意

有日常生活中，我们随时面临着各种各样的刺激。但是，并不是所有的刺激都能被我们感觉到，在某一特定时刻，感受到的只是能够引起我们注意的那些少数对象。

一、什么是注意

（一）注意的概念

在日常生活中，人们总会被某一事物或信息所吸引，这种心理状态就是注意。所谓注意是指心理活动对一定对象的指向和集中。这里的心理活动既包括感知觉、记忆、思维等认知活动，也包括情感过程和意志过程。

注意不是独立的心理过程，而是伴随认知过程、情感过程和意志过程等心理活动同时发生。注意的对象不仅仅是外部的活动和事物，人的内在心理活动和机体状态也可以成为注意的对象。个体周围环境的声、光、热、味往往成为注意的外部对象。感觉到机体的病痛，意识到自身情绪的变化和意志坚持的程度，都是注意指向内部对象的体现。

美国卡夫食品国际公司（Kraft Foods Inc.）成立于 1852 年，是美国最大的食品和饮料企业，世界第二大食品公司，北美最大的食品生产商，1892 年创立的麦斯威尔（Maxwell House）咖啡，一直以"Good to the last drop！"为目标，其广告语由于独特极其引人注意，使麦氏咖啡成为享誉全球的品牌。在中国该广告词被译为"滴滴香浓，意犹未尽"，麦氏咖啡引起人们的强烈关注，实现了注意的指向性和集中性功能。

20 世纪 90 年代初，在方便面的广告大战中，"康师傅"方便面以"好吃看得见"一语深入人心。"统一"牌方便面知难而进,以古喻今,广告画面上出现一位古代戎装勇士,威风凛凛地喊出"统一面",给人以热烈的情绪感染,取得了初步成绩。这种宣传持续了一段时间以后,企业又推出了与前一广告格调不同的画面:一男一女像拉家常一样,娓娓道出各自喜欢"统一面"的理由,不知不觉中缩短了与消费者的距离。

(二)注意的基本特性

1. 指向性

指向性指心理活动在某一时刻总是有选择地朝向一定对象。因为人不可能在某一时刻同时注意到所有的事物,接收到所有的信息,只能选择一定的对象加以反映。想同时看清楚广告各部分内容是不可能的,个体的注意只能朝向个别方位或某个组成部分。注意的指向性保证人的心理活动对某些特定事物进行清晰而准确地反映,如图 3-2 所示。

2. 集中性

集中性是指心理活动停留在一定对象上的深入加工过程,注意集中时心理活动只关注所指向的事物,抑制了与当前注意对象无关的活动。注意的集中性保证了人对注意对象有更深入完整的认识,有时出现知觉防御的心理现象,表现为"听而不闻,视而不见",当一个人集中注意去欣赏某一路牌广告的时候,对旁边的说话声、鸟鸣声或汽车的噪声等无暇顾及,或者有意不去关注它们。

案例 3-1

一 瞬 间

Diesel 的"历史瞬间"(the historical moments)系列广告之一,如图 3-2 所示。原图片是 1945 年 2 月 4 日英国首相丘吉尔、美国总统罗斯福、苏联领导人斯大林出席"雅尔塔会议"的照片之一,经过技术加工制作成广告图片。在抓人眼球的同时,也达到了宣传品牌的目的。

图 3-2 Diesel 的"历史瞬间"(the historical moments)系列广告之一

指向性和集中性统一于注意的心理过程中,保证了注意的产生和维持。注意虽然是一种非常重要的心理机制,但却不是一种独立的心理过程,而是感觉、知觉、记忆、思维等心理过程的一种共同特性。比如,当我们说注意的时候,指的是注意听、注意看等,离开了这些心理活动过程,不会有单纯的注意。不仅认知过程中需要注意,情感体验和意志行动中同样需要注意。

注意是伴随心理过程出现的,离开了具体的心理活动,注意就无从产生和维持。人看到的"全聚德烤鸭店"霓虹灯广告,既是人的感知活动中注意感知的"对象",又是思维活动中注意的思考"对象"。而人在品尝烤鸭的美味时产生良好的情绪,感到高兴和满足,表明注意伴随着认知活动,同时又伴随着情感过程。反之,没有注意的指向和集中对心理活动的组织作用,任何一种心理活动都无法展开和进行。

注意可被视为信息进入人的认知系统的启动器,注意的水平高低直接影响着其他心理机能的工作状态。注意是一种重要的心理状态,不是一种独立的心理过程,在心理过程中发挥着不可或缺的作用。广告通过形象和广告语提供产品信息,使广告受众的心理活动指向和集中于广告信息内容本身。

(三)注意的品质

研究利用注意的特征,通过引导广告受众的注意,达到让广告主满意的广告效果,具有十分重要的意义。注意的品质主要包括注意的稳定性、注意的广度、注意的分配和注意的转移。

1. 注意的稳定性

注意的稳定性是指对同一对象或同一活动所持续的时间。注意的稳定性是心理活动在某一段时间内的效率指标。注意的稳定性有广义和狭义之分。

狭义注意的稳定性是指注意保持在同一对象的时间。一般认为人一次的注意持续时间为15分钟左右,超过这一时间长度,注意的稳定性会下降,影响人的认知过程、情感过程和意志过程,同时降低工作效率。

广义注意的稳定性是指注意保持在同一活动上的时间。它不意味着注意总是指向同一对象,而是指注意的对象和行动会有变化,注意的总方面和总任务不变。活动的连续性和对象的新颖性,会使广义注意的稳定性维持在较高的水平。

广义注意的稳定性,受人的主体状态和注意对象自身的特点影响。当人对广告的意义理解深刻,抱有浓厚的兴趣和持有积极的态度,并且身体健康,精力充沛,心情愉快时,注意容易保持稳定。

在主体积极性相等的条件下,刺激物的强度和持续时间对注意稳定性有显著的影响。内容丰富多彩的活动的广告比单调黑白的静止的广告,更能保持人的注意稳定性。在一定范围内,注意的稳定性程度是随注意对象的复杂性的增加而提高,但对象过于复杂或过于单调都不利于注意的稳定。

注意的分散指在注意需要稳定时,受到无关刺激的干扰或由单调刺激所引起,使注意的中心离开了需要注意的对象。当注意离开当前应当指向和集中的对象而指向其他对象时,注意的分散影响到广告受众对广告信息的获得。

人的注意的稳定性存在个别差异和年龄差异,这种差异和个体的神经系统特点有关。身体健康、精力充沛时,注意的稳定性就强。与成人相比,老人与儿童的注意稳定性相对较差,因为儿童易受环境因素变化影响,而老人感知觉能力下降。因此,在广告设计中,应尽可能使产品信息成为受众注意的中心,避免广告宣传中陪衬事物对广告主题喧宾夺主,而儿童广告尤其要强调色彩鲜艳、不断变化,特别是采取动画手段,以吸引其注意力。

2. 注意的广度

注意的广度也叫注意的范围,即知觉的广度。是指在同一时间内能清楚地把握对象的数量。

在广告实际制作时应确定广告受众感知的具体对象,不可同时介绍过多的信息内容,使注意的对象超过广告者注视观察的范围,影响广告传播的效果。人的注意广度并不是固定不变的,影响注意广度的因素主要有知觉对象本身的特点和个体知觉活动的任务和知识经验两个方面。

知觉对象本身的特点明显:知觉的对象越集中,排列得越有规律,越能成为相互联系的整体,注意的范围就越大。个体知觉活动的任务和知识经验的水平:同样的知觉对象,由于个体知觉活动的任务和知识经验不同,注意的范围也会有一定的变化,如果知觉活动的任务少,注意范围就大。广告应有特征鲜明的特点,减少广告受众感知广告时所处环境的影响,从而避免广告受众把注意力集中在其他事物上。

广告受众的知识经验丰富,注意范围就大,知识经验贫乏,注意范围就小。注意的广度随一个人的年龄增长而增长,而且随着一个人经历的多样化注意的范围不断扩大。经验丰富的人往往注意的广度大,在接受广告的过程中常常注意到更多的对象和细节,新颖的广告形式可以扩大广告受众的注意广度。

3. 注意的分配

注意的分配是指在同一时间内把注意指向不同的对象。

实验表明,个体的注意先指向于一个刺激物,而在稍迟一些时间,才指向另一个刺激。可见当不同的刺激物同时发生作用并需要两个感官去感受时,要适当分配是相当困难的。在人们用餐时播发广告常常会一无所获,由于人在就餐时的注意指向和集中在食物上,视觉、嗅觉和味觉成为知觉的中心活动,而广告的内容信息接收通过听觉进行,不同感官间不易发生注意的分配,影响人对广告信息的知觉。

实验表明,在1/10秒时间内,成人一般能注意到8~9个黑色圆点,或4~6个外文字母,3~4个几何图形。

注意的分配的实现表现为"一心二用"的心理现象,实现注意的分配前提是同时进行的两种活动中,必须有一种是熟练的达到自动化的程度,而且同时进行的几种活动之间的关联性水平较高。一位驾驶经验丰富的司机,在开车时操纵汽车的活动达到熟练自动化程度,能够边驾驶边观看路边的广告,但由于新上路的司机不能熟练操纵汽车,其注意指向和集中在如何操控汽车上,操纵汽车的动作没有达到自动化程度,因此不能顺利地边驾驶边观看路边的广告,这一现象就是典型的注意分配困难的实例。

4. 注意的转移

注意的转移是根据新的任务,个体主动把注意从一个对象转移到另一个对象上,或由一种活动转移到另一种活动的现象。注意的转移对于人的各种活动都是很重要的,不能灵活迅速地把注意从一种活动转向另一种活动,就会降低活动的效率,影响活动的顺利进行。飞行员在飞机起飞和降落的5~6分钟内,观察仪表和航路情况同时操纵飞机等过程中注意转移多达200次以上,才能保证飞机正常起降。

广告受众注意的转移取决于原来注意的紧张程度和引起注意转移的新广告的性质。原来注意的强度越大,活动的内容越引人入胜,注意的转移就越困难和越缓慢。反之,注意的转移就比较容易和迅速。若在电视节目之间插播广告,由于广告的刺激水平不同,内容丰富的广告吸引力较大,往往由于广告接受者的注意不能很好地实现转移,会影响到下一个广告的播出效果。

当新的广告内容符合广告接受者的需求,则注意的转移就容易和迅速。广告内容与广告受众的需求吻合程度越高,越能使广告受众轻松地实现注意的转移,取得良好的宣传效果。若在广告播发前事先发出注意转移的信号,使广告受众有初步的心理准备,注意转移起来就会比较容易。中央电视台新闻联播节目之后的广告,由于"新闻联播"的信号作用,更易引起电视观众的注意。

如果广告受众是一个有高度责任感的个体,具备良好的生活和工作习惯,其注意转移的质量往往较高。神经过程的灵活性强的个体较神经过程的灵活性弱的个体,注意转移的速度快。由于每个广告受众的个性不同,存在注意转移的极大差异,在广告设计和播发时注意这种差异,采取不同的播发方法和途径才能保证广告宣传效果。

(四)注意的功能

注意具有的指向和集中的基本特性决定了注意的主要功能,其主要表现在选择功能、保持功能和调节监督功能三个方面。

1. 选择功能

注意使个体在某一时刻选择有意义的、符合当前活动需要和任务要求的刺激信息,同时避开或抑制无关刺激的作用。注意的选择功能确定了心理活动的方向,保证个体的心理活动能够次序分明、有条不紊地进行。平面广告必须具有视觉冲击力,把广告对象从背景中突出出来,明确传递广告信息,引起广告受众的注意。

2. 保持功能

注意可以将选取的刺激信息在意识中加以保持,以便使心理活动对其进行加工,完成相应的任务。注意的指向性和集中性使广告接受者将注意保持在选择的对象上,持续不断地获取新的信息,在广告播发时吸引广告受众的注意,保持注意在广告本身上,完成对广告的认知,理解和接受广告信息。在对广告欣赏过程中,注意的保持促进了广告受众顺利完成广告认知活动。

3. 调节监督功能

注意通过调节和监督功能可以提高活动的效率,注意集中的情况下,错误减少,准确性和速度提高。另外,注意的调节和监督功能保证注意的分配和转移活动的顺利进行,并使个体适应变化多端的环境。在广告中设置悬念,通过注意的调节监督功能,迅速知晓广告内容,了解信息的意义,增进对广告产品的认识。

案例 3-2

足球场还是可口可乐瓶

1996年欧洲国家杯足球锦标赛期间,FEB 公司为可口可乐公司制作了系列的户外宣传广告。以可口可乐瓶子形状为基础进行夸张变形,把足球场地绘成可口可乐包装瓶的外部轮廓形状,与球赛密切关联。广告表现在利用注意的选择功能、保持功能和调节监督功能三个方面取得成功,如图3-3所示。

图3-3 可口可乐公司户外宣传广告之一

(五)注意的种类

根据注意过程中有无预定目的和是否需要意志努力的参与,可以把注意分为无意注意、有意注意和有意后注意。

1. 无意注意

无意注意是指没有预定目的，也不需要意志努力的注意。无意注意一般是在外部刺激物的直接刺激作用下，个体不由自主地给予关注，属于注意的低级形式。无意注意是一种定向反射，是由于环境中的变化所引起的有机体的一种应答性反应。

当外界环境发生的变化作用于有机体时，有机体把相应的感觉器官朝着变化的环境，借助于这种反射通常可以全面地了解刺激物的性质、意义和作用，使有机体适应新的环境变化，并确定活动的方向。

无意注意更多地被认为是由外部刺激物引起的一种消极被动的注意，是注意的初级形式。人和动物都存在无意注意。虽然无意注意缺乏目的性，但因为不需要意志努力，所以个体在注意过程中不易产生疲劳。无意注意的产生与广告接受者主体状态有关，广告受众在个体活动过程中，也可能无意间注意到许多涉及自己兴趣和需求的广告。无意注意表现为"定向反射"的心理活动方式，探究心理使人对环境保持高度的警觉。

在广告传播过程中，丰富而富于变化的广告内容和形式，强烈的色彩对比，诱人的广告语，变幻运动的图形极易诱发广告受众的无意注意，充分利用人对广告的无意注意，吸引和维持广告受众对广告主动接受的积极心理状态，达到预定的广告目的。

在商业街上行走的人们，被大屏幕的液晶显示屏广告吸引，绚丽的广告图案和独特的声音引发人的无意注意，使人心理活动指向和集中于广告内容，频繁变化的画面和声音引得路人不自觉地向大屏幕的液晶显示屏观望，就属于无意注意的心理现象。

2. 有意注意

有意注意是指有预定目的，也需要作出意志努力的注意。广告受众接受广告信息的过程，都是有意注意在发挥作用，在广告传播活动过程中，大多数心理活动都存在有意注意。

3. 有意后注意

有意后注意是指有预定目的，但不需要意志努力的注意。它是在有意注意的基础上，经过学习、训练或培养个人对事物的直接兴趣实现的。广告受众在接触广告初期由于面临陌生的环境，以有意注意的形式为主对周围的事物观察了解，随着对环境的熟悉，逐渐进入有意后注意阶段，极大地提高了注意的效率。

广告受众在有意注意阶段，需要意志努力克服困难，但随着认识活动的深入，个体由于兴趣的提高或操作的熟练，不用意志努力就能够在这项活动上保持注意。

有意后注意是一种更高级的注意。有意后注意既有一定的目的性，又因为不需要意志努力，在活动进行中不容易感到疲倦，这对完成长期性和连续性的工作有重要意义。有意后注意的形成需要付出一定的时间和训练，广告设计者应正确认识广告受众有意后注意的形成过程，在开展广告活动时，充分借助有意后注意传播广告。

二、引起注意的因素

（一）引起无意注意的因素

1. 客观刺激物的特点

（1）刺激物的强度

广告作为客观刺激物的强度是引起无意注意的重要原因。

广播广告中播出的汽车广告配刹车的刺耳声音，"三面翻"迅速变化的广告画面，都容易引起人的无意注意。"闻香下马"，就说明刺激物的绝对强度导致无意注意的产生。同时，刺激物的相对强度在引起无意注意中也有重要意义，在闹市中的叫卖声由于环境嘈杂未必能引起人们的注意,但在安静的阅览室中小声交谈就可能引起别人的注意。

美国某公司雇用了数十名女打字员。为了方便管理,公司将她们集中在同一办公室工作。然而,在最初的三个月中,打字员们情绪不安,打字错误率高。经研究认为,严格的管理和室内高达80分贝的噪声是导致打字员工作效率差的重要原因。后来,公司配备了防音、消音设施,使室内噪声下降,而打字员的情绪也开始稳定,错误率降低。

(2) 刺激物的新颖性

外形新奇、功能独特的事物常会成为人们关注的焦点,是因为它们很容易引起人们的无意注意。

当在个体以往生活中从未经历过的刺激物出现时,自然会引起无意注意,这是刺激物的绝对新颖性。人们很容易注意到一个新设计的霓虹灯广告,其高亮度的光线,绚丽的色彩,不断变化的图案形成绝对新颖的刺激。还有,各种已熟悉的刺激物的独特组合也是引起无意注意的因素。在商店里通过卡通人偶进行促销,会吸引顾客关注的目光,这是刺激物的新颖性引起无意注意的发生。

(3) 刺激物的对比

刺激物在形状、大小、颜色和持续时间等方面与周围环境和其他刺激物对比强烈、差异显著时,很容易引起无意注意。

(4) 刺激物的活动和变化

处于活动和变化状态的刺激物常会成为人们注意的对象。

都市夜晚闪烁的霓虹灯广告,大屏幕的液晶显示屏广告,流动的车身广告,气球广告都容易引起人们的无意注意。此外,运动员参赛时的服装和运动鞋,公路上运行的不同品牌的汽车,空中飞行的不同航空公司的飞机,电视转播的重大活动中出现的风光画面,活动和变化状态的刺激物作为广告的载体,常常会成为人们注意的对象。

2. 人的主观状态

客观刺激物并不是引起无意注意的唯一因素,广告接受者主体状态不同,有时在客观刺激物特点不明显的情况下,广告受众也容易产生无意注意。

(1) 个体的需要和兴趣

人们总是不自觉地对自己急需的或感兴趣的事物产生注意。一般来说,无意注意同人对事物的直接兴趣有关。一个正在计划外出旅游的人,就很容易注意到旅游广告及与旅游活动有关的商品和信息。

(2) 个体的情绪和精神状态

一个人情绪稳定、心情舒畅、精神饱满,就会对平时不经意的事物产生注意;相反,情绪低落,精神萎靡,或身体处于疾病、疲劳状态,就很容易对许多事物视而不见。广告受众的良好的精神状态是完成广告信息接收的保证,优秀的广告能使广告受众产生愉快的体验,促进广告受众提高注意水平、理解广告内容。

(3) 个体的知识经验

在社会生活中由于个体的职业和爱好不同,使得各自的知识经验不同,而与人已有的知识经验相关联的事物更容易进入注意的范围。在观看一幅平面家用洗衣机广告时,男主人考虑其体积与住房大小的匹配程度;家庭主妇更多地注意其价格和洗净程度;老人关心操作的简便程度和每次用水量;孩子注意外形的美观和色彩的艳丽等。

（二）引起有意注意的因素

有意注意需要意志努力，因此，容易产生疲劳，影响活动效率。了解有意注意产生和维持的条件，才能保证设计制作的广告得到受众注意，使广告活动顺利进行。

1. 广告活动的目的

有意注意的重要特征是有明确的预定目的。对活动目的理解得越清楚、越深刻，完成任务的愿望越强烈，也就越能更好地实现注意的维持和调节作用。心理学实验表明，当被试对活动要求不明确、目的不清楚，常容易分神，不能长时间维持有意注意。所以，事先通过广告向广告受众宣传有关商品的情况，说明商品的特色和价值，激发广告受众的有意注意，使购买活动顺利进行。

中国的药品市场中，感冒药的竞争相当激烈。启东盖天力制药股份有限公司经过深入的调研，从上百套新产品上市方案中敲定了很有创意的"白加黑"方案。产品以"白加黑"命名。一件包装中有白、黑两种片剂，白片白天服用，不含导致人发困的氯苯那敏成分；黑片夜间服用，含有使人可以睡眠更好的氯苯那敏成分。广告创意方面采用了独特的"黑白定位——白天服白片，不瞌睡；晚上服黑片，睡得香。消除感冒，黑白分明。"广告画面上也是黑白分明，有很强的视觉冲击力。这一独特的广告创意最终为"白加黑"成功地确立了市场领先者的地位。

无意注意的产生主要是由于刺激物的特点和活动过程本身激发起的直接兴趣引起的，而对活动结果产生的间接兴趣则是维持有意注意的重要条件。间接兴趣越稳定，活动过程中的有意注意也容易产生和维持。家庭用豆浆机为每日饮用豆浆者提供方便，广告使消费者了解家庭用豆浆机带来的利益，方便、卫生、快速和操作简便等一系列特点，引起消费者高水平的有意注意。

2. 广告活动过程的组织

广告心理学研究表明，形式单一、内容枯燥的广告活动容易使人疲劳厌倦，造成分心和注意的转移。广告过程中利用不同表现手段提供广告信息，安排形式活泼多样的广告内容，是维持有意注意的有效方法。有经验的广告工作者往往在广告中设置悬念，以游戏的方式增强广告的吸引力。农夫果园系列产品的"喝前摇一摇"的广告语，引起广告受众体脑并用接受广告信息，其互动作用促进提高了广告效率，变换多种方式吸引广告者的注意力，必要时用言语提示来集中注意力。

再如，海王银杏叶片的电视广告画面上一侧是一位30多岁年轻人慢腾腾地拍着皮球，另一侧是一位老人矫捷地拍着皮球，伴随皮球怦然落地的音效——"30岁的人，60岁的心脏；60岁的人，30岁的心脏！"在这部广告作品里，简洁的对比画面与对比性的文案将海王银杏叶片保护心脏的功能诉求准确带出，两种状态的反差比较巧妙地传递出药品的神奇功效。

3. 内外因素的干扰

有意注意进行中常会受到干扰，干扰分为外部干扰和内部干扰。外部干扰可以是与广告活动内容无关的听觉、视觉或其他的外部刺激；内部干扰包括主体生理上的疲劳、疾病及心理上消极的情感和情绪的内部刺激。

广告播放时机选择不当，广告受众情绪因接受无关的琐事所干扰，从而影响广告效果。内外干扰越多，有意注意就越困难。因此，个体的意志力水平同抗干扰能力有密切关系，广告设计者要有意识地调节广告内容，增加广告的吸引力，尽可能地使广告受众不受内外干扰因素的影响，维持广告受众的有意注意，植入式广告由于与背景融为一体，减少广告信息接收的困难，对于成功播发广告具有十分重要的意义。

三、注意规律在广告中的应用

引起注意是消费者对广告产品进行消费决策的第一步。作为广告的设计者,必须充分认识到注意这一心理状态对于广告信息的接受作用是相当重要的。只有了解注意的规律,并利用注意规律设计广告,才能提高广告作品的质量,提高注目率,增进广告的效应,增加经济效益和社会效益。因注意导致的经济行为,有人称之为"注意力经济"或"眼球经济"。

(一)AIDMA 原则

1898年,美国的路易斯提出 AIDA 原则,认为一个广告要取得预期的效果,必须能够达到引起注意(Attention)、产生兴趣(Interest)、激发欲望(Desire)和促成行动(Action)的效果。后来有人对 AIDA 法则加以补充,增加了可信(Conviction)、记忆(Memory)和满意(Satisfaction)等内容。该法则对广告中心理学因素的作用进行了探讨,关注注意对广告效果的重大影响。

广告的设计和制作普遍采用 AIDMA 原则,包括 A(Attention)引起注意;I(Interest)产生兴趣;D(Desire)培养欲望;M(Memory)形成记忆;A(Action)促成行动。AIDMA 过程是指在受众从注意到广告,到发生购买行为之间,动态式地引导其心理过程,并将其顺序模式化的一种程序。广告应遵循的 AIDMA 原则,以注意为广告活动的开端,引导广告受众产生相应心理变化,最终形成购买行为,在广告业中也称为五阶段模式,如图 3-4 所示。

图 3-4　AIDMA 原则

将 AIDMA 原则运用于产品的推销中,其过程是:广告受众注意(Attention)到广告;引起兴趣(Interest)阅读下去,产生拥有的欲望(Desire);然后记住(Memory)广告的内容;最后产生购买行为(Action)。

(二)AIDMA 法则的内容分析

A:Attention(引起注意)——广告牌、宣传册上的广告词、图片,广播的声音等是被经常使用的引起注意的方法。

I:Interest(产生兴趣)——在广告受众形成注意的基础上,使用精致的产品彩色图片、有关产品的录像宣传片等刺激方式引发受众对广告产品的兴趣。

D:Desire(培养欲望)——独具特色的新奇美特的广告产品配以优美的广告画面,按不同文化背景制作提供的广告语,丰富的广告内容,促使广告受众产生美好想象,会引发广告受众的拥有欲望。

M:Memory(形成记忆)——为了强化广告受众的记忆,必须强调广告产品的特色及其唯一性,把广告产品的特色和利益与其他同类产品进行详细的比较和说明,进一步加强受众的记忆。已购买广告产品的受众成为新的广告发布者,使用产品的亲身经历会形成完整美好的记忆,这样形成的记忆是其他方式无法替代的。

A:Action(促成行动)——从引起注意到实现购买的整个过程,广告产品的特色起着决定性的作用,广告产品给消费者带来的利益是广告受众关心的核心内容。促成行动的实质就是在注意的基础上,引发受众对广告产品的兴趣,形成对广告产品美好的想象,通过接受不同的信息形成记忆,再经过消费决策过程最终形成购买行为。

四、吸引注意

广告中成功的信息传递,往往是首先作用于消费者的视觉和听觉,继而激发其心理感应,促进一系列的心理活动,最后导致消费者的购买行为。

小贴士

广告对消费者的心理活动与行为的作用过程,可以概括为:诉诸感觉,引起注意;赋予特色,激发兴趣;创造印象,诱导欲望;加强记忆,确立信念;坚定信心,促成行动这几个阶段。

在由诉求信息传播到消费者形成购买行为的过程中,广告对消费者心理活动的诱导是十分明显的。实践证明,广告的设计和制作,必须充分运用广告宣传过程中消费者心理活动的特点与规律,巧妙地应用心理学原理,增强广告的表现力、吸引力和诱导力,才能使广告具有冲击力,取得理想的效果。

某国一家出版公司有一批滞销书久久不能售出。推销人员想出一个主意,于是给总统送去一本书并征求意见。总统忙于政务便回了一句:"这本书不错",销售人员便大做广告:"现有总统喜爱的书出售",书即被抢购一空。不久,又有书卖不出去,销售人员又送给总统一本,上过当的总统便"回敬"一句:"这本书糟透了",转天该公司发出广告,"现有总统讨厌的书出售",结果,书又售罄。第三次,该公司又如法炮制,总统接受教训,不予答复。于是该公司再发出广告,"现有总统难下结论的书出售,欲购从速。"书仍被抢购一空。

引起消费者的极大注意,是所有商业广告取得成功的基础。因此,在商业广告的设计中,有意识地加强广告吸引消费者的效果,是一个极为重要的心理方法。

(一)消费者注意广告的形式

在心理学上,把消费者对广告的注意分为无意注意、有意注意和有意后注意三种。对广告的设计制作人员来说,研究不同注意的特点,搞清楚广告受众的注意发生的机制,对广告传播效果重大。

在广告设计制作播出时,必须考虑引起无意注意的客观因素和人的主观状态,凡是能够使广告刺激物具有冲击力和迎合消费者需要的广告作品,几乎都能引发广告受众的无意注意。而有意注意是一种自觉主动的心理现象,根据广告受众的主观需要,把精力集中在产品特色和效用上。相比之下,有意注意对于广告刺激水平的要求,没有无意注意要求的那么高。广告受众接受过广告信息,形成有意后注意,在开展广告活动时,充分借助有意后注意传播广告会取得较好的效果。

(二)使广告受到注意的方法

广告界有一句行话:"能引起人们注意你的广告,你推销商品就已成功了一半。"著名的广告人威廉·伯恩巴克也曾说过:"你没有吸引力使人来看你的这页广告,因此不管你在广告中说了些什么,你都是在浪费金钱。"这些话道出了吸引人们注意在广告中的重要意义。可见在广告设计中,充分运用注意的心理功效,是提高广告效果的重要环节。根据注意产生的原因及特点,广告宣传要达到吸引和维持消费者注意的目的,可采用如下办法。

1. 增大刺激物的强度

刺激达到一定的强度,会引起人们的注意。刺激物在一定限度内的强度越大,人对这种刺激物的注意就越强烈。不仅刺激物的绝对强度有这种作用,而且刺激物的相对强度也有这种作用。因此,在广告设计中,可以有意识地增大广告对消费者的刺激效果和明晰的识别性,使消费者在无意中引起强烈的注意。

2. 增大刺激物之间的对比

刺激物中各元素的显著对比,往往也容易引起人们的注意。当刺激物与周围环境的景物存在明显的反差时,也就是说对比非常强烈时,它就具有很强的吸引力。我国的成语"鹤立鸡群"和诗句"万绿丛中一点红"都是用来形容刺激物与背景有着强烈的反差,因而显得特别突出,特别引人注目。因此,在广告设计中,可以有意识地处置广告中各种刺激物之间的对比关系和差别,增大消费者对广告的注意程度。

案例 3-3

做女人挺好

一幅构思奇特的丰胸广告,如图 3-5 所示,巧妙地在画面中处理了各种刺激物之间的对比关系,强化广告与环境因素的对比,相对于那些直接强调女士胸部丰满的广告,这则广告做到了易读性、易视性和易记性,含蓄幽默的表达方式引起消费者的兴趣,给人提供了更多的想象空间。

图 3-5 一则丰胸广告

3. 提高刺激物的感染力

刺激物的强度和对比度固然可以引起人们的注意,但如果它反映的信息毫无意义,缺乏引起人们兴趣的感染力,引起的注意也是短暂的。在广告设计中,有意识地增大广告各组成部分的感染力,激发消费者对广告的各种信息的兴趣,是维持注意的一根支柱。在广告中,新奇的构思,艺术性的加工,诱人关心的题材,都能增强广告的感染力。

4. 突出刺激目标

所谓突出刺激目标,首先是突出目标。在其他条件相同的条件下,注意程度的强弱和被注意物体的多寡成反比,目标越多,注意力越分散,目标少则有利于集中注意力。突出刺激目标的第二个问题是广告画面安排要恰当,要考虑怎么安排才能便于记忆。也就是说,要把广告中的商品、图画、照片和文字等放在视觉的中心上,并进行有序安排,使画面保持均衡、相称、统一和和谐。

5．利用动态刺激物

运动着的物体的惹人注意程度要比静止的大得多。霓虹灯之所以引人注目,就在于它的闪烁。另外,利用设计,使广告牵动观察者眼睛向设计者所期待的方向移动,增强广告的吸引力,也属于此类。

6．运用口号和警句

所谓要善于利用口号和警句,就是要用一段特别精美的文字,使之看来醒目,读之朗朗上口,听后耳目一新,并便于记忆,使人一想起这句话,就联想到所要广告的产品,以强化宣传效果。从"汽车要加油,我要喝红牛"到"渴了喝红牛,累了困了更要喝红牛",大量黄金时间广告的宣传轰炸,使红牛产品在短短的一两年里,让汽车司机、经常熬夜的工作人员、青少年运动爱好者等都成为红牛的忠实消费群体。

7．出奇制胜

所谓出奇制胜,就是采用一些合理的却有违常规的广告设计。这样的广告设计,往往也能赢得消费者的普遍注意。

案例 3-4

近在咫尺

在联邦快递的平面广告中,如图 3-6 所示,画面的主体是一幢建筑,它的墙壁上绘着世界地图的图案。这种貌似公寓的建筑中,住在楼上的住户,打开窗,她的窗户就在亚洲的那块地方。她楼下的住户的窗户就在大洋洲的位置。此时,楼上的用户正在把一个联邦快递的包裹递给楼下的住户,仿佛在两大洲快递的传递就像楼上楼下一样简单、快捷。

图 3-6 一则联邦快递的广告

这则广告,一方面将世界地图浓缩在一面墙上,这样的夸张也很新奇,不由让人觉得很可爱,另一方面,将两大洲之间的快递和楼上楼下之间的传递作类比,这种颇具幽默感的对比,让人们对联邦快递的速度有了一个更为直观的了解,向消费者展示了联邦快递在不同国家之间的快递的方便和快捷,让消费者对联邦快递的方便快捷的特点留下深刻的印象。

广告贵在创新,追求不同凡响。"眼球大战"、"注意力经济"影响广告的传播效果,得"眼球"者得"天下",没有被注意的广告就是浪费广告费。

(资料来源: http://wenku.baidu.com/view/c527206a4b73f242336c5f99.html)

(三) 使广告受到注意的策略

1. 新异性策略

所谓新异性是指刺激物异乎寻常的特性。它又分为绝对新异性和相对新异性。绝对新异性是指人们从未体验过的事物及其特征。例如没有见过长颈鹿的人,当他第一次进入动物园时,长颈鹿就很容易引起他的注意。在一个人们经常路过的交通路口,突然竖立一块大广告牌,那么该广告牌也容易引起人们的注意。相对新异性是指刺激物特性的异常变化或各种特性的异常组合。高耸于高楼大厦之上的霓虹灯突然出问题,有些灯管一闪一烁。新鲜而怪异的刺激才能引起消费者的注意。

大多数旅游广告以表现旅游资源地的优美风景舒适环境为诉求点,但是有一则旅游广告主打诅咒牌:其背景为一个人置身茂密的森林之中,人显得非常渺小,画面上写了一句广告语,意为"这是什么鬼地方?"有一家小酒店的广告语是"不许往里看!"当有人从这家小酒店门前经过,就会受到广告语的吸引,不由自主地向里张望,最终发现了小酒店的存在,广告语引起客人的注意,最终把客人引入小酒店内。广告语引起的好奇心极大地促进了在小酒店消费欲望的形成。

2. 活动性和变化性策略

运动或变化的物体比静止的物体更容易引起受众的无意注意。夜空中消逝的流星都容易吸引人们的注意。许多孩子喜欢看电视节目,特别是喜欢看电视广告节目,这跟电视画面的不断运动变化有着密切的关系。长时间固定地呈现在电视屏幕角落的商标,可能不会被观众发现,而把它变成忽隐忽现的方式呈现,观众反而容易注意到它。因此,在广告宣传产品时,采用运动的方式制作的广告,能够使广告受众维持更长时间的注意。

3. 对比性策略

当刺激物与周围环境的景物形成明显反差时,容易产生很强的吸引力,产生鹤立鸡群的效果。"万绿丛中一点红",就是在绿色背景下,一朵红花更容易惹人注意。在广播广告中用不同的语速和音调,造成与平常不同的播音效果就会引起听众注意。"黄页"由于黄背景黑字,使得电话簿色彩反差极大,十分醒目,引人注意。

4. 艺术性策略

充满艺术性的广告对广告受众的吸引力更大。因为艺术性广告不仅广告内容丰富,而且构思巧妙、情节动人,会给广告受众以美的享受,增进对广告的兴趣,引发广告受众的积极情绪,引起广告受众的注意。如图3-7所示,这个20米高的巨型酒瓶广告是用80辆车祸报废的汽车焊接而成,条幅上赫然写着"请勿酒驾",位于以色列最繁忙的交通要道旁。艺术上的新颖设计,既给人以视觉上的冲击,又引起强烈的共鸣,很好地达到了广告的目的。

图3-7 "请勿酒驾"创意广告

5. 增大重复率策略

现代认知心理学关于记忆系统的研究表明,外界信息要进入人的长时记忆系统中,其最重要的条件就是复述。研究发现,回忆和再认不受年龄影响,但受广告频率的影响。所以,要提高人们对广告的记忆效果,最重要的手段就是将广告信息不断地加以重复。

当然,广告信息重复的方法可以在多种媒体上呈现,在多个层次上进行。既可以使广告受众分别在不同的时间、不同的地点、不同的活动中,用不同的感官接收到同一品牌的广告信息,也可以将多种媒体综合使用,让受众从多个侧面接触广告信息。包括德芙巧克力在内的全国知名度比较高的品牌,其广告活动基本上都是采取这种全方位的媒体策略。

6. 设置悬念策略

如果广告受众对广告产品感兴趣,或广告内容与广告受众的利益密切相关,那么就能促使广告受众进一步去探寻信息。因此,在广告中设置悬念,通过悬念诱发广告受众的兴趣,逐步充实和完善广告内容信息,使广告受众在好奇心的驱使下更加注意广告对象,将无意注意转向有意注意,并加深对广告的记忆。

白丽香皂的"今年二十,明年十八"、海王银杏叶片的"30岁的人,60岁的心脏;60岁的人,30岁的心脏!"等广告语配合以简洁的对比画面不仅将产品的功能诉求准确带出,而且设立了悬念,诱发了广告受众的探究之心,引起广告受众的密切关注。

7. 增强趣味性策略

增强广告产品趣味性可以引发广告接受者对广告产品的注意,而幽默是广告中常见的一种诉求手法。广告中的幽默可以用画面来表现,也可以用语言来表达。

如"做女人'挺'好"的幽默广告语言,既消除了由于丰乳霜产品特性不便直接宣传的尴尬,又提醒广告受众注意产品功能。又如台湾地区有一则酱油广告的广告语"酱(将)出名门,传统好滋味"、金鹿电蚊香的广告语"默默无蚊(闻)的奉献"等。幽默的语言受到了广告受众的欢迎,这种语言增强了广告受众的注意,产生对广告产品的积极态度,留下难忘的印象。

幽默表现手法有利于达到较好的宣传效果,但要注意使用的场合。著名广告人丹尼尔为幽默广告创作提出下列四条原则,值得读者参考。

(1) 在大多数情况下,幽默性广告只适用于推销低档商品,不适用于推销高档商品。

(2) 幽默写法应能使老生常谈的话题获得新生,以加强读者的记忆力。

(3) 利用幽默的笔法应能有效地把一个简单的内容讲得生动,便于记忆。

(4) 幽默创作应能突出强调一个过时做法的愚昧可笑,从而为新产品或新方法扫清思想障碍。

8. 逆反性策略

利用人的冒险和探索心理,采用欲擒故纵的方法,使广告受到注意。

菲律宾广告业人士声称在菲律宾观光有令人开心的"十大危险":小心购物太多,因为这里的货物便宜;小心吃得过饱,因为这里的食品物美价廉;小心被晒得一身古铜色,因为这里阳光充足;小心潜入海底太久,记住勤出水换气,因为这里的海底世界特别瑰丽;小心胶卷不够用,因为名胜古迹太多;小心上山下山,因为这里的山光云影常使人顾不了脚下;小心爱上好客友善的菲律宾人;小心坠入爱河,因为菲律宾的姑娘实在热情美丽;小心被亚洲最好的餐馆宠坏;小心对菲律宾着迷而舍不得离去。使用"十大危险"的说法从反面强调在菲律宾旅游的快乐真是出奇制胜。

9. 增强侧重性策略

世界各国由于民族、社会、文化背景的不同,导致需求不尽相同,广告应按需定制。香港地区的旅游业针对不同地区的旅游者,采取不同侧重点的广告宣传策略。对日本旅游者,宣称旅游者只要付出能力之内的花费,便可拥有一流的享受和旅游乐趣;对北美和欧洲旅游者,强调香港的东方神秘色彩,以及其现代化社会里的中国传统生活方式;对亚洲地区的旅游者,突出宣传香港国际大都会的优越环境,宣扬其饮食、休闲、购物和观光多姿多彩,是个非常适合举家同游的好去处。

第二节 广告的注意

注意使人的心理活动处于一种积极的状态之中,对人的心理活动有组织和维持的作用。它保证人们能够及时地集中自己的心理活动,正确地反映客观事物,使人能够更好地适应环境,从而改造环境。只有集中注意力,才能保证所感知的形象清晰完整,记忆牢固。所以,注意在人的心理活动中占据着重要的地位,广告能够吸引广告受众的注意力是广告获得成功的基础。

一、广告作品与注意

广告作品是由广告作品的要素构成,广告受众对广告的感知是以广告作品的构成要素为基础的。广告创意、策划、设计和制作过程中必须了解广告作品的构成要素,运用广告心理学的原理制作完成广告作品。广告作品要素是指构成一个完整广告作品所需具备的因素。通常一个完整的广告由三个部分组成,包括广告标题、广告正文、广告画面。通过强化广告作品的不同要素引发广告受众的注意。

(一)广告标题

广告标题是广告中最核心的信息内容。广告标题包含广告目标、信息个性和消费心理三要素,是受众知觉的中心,须具有新颖性和独特性,用简练的语言来表达。好的广告标题让人过目不忘,听过记住,与受众的兴趣取向相一致。

"农夫山泉有点甜",不讲瓶装饮用水的用途,而是提供对水的感知觉结果,用饮后的味觉提醒对产品的记忆。广告标题与广告目标结合紧密,给受众留下深刻印象和美好记忆,通过广告标题将广告目标表现为一句话,新颖独特的说法吸引广告受众的注意,导致对广告标题的深刻记忆,影响广告受众对广告的认知。广告标题必须以广告目标为依据揭示整个广告的主体内容,明确表现广告的诉求内容。

乐百氏纯净水的"27层净化",使广告标题的信息个性得到完美的体现,显示出与同类产品相比较突出的区别性特点,信息个性也是广告诉求的焦点。

台湾新宝纳多孕妇补剂的"一人吃,两人补",广告标题与消费者的需求相吻合,使广告受众从广告标题中体会到广告产品与自身利益的密切关系,广告标题与消费心理特点产生共鸣,极具产品广告诉求的力量。

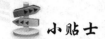
小贴士

广 告 语

狭义的广告语指广告标题用语。标题是一则广告的灵魂,是诱惑广告受众的主要工具,美国的一项调查显示,看标题的人数是看广告全文人数的 5 倍。因此,广告语应简洁凝练、主题突出、新颖独特、浅显易懂、朗朗上口、富有情趣。

简短的广告语便于重复、记忆和流传,在形式上没有太多的要求,可以单句也可以对句,广告语的字数以 6~12 字为宜,一般不超过 12 字。

以下为几则典型广告语。

"滴香浓,意犹未尽"(麦氏咖啡)。

"好空调,格力造"(格力空调)。

"今年二十,明年十八"(白丽美容香皂)。

"真诚到永远";"海尔,中国造"(海尔电器)。

"康师傅方便面,好吃看得见"(康师傅)。

"羊羊羊,发羊财"(恒源祥)。

"鄂尔多斯羊绒衫,温暖全世界"(鄂尔多斯羊绒衫)。

"让世界了解中国,让中国了解世界"(中国日报)。

"晚报,不晚报"(北京晚报)。

"我的眼里只有你"(娃哈哈纯净水)。

"金利来——男人的世界!"(金利来服饰)。

"黑头发,中国货"(奥妮洗发水)。

"一旦拥有,别无选择"(飞亚达手表)。

"喝了娃哈哈,吃饭就是香"(娃哈哈儿童乳酸饮料)。

"王致和遗臭万年";"一臭万年";"臭名远扬,香飘万里"(王致和臭豆腐)。

(二)广告正文

广告正文即补充说明广告标题的文字部分。广告正文采用理性诉求或感性诉求方式较为全面地介绍产品,增进广告受众对产品认知,通过广告正文作用于受众的知识和情感,使广告受众的行为发生改变。

1. 作用于知识层面的理性诉求

作用于知识层面的理性诉求,侧重向广告受众讲明产品或服务的特殊功效和带来的显著利益,竞争性强的产品通过对产品特点的严格说明,运用数据和事实推理提高广告受众对产品或服务的认识水平,诱发广告受众的注意。

例如,UPS 于 1907 年作为一家信使公司成立于美国,致力于支持全球商业,如今已发展到拥有 497 亿美元资产的大公司。如今的 UPS(或称为联合包裹服务公司)是一家全球性的公司,提供门到门的快递服务,其商标是世界上最知名、最值得景仰的商标之一。作为世界上最大的快递承运商与包裹递送公司,同时也是专业的运输、物流、资本与电子商务服务的领导性提供者,每天,UPS 公司的员工都在世界上 200 多个国家和地域管理着物流、资金流与信息流。

中国速递服务公司

中国速递服务公司为国家邮政局直属全资公司，主要经营国际、国内 EMS 特快专递业务，是中国快递服务的最早供应商，也是目前中国速递行业的最大运营商和领导者。公司拥有员工 20 000 多人，EMS 特快专递业务通达国内近 2 000 个城市以及全球 200 多个国家和地区。

EMS 特快专递业务自 1980 年开办以来，业务量逐年增长，业务种类不断丰富，服务质量不断提高。除提供国内、国际特快专递服务外，EMS 相继推出国内次晨达和次日递、国际承诺服务和限时递等高端服务，同时提供代收货款、收件人付费、鲜花礼品速递等增值服务。

EMS 拥有首屈一指的航空和陆路运输网络。依托中国邮政航空公司，建立了以上海为集散中心的全夜航航空集散网，现有专用速递揽收、投递车辆 20 000 余部。覆盖最广的网络体系为 EMS 实现国内 300 多个城市间次晨达、次日递提供了有力的支撑。

EMS 具有高效发达的邮件处理中心。全国共有 200 多个处理中心，其中北京、上海和广州处理中心分别达到 30 000 平方米、20 000 余平方米和 37 000 平方米，同时，各处理中心配备了先进的自动分拣设备。亚洲地区规模最大、技术装备先进的中国邮政航空速递物流集散中心也于 2008 年在南京建成并投入使用。

EMS 还具备领先的信息处理能力。建立了以国内几乎所有城市为核心的信息处理平台，可实现 EMS 邮件的全球跟踪查询。建立了以网站（www.ems.com.cn）、微信、客服电话（11183）三位一体的实时信息查询系统。

（资料来源：中国速递服务公司网站.http://www.ems.com.cn）

2. 作用于心理层面的感性诉求

作用于心理层面的感性诉求，侧重向广告受众提供满足自尊和自信需要的信息，在产品同质化的背景下，广告受众对产品的情感需求增强，人们已进入情感消费时代。在人们的心目中能够满足情感需求的产品的价值远远超过其成本，服务的个性化不断提高产品的附加值。

近年名人广告大量出现，在传播广告信息的同时满足了广告受众对名人的好奇心。如果让大家回想一下自己印象最深刻的知名人物有哪些，不难发现，"秃顶的"影视演员葛优、"睿智沉稳的"影星陈道明、"身材高大的"篮球明星姚明等都是比较容易想起来的。这些名人之所以称为名人，他们独特的外观形象就是一个重要的原因。因此，当广告由这些有特征的人物来演绎时，即使你无意去记住它，也会在你的头脑中留下深深的痕迹。冯巩幽默一问，葛优傻傻一笑，对于"双汇火腿"广告的成功无疑是很重要的。广告正文借助名人之口传达给广告受众，使得偏爱名人的广告受众的情感需求得到极大的满足，同时形成移情效应，"爱屋及乌"的心理促使广告受众购买名人广告宣传的产品，名人广告的效应不容忽视。

（三）广告画面

广告画面即运用美术、摄影、摄像、动画等方式来展示商品的模型、照片和图画等。广告画面在印刷媒体上常称为插图，在电视媒体上有时称为画面，有时称为图像。插图是静态的、图像一般是动态的。插图和图像在一则广告中具有某些相同的功能，但也存在着某些差异。除广播广告借助听觉完成传播外，其他广告作品通过视觉进行广告传播。广告是经过艺术处理和加工的信息表达,广告画面的设计以广告目标为依据,结合不同的艺术表现手段制作出艺术性强的广告。

报纸广告和杂志的插页广告往往色彩鲜艳易引起读者的注意,由照片和图画构成的广告画面,强化了广告的传播效果。人们从外界环境获得的信息中80%通过视觉,广告画面的重要意义就在于此。广告画面具有的视觉冲击力,对广告受众接受广告十分重要。

电视广告采用的是视听双通道的信息传播方式,以连续运动的画面展示为主,运动画面与刺激性的声音相结合,具有强烈的视觉和听觉冲击力,给广告受众带来双重的刺激。虽然在电视媒体上,最先引起人们注意的不一定是图像,因为当观众边看电视边进行其他活动时,他们是用听觉来监视电视节目的。但是要使观众把注意维持在电视广告的收看行为上,图像的重要作用则是不言而喻的。

网络广告多采用动画的形式,更容易引起人的注意并使之转移到活动的画面内容上,达到迅速传播广告信息的目的。对于网络广告来说,一则广告通常就是一幅插图,一幅变化的插图。广告能否产生效果,关键就在于这幅插图是否吸引人。如果这一插图有足够的吸引力,网民不仅会注意到广告介绍的品牌,还可能点击该广告,进入相关的企业网站或广告网页。

农夫山泉在其电视广告、报纸广告、杂志广告和包装瓶标上比初期增加了千岛湖的自然风光画面,画面以绿色的山林为主,澄碧的湖面和晶莹的湖水,形成强烈的视觉刺激使广告受众对该产品留下深刻的印象,促进受众的联想对产品形成良好的想象,对产品的品质构成形象的记忆,在头脑中保持了农夫山泉来自自然和有益健康的产品信息。结合广告受众追求环保和生态的愿望,通过广告画面形成对农夫山泉瓶装饮用水形成良好的印象,通过广告画面突出强调农夫山泉瓶装饮用水的水源地的自然环境特点。

二、广告活动的要素与注意

现代广告活动是一个有机的整体,广告活动的要素是指从事某项广告活动的内容。通常包括7个方面:开展广告调查;确定广告目标;进行广告定位;确定诉求方式;拟定广告预算;选择广告媒介;评估广告效果。在广告活动中不断吸引广告受众的注意,提高广告的效果。

(一)广告调查

广告调查是指广告活动中收集和运用各种情报的行为。通过创意前调查获得的信息资料有助于广告创意人选择适当的创意策略。任何一个成功的、优秀的广告创意绝不是凭空产生的,也不应该被认为是纯粹的灵感迸发的结果。任何广告创意都是科学的广告运作的一个组成部分,创意的产生与前期广告调查有着至关重要的关系,科学的调查和分析是广告创意的前提。

广告调查的对象十分广泛,包括广告环境、市场状况、竞争对手、广告信息、广告媒体、广告对象和广告效果等。通常广告调查主要是围绕广告主所选择的目标市场进行,涉及目标市场的顾客构成、消费水平、消费心理、广告接受度、广告理解度等诸多方面。

高露洁公司在进入中国市场之前,曾花大力气做市场调查。调查发现,国内牙膏广告竞争激烈,但日趋同质化,诉求对象几乎都是中老年消费者。格调老式,广告表现手法也平淡无奇。针对这些弱点,高露洁采取了独树一帜的广告策略,最终在中国的牙膏市场品牌排行榜位居榜首地位。可见,高露洁公司的成功与创意前期的调查工作是密不可分的。

（二）广告目标

广告目标是广告活动要达到的目的。广告目标是在进行广告调查和分析相关资料的基础上确定的。生产观念、产品观念、推销观念、市场营销观念和社会营销观念对广告目标的确定有重大影响。由于生活水平的不断提高，消费者的兴趣中心，从关心产品的物理特性为主转向关心产品的心理特性为主，广告目标的确定既要满足消费者的物质需要，更要满足消费者的心理需要。能够满足广告受众需要的广告易引起广告受众的注意。

成立于1892年的可口可乐有限公司，目前已成为全球最大的饮料生产及销售商，可口可乐饮料的广告不是宣传出售由碳酸、糖浆和水构成的可饮用棕色液体，而是通过广告把"美国之梦"装在了瓶子里，使可口可乐成为活力、激情、创造、享受等美国精神的象征。人们消费可口可乐饮料时更多的是消费其品牌中所蕴含的独特文化，对可口可乐品牌内在文化的大众认同，构成了一个品牌持久生命力的基础。

（三）广告定位

所谓的广告定位，就是如何充分突出商品的个性特征，使推销的商品在未来消费者的有限的心理需求空间中占据一个有利地位。定位理论是西方继20世纪50年代的产品销售学说，60年代的品牌形象投资理论后，在70年代，由杰克·特劳特和艾·里斯提出的，它对广告策略具有划时代的意义。定位的实质不是产品定位，而是谋求在消费者心中得到一个位置，即心理定位。

科学的定位对提升广告实效有重要意义。原因有二：一是任何产品进入市场之前都必须首先定位。定位准确是市场成功的一半。二是在所有的营销理论中，定位是唯一直接指向人的心灵的，这种策略的目标是市场的主宰——消费者。在产品极大丰富、传播讯息过多的当今社会，产品本身的创造性已不是推销成败的关键，销售的成败取决于人们心里能否排除众多信息而只接受你所推销的商品的信息。

广告定位在广告宣传活动中，通过突出产品满足消费者的需求的个性特点，确定产品的基本品位，树立产品的品牌形象，发现消费者潜在需求，开发针对消费者潜在需求的产品。广告定位必须以消费者的需求为基础，满足消费者的需求扩大市场。选准广告定位的具体内容，通过品牌形象完成定位，宣传产品的独特之处和产品的优势。

七喜汽水的定位也是一个成功的例子。美国饮料业三分天下，可乐居二。可口可乐第一，百事可乐第二，七喜汽水公司深知无法与之抗衡，如果挤在可乐道上将永无出头之日。于是它就以"七喜，非可乐"的广告定位，与饮料业领导者分道扬镳。消费者纷纷求购，以解"非可乐"之谜。七喜汽水由此迅速打开局面。

（四）诉求方式

诉求是制定某种利益、动机、认同，或消费者应该考虑或应该做某些事的理由。一般可采用形象诉求、理性诉求、感性诉求和潜意识诉求等四种方式。广告诉求的核心是说服广告受众做出消费决策。广告诉求通过宣传产品特质，主要是产品区别于并优于同类竞争产品的个性优势，向消费者承诺产品能给消费者带来比同类产品更多更好的利益，引发广告受众的注意，进而达到说服消费者的目的。

形象诉求通过为企业和品牌建立一个良好的形象，引发广告受众的好感和信任感，再把这种好感与信任感迁移到所宣传的企业和品牌的所有产品上，产生购买行为和品牌忠诚。海尔的"真诚到永远"的品牌形象，促使广告受众对海尔的产品产生好感，使得海尔的产品市场占有率不断提高。"真诚到永远"体现了企业追求的目标，将赢利的目的寓于"真诚"之中，"真诚到

"永远"的承诺增强了消费者的信任感。

理性诉求重在宣传产品个性及其竞争优势,以逻辑的力量作用于广告受众的理性思维,最终形成理性消费,在慎重考虑产品的各种价值和全面权衡得失之后做出消费决策。小天鹅洗衣机的"5000次无故障运行"的精确数字承诺,符合广告受众的理性思维决策方式,理性的力量使人产生极强的信任感。消费者体会到明确的利益,"5000次无故障运行"意味着,即使每天使用1次洗衣机,也能正常运行13年以上。

感性诉求是指利用人们由于生活经验或遗传本能所形成的一定的情感反应模式,采用一定的广告表现手段,引发人们特定的情绪情感体验,满足人们自尊自信的心理需求,达到广告宣传的目的。孔府家酒的"孔府家酒,让人想家",通过"家"和"酒"的形象促发人的思乡之情,通过阖家团圆共饮美酒满足人们的亲情表达。血缘亲情和饮酒助兴的特有结合,表现出中国传统酒文化的影响。

潜意识诉求是指利用人们被压抑在潜意识的本能和原始冲动的释放,采用象征等手法激发受众的想象与幻想,解除人们的心理紧张,满足潜意识的需求,促进受众的购买决策。大量存在的隐喻广告,逆反心理广告,涉性广告等是潜意识诉求的表现形式。养生堂广告宣传的龟鳖丸是"100%纯正、功效卓著的保健品",其广告"献给父母的爱"充满了不可名状的人文关怀色彩,曲折地表现出儿女对父母的关爱。

(五)广告预算

广告预算是对一定时期内广告活动支出费用的计划。根据广告信息的送达方式和受众对广告信息接收理解程度及广告目标,拟定广告预算是广告活动的重大内容之一。广告预算是广告活动的前提,用最经济的投入形成最大效益的产出是广告预算的目的,合理的广告预算能够提高广告的注目率。

广告预算包含两个层次的内容:一是广告活动总投资的确定。二是广告总投资在时间上、媒体上、不同的广告上、不同的产品上的资金或物资分配。

广告的制作需要大量的资金做基础,平面广告需要费用较少,而电视广告的制作往往必须投入大量的费用。同时还要安排广告的播出计划所需的费用,最终达到投资与回报的良性循环。

(六)媒体选择

媒体选择是指选择什么模样的媒体及根据媒体设计制作广告,同时安排媒体广告发布结构、发布频率、发布时间等。做广告必须要选择媒介,选择媒体的好坏,直接关系到广告传播效果的优劣、传播范围的大小和成本的高低等。广告传播的媒体很多,既有大众传播媒介,又有自办媒体。我们在选择时应当充分调查、了解各类媒体的具体情况,结合企业的营销目标、广告目标、企业实力等方面确定。

有助于向受众传达广告信息的物质载体就是广告媒体,不同种类的媒体播发广告的效果是不同的,电视和广播广告具有一过性的特点,不易复核查阅,适合日用品和内容单一的专业性不强的产品广告,报纸和杂志广告具有信息稳定的特点,易于复核查阅,适合大型设备和内容复杂的专业性强的产品广告,增进不同受众对不同广告内容的理解水平。广播广告的成本较低,印刷广告成本较高,电视广告的成本最高,在广告投放和播发时要根据预算选取不同的媒体,引发广告受众的注意。

(七)效果评估

效果评估是对广告效果进行的广告发布前、中、后时间的评价。广告主作为广告投资人都希望广告能获得良好效果,达到企业广告目标,获得利润。而要了解广告效果或使广告取得良好效果,就必须在广告传播后对广告的活动进行反馈、测定,或在广告发布之前进行试验测评。只有对广告活动实施前、中、后的情况进行评价、测试,才能成功地进行每一次广告或有效地调整广告活动,吸引广告受众注意,实现效果的最优化。根据广告效果评估的结果,对广告的制作和播出进行调整,以求降低广告成本。

三、广告活动中的心理活动规律

广告通过大众传媒系统将产品和消费理念等信息传递到广告受众,传播产品用途、特性或服务项目的信息,以期扩大产品和服务的销售提高市场占有率。广告是向受众宣传的,目标是消费者,最终的目的是促成消费者做出购买决策,所以广告的效力在很大程度上依赖于对消费者心理特点、需求趋向、决策方式、购买习惯和生活风格的研究。

(一)注意—联想—行动模式

广告的中心任务在于说服受众去购买广告所宣传的产品和劳务,广告心理学的早期模式是注意—联想—行动,即如何引起受众注意、导致联想、产生购买行动。后来发展成为注意—理解—联想—记忆—行动模式,强调了广告受众理解的重要作用(受众对广告的主观解释的作用)和记忆的作用(受众对广告信息的保持,并呈现滞后效应导致购买决策和发生购买行动)等。

(二)广告定位理论

广告定位理论的发展共经历了独特销售主张时期、形象广告时期、广告定位时期、系统形象广告定位时期四大阶段。

1. 独特销售主张时期

20世纪50年代,美国的罗瑟·瑞夫斯提出广告应有"独特销售主张"(Unique Selling Proposition,USP)。他主张广告要把注意力集中于产品的特点及消费者的利益上,强调在广告中要注意产品之间的差异,并选择消费者最容易接受的产品特点作为广告主题。之后,由于市场由产品导向进入市场营销导向的时代,"独特销售主张"成为一种营销手段,仍被广泛使用。许多广告人把USP理论中的基本原则,应用到广告的调查、创意、策划、设计和制作的过程中,创造出很多优秀的广告作品。

2. 形象广告时期

20世纪50年代以来,随着科学技术的进步,西方经济发达国家的生产迅速发展,导致市场竞争十分激烈。广告的重心从表现产品的特征与品质,转向提高广告声誉和维护品牌。企业通过各种广告宣传和促销手段,不断为企业提高声誉建立品牌,开创著名品牌产品,使消费者根据企业的名声与印象来选择商品。企业的差异极少体现在产品上,主要表现在品牌差异上,这一时期的广告以树立品牌形象为核心,推动了企业营销活动的开展。

3. 广告定位时期

1969年艾·里斯和杰·特劳特开始使用"定位"(Positioning)一词。20世纪80年代中期定位理论的应用达到顶峰,其广告理论的核心就是使商品在消费者心目中确立一个位置。广告已进入一个以定位策略为主的时代,想在信息广泛传播的社会中成功,企业必须在其潜在顾客的心中创造一个位置。

4. 系统形象广告定位时期

20世纪90年代后,世界经济日益突破地区界限,市场竞争国际化。企业之间的竞争从局部的产品竞争、价格竞争、品牌竞争、信息竞争等发展到整体性企业形象竞争,原来的广告定位思想,发展成为系统形象的广告定位理论。

系统形象广告定位思想,改变了产品形象和企业形象定位的局部性和主观性的特点,改变广告定位的不统一性、零散性、随机性,更多地从完整性、本质性、优异性的角度明确广告定位。系统形象广告定位理论促进了广告业的发展,促进了企业经济效益和社会效益的大幅度提高。

案例 3-5

吴 裕 泰

吴裕泰茶庄原名吴裕泰茶栈,创建于清光绪十三年(1887年),已有一百二十余年的历史,如图3-8所示。经过百余年的发展,吴裕泰已经成为拥有170余家连锁店、一个茶叶加工配送中心、一个茶文化陈列馆、一个茶艺表演队和三个茶馆,年销售额超过亿元的中型连锁经营企业。

图3-8 王府井大街吴裕泰茶庄

2005年改制为吴裕泰茶业股份有限公司,经过装修改造的吴裕泰各连锁店形象统一,风格一致,突出了古朴、典雅的灰、红色彩搭配,店面青砖灰瓦,红门迎客,绿色字号悬于门头之上,旁边英文衬托,既醒目,又明快,给人一目了然的深刻印象。

(资料来源:北京吴裕泰茶业股份有限公司. http://www.wuyutai.com)

 复习思考题

1. 注意的种类有哪些?
2. 注意的基本特性是什么?
3. 简述引起无意注意的因素。
4. 简述引起广告受众注意的策略。
5. 举一实例分析如何将注意规律运用于广告中。
6. AIDMA原则在广告活动中有什么重要作用?

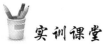
实训课堂

收集20个引起你注意的广告,分析它们的共同特点,并列表总结这些特点。

实训案例

"黑芝麻糊咧,一股浓香,一缕温暖——南方黑芝麻糊"

人们是在经历中成长的,成长中的回忆有时可能使人终生难忘,企业所宣传的产品如果能够引起人们的美好回忆,无疑是一个成功的广告。

南方黑芝麻糊广告可谓妇孺皆知。片中舔碗的小小子宛如自己小时候吃某种喜爱食品时意犹未尽的影子;另外,江南小镇黄昏的静谧和民谣式朴实悠扬的音乐,牵动着游子的思乡之情;卖芝麻糊的大婶和蔼的笑容和对小男孩的爱怜,让人体会到母性的怜爱和父老乡亲的朴实。最后主题广告语"一股浓香,一缕温暖",给南方黑芝麻糊营造了一个温馨的氛围,深深地感染了每一个观众。当人们在超市里看到南方黑芝麻糊时,可能就会回忆起那片温情。

广告应尽可能减少商业味,不该忘记把丝丝情感融入商业中。南方黑芝麻糊这则广告,从情感入手,以恰到好处的方式取得成功,用回忆的手法把人带到了芝麻糊的香甜可口中,以达到引发人们消费欲望的目的。

【案例分析】

南方黑芝麻糊广告片的创意、设计、制作及表演人员的特色极其明显,以中国亲情文化为背景,吸引广告受众的注意,提高文化的认同,调动个人生活经验,唤起亲情和乡情,把商业目的包裹在南方小镇小桥流水、薄雾弥漫、亦真亦幻和山清水秀的柔柔氛围中,传达了强烈的广告意图,使人在不知不觉之中接受了广告信息,把普通的产品视为故乡和童年时光的载体。

【案例研讨】

分析南方黑芝麻糊广告片的构思,全面地评价南方黑芝麻糊广告片的特色之处。讨论为什么南方黑芝麻糊广告片受到了广告受众的欢迎。

第四章

广告的认知过程

(1) 掌握感觉、感觉阈限、感受性、记忆、联想的基本概念。
(2) 熟悉广告受众对广告的认知过程。
(3) 理解感觉、知觉对广告信息正确传达的重要性。
(4) 掌握知觉的概念与特性、影响广告知觉的因素。
(5) 掌握阈下知觉广告的作用,掌握知觉原理在广告设计制作播出中的应用。

(1) 分析受众广告认知的特点。
(2) 学会设计和制作出符合受众的广告认知过程规律的广告。

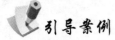

感觉　知觉　感知觉的功能　感知觉的种类　感知觉的规律

引导案例

思圆方便面,营养看得见

点评: 图4-1为思圆方便面广告,该广告用直观的画面来表现方便面的营养,用视觉上的感受表达味觉上的感受,用青椒、牛肉来表现方便面的营养和美味,使广告的诉求点与消费者的内心需求产生共鸣,使消费者认识到思圆方便面是值得购买的营养食品。

图 4-1　思圆方便面广告

成功的广告,不仅要吸引广告受众的注意,更要符合广告受众接受广告信息的心理规律。广告心理学认为,广告对受众认知活动产生影响。为实现预定的广告目标,研究广告受众如何选择、接受和加工广告信息的过程,了解受众对广告的认知过程,对设计制作出成功的广告有十分重要的作用。

第一节　广告受众对广告的感觉

广告心理学研究广告与消费者相互作用过程中产生的心理现象及其心理规律。广告发生作用的机制和过程完全是心理性的,广告的心理功效的实现是以广告刺激受众的感觉为开端进行的,是激发广告受众的认知过程的结果。要实现广告对广告受众的影响力,就要研究广告认知过程。

人们对广告信息的理解和接受是从感觉和知觉开始的,然而,消费者在对广告进行感知的过程中,有时能够得到正确的信息,有时也会得到错误的信息。这是因为,人们的感觉器官在感知外界事物的过程中,并不是和照相机或录音机一样机械死板地复制客观事物,而是一个积极、主动的反映过程。

感知的结果,既依赖于客观对象,又与感知者自身的因素密切相关。因此,了解认识过程的特点与规律,对于提高广告传播的效果很有价值。感知过程包括感觉和知觉。知觉是在感觉的基础上产生的一个相对高级的心理反映形式,要了解知觉过程的特点和规律,首先应该对感觉进行分析。

一、感觉

(一) 感觉的概念

人类在长期的适应环境的过程中,形成了各种各样的感觉器官,如视觉器官、听觉器官、嗅觉器官、味觉器官等,这些感觉器官都是用来反映对我们的生存具有重要意义的内外刺激的。

任何客观事物都具有多方面的属性和特征,如物体有大小、形状、颜色、轻重、光滑度、硬度等。当客观事物作用于人的感觉器官时,在大脑中就会引起对这些特定对象个别属性的直接反映。在心理学上,感觉就是人脑对直接作用于感觉器官的、客观事物的个别属性的直接反映。例如,我们看见色彩、听到声音、尝到味道、嗅到气味,这些都是感觉。感觉是对客观刺激的最基本的反映形式。通过感觉,个体不仅可以反映外部客观事物的各种属性,还可以反映自己身心的状况和变化。

个体对客观世界事物的认识一般都是从感觉开始的,消费者是通过大脑对外部广告信息加以接收、整理、加工、储存,从而形成对产品或服务的认知。个体对某种产品或服务的认识,是以对该产品或服务的感觉为基础的。

(二)感觉的特征

1. 感觉是最简单、最低级的一种心理现象

感觉是最简单、最低级的一种心理现象,是人脑对客观事物外部特征和外部联系的直觉水平的反映。广告受众通过感觉获得对商品属性的表面的、个别的、孤立的认识,取得进一步认识商品的必要材料,在此基础上形成知觉、记忆、思维、想象等较复杂的心理活动,从而获得对商品属性全面正确的认识。正是以感觉为基础,广告受众才能在认识商品的过程中产生各种情感变化,形成偏爱,确认购买目标,做出购买决策。

2. 感觉是一切高级的心理活动的基础

对广告信息的认知是消费者行为的心理基础,其第一阶段是感觉,各种消费心理现象都离不开这个心理基础,要正确传递广告信息离不开个体的感觉。

个体的各种消费需要都是由于感觉到自己生理或心理的不满足引起的,个体对已经消费过的产品或服务所形成的态度深受消费过程中感觉的影响。反之,离开对消费对象的感觉,一切高级的心理活动都无从实现,广告受众将失去与客观环境的联系,消费行为也无从谈起。

3. 感觉反映客观事物的个别属性

感觉是人脑对直接作用于感觉器官的客观事物的个别属性的反映。人借助于感觉对直接作用感觉器官的事物做出反应,感知事物所具有的各种不同属性,通过视觉反映不同的颜色,通过嗅觉获得刺激物的气味特点,通过皮肤感觉客观事物的光滑和粗糙程度等。广告受众对广告或商品的感觉,则是指受众借助感觉器官,对各种产品和服务进行反映。广告受众对广告或商品各种属性的感觉,是通过不同的感觉器官完成的。

消费者对商品外部的个别属性作出反映,就产生了诸如对商品颜色或轻重等的感觉。尽管感觉是对商品个别属性的反映,但却是一切复杂心理活动的基础。没有这些感觉,就不可能进一步认识商品,更无法了解其意义。

二、感觉的种类

感觉可以分为视觉、听觉、嗅觉、味觉和皮肤感觉等。感受器只有在适宜的刺激下,才能引起人的感觉,不同的感觉通道有着不同的感觉能力。感受性就是人体对于外界刺激强度及其变化的感受能力。人的感受器,对外界刺激的反应总是存在着一定的局限,太小或太弱的刺激无法引起人的觉察,而太强的刺激则又可能导致回避反应。

(一)视觉

光作用于视觉器官,使其感受细胞兴奋,其信息经视觉神经系统加工后便产生视觉。通过视觉,人和动物感知外界物体的大小、明暗、颜色、动静,获得对机体生存具有重要意义的各种信息,至少有80%以上的外界信息经视觉获得,视觉是人和动物最重要的感觉。视觉包括颜色视觉、暗适应与明适应、对比和视觉后像等内容,其中,颜色视觉对于广告心理学有着特殊的意义。

颜色具有使人产生某种心理联想和唤起某种情感的作用,人们常常在特定情况下使用特

定色彩。一般来说,每一种颜色都与一些相应的情感相联系。

白色一般会使人想到清洁、纯洁、神圣、诚实,少女穿上白色的服装会给人纯洁的感觉;黑色是夜晚的象征,因而会使人产生罪恶、悲哀、压抑、死亡、庄重的感觉;红色具有刺激人的生理欲望的作用,同时与温暖、危险、争斗、愤怒相联系,此外,红色还有吉利、吉祥、好运气的意思;黄色表示愉快、舒适,同时也可能使人产生富裕、高贵的联想;绿色是生命的象征,容易使人产生和平、充满生机及平静、安宁的感觉;蓝色与广阔的天空和大海相联系,会使人联想到遥远、冷淡、寂寞、朴素;紫色可以使人联想到优雅和威严,还有优美、满意、希望、生机的感觉;青色是鬼火的颜色,具有冰冷、恐怖、神秘的感觉。

由于不同的颜色各有其不同的心理意义,所以在进行广告的创作设计时,应该注意颜色的运用要与广告活动的理念、主题、基调及产品的特点相协调。从一些国际知名品牌的广告活动中,我们也可以看出,它们非常重视广告色彩的选择运用。例如万宝路香烟以红色作为广告的基色,来进一步突出西部牛仔的"冲劲",而万事发香烟广告,都是以天蓝色为基调,来衬托该商品的"淡雅飘逸"的特点。

但是,需要注意的是,在颜色的选择上,也要注意颜色的心理意义因地区和文化的不同而有差异。在许多国家,绿色都象征着生命和和平,而在马来西亚,绿色则会让人想到森林和疾病;绿色还是埃及和叙利亚的国色,用在商品上不受欢迎。在我国,红色象征着喜庆、欢乐和胜利等,爆竹染上红色是合情合理的事,而德国和瑞典人不爱滥用红色,所以我国原先出口到这两个国家的红色爆竹不受欢迎,改为灰色后则销路大增。在伊拉克,商业上避免使用橄榄色,因为伊拉克国旗上有这种颜色。

在大多数拉丁美洲的市场中,紫色普遍被排斥,因为它象征着死亡。蓝色是伊朗人丧服的颜色,用在商品上会引起反感。爱尔兰、瑞典的国旗上有红、白、蓝三种颜色,所以在食品中禁止使用这些颜色。面向法国的广告和包装就要尽量避免墨绿色,因为法国人十分仇视希特勒军队的墨绿色军服。

(二) 听觉

声波作用于听觉器官,使其感受细胞兴奋并引起听神经的冲动发放传入信息,经各级听觉中枢分析后引起感觉。听觉是仅次于视觉的重要感觉通道。它在人的生活中起着重大的作用。人类能听到物体振动所发出的 16~20 000 Hz 的声波。一般人对 16 Hz 以下和 20 000 Hz 以上的声波是难以听到的。

声音的三个基本物理量——频率、强度和振动形式,反映在心理学中人的主观体验领域,分别表现为音高、响度和音色三种形式。声音的这三种形式是广告心理学的重要研究内容,音的高低、响度的大小和音色的优美,对广告宣传具有极为重要的影响。广告宣传不仅要考虑这三种因素的选择,而且还应该注意这三种因素的组合及由它们演变或相互作用所形成的听觉变化。听觉刺激也是广告宣传发挥其功效作用的有效途径。

(三) 嗅觉

嗅觉是挥发性物质的分子作用于嗅觉器官的结果,通过嗅觉人可以分辨物体。嗅觉的刺激物必须是气体物质,只有挥发性有味物质的分子,才能成为嗅觉细胞的刺激物。

人类嗅觉的敏感度是很大的,通常用嗅觉阈来测定。嗅觉阈就是能够引起嗅觉的有气味物质的最小浓度。用人造麝香的气味测定人的嗅觉阈时,在 1 L 空气中含有 5~10 mg 的麝香便可以嗅到。在满桌菜肴中挑选自己喜欢的菜时,菜肴散发出的气味,常是左右人选择的基本要素之一。

(四)味觉

味觉是指食物在人的口腔内对味觉器官化学感受系统的刺激并产生的一种感觉。在进行实物广告活动时,可以利用广告受众的味觉进行广告信息的传播。

味觉是由能溶于水的物质作用于味觉器官(舌)产生的,呈味物质直接刺激味蕾产生甜、酸、咸、苦四种基本味觉。一般人的舌尖和边缘对咸味比较敏感,舌的前部对甜味比较敏感,舌边两侧对酸味比较敏感,而舌根对苦、辣味比较敏感。在四种基本味觉中,人对咸味的感觉最快,对苦味的感觉最慢,但就人对味觉的敏感性来讲,苦味比其他味觉都敏感,更容易被觉察。

(五)肤觉

肤觉也称触觉,是具有机械和温度特性的物体作用于肤觉器官引起的感觉。是皮肤受到物理或化学刺激所产生的触觉、温度觉和痛觉等皮肤感觉的总称,分为痛、温、冷、触(压)四种基本感觉。

产品的手感主要来源于人的肤觉,实物广告利用肤觉使广告受众形成对产品的印象和记忆。

(六)运动觉

运动觉反映我们四肢的位置、运动及肌肉收缩的程度,运动觉的感受器是肌肉、筋腱和关节表面上的感觉神经末梢。

(七)平衡觉

平衡觉是反映头部的位置和身体平衡状态的感觉。平衡觉的感受器位于内耳的半规管和前庭。机动车类产品可以提供平衡刺激,引发平衡觉。

(八)机体觉

机体觉反映机体内部状态和各种器官的状态。它的感受器多半位于内部器官,分布在食道、胃肠、肺、血管及其他器官。食品和药品往往成为机体觉的刺激物,形成不同的机体觉。

三、感觉阈限

(一)感觉阈限的定义

感觉器官对刺激物进行反映的能力,叫作感受性。不同的感觉器官对客观刺激进行反映时有不同的感觉能力,不同的人,其感觉能力也不一样。如有的人视觉敏锐,能够准确地辨别出远方的物体或物体的细节,说明这个人的视觉感受性较高。在心理学上,感受性的高低是以感觉阈限的大小来度量的。感觉阈限是指某种感觉器官接收的刺激的最低限度刺激量。阈限值越低,说明感受性越高,反之感受性越低。

(二)感觉阈限的种类

感觉阈限又分为绝对阈限和差别阈限。

1. 绝对阈限

人在对客观刺激进行感知时,客观刺激必须达到一定强度,才能引起人的感觉。这种可被感受器觉察到的最小刺激值,叫作绝对阈限。绝对阈限值越低,感受性越高,反之亦然。当然,对于不同的人来说,具体阈限值会有一定差异,绝对阈限是形成广告刺激的一项重要因素。

在生产中,有许多广告的设计跟绝对阈限关系密切。例如,对于一定距离的观察者来说,户外广告牌的尺寸必须达到一定程度,才能看清楚上面的内容,这个尺寸就是绝对感觉阈限。但如果采用的字体太小没有达到视觉的绝对阈限以至不能引起视觉,致使高速公路上路过的驾驶员根本无法看到,这幅广告的效应实际上不能实现。

2. 差别阈限

差别阈限是指感觉器官辨别变化或辨别两种刺激之间差别的能力。在彩色电视画面上有意设计播出一幅黑白广告会更加引人注意,是因为它的刺激变化达到和超过视觉差别阈限,不同于此前的节目画面;而同样的一幅黑白广告在黑白电视画面上出现,由于它的刺激变化没有达到和超过视觉差别阈限,从而可能被完全忽视。

例如,购物时都会有这样的体验,在成堆商品里要挑出两个自己满意的,往往先挑者能如愿以偿,后来者挑来挑去却难以做出抉择。这是因为在足够数量的成堆商品里,常有一些差异明显的商品,可是到后来,商品彼此间差异越来越小,达不到差别阈限,购买者于是就难以分辨了,往往挑不到满意的商品。

差别阈限指的是最小可觉察的刺激量,简称最小可觉差。人们在生活中需要确定单一刺激的情况不是很多,遇到的更多的情况是要确定两个刺激是相同还是不同。例如,挑选货物,要分清哪一个更好一些;要分辨不同菜肴味道的细微差别;要分辨两个声音的音高是否有不同,等等。这种觉察刺激之间微弱差别的能力称为差别感受性。它在生活实践中具有重要意义,可以通过实践锻炼而提高。

一项变化形成的刺激,能否被消费者感觉到与许多情形有关。有时,广告主为了使促销变化被感觉到,于是制定超过差别阈限的刺激量。例如,提供较大的商品折扣或较多降低价格促进销售;而另外一些场合,广告主期望已经变化的事实不被感觉到,于是制定不超过差别阈限的刺激量。例如,价格的小幅度上升或产品换成小包装。

(三)韦伯定律

研究发现,为了辨别一个刺激出现了差异,所需要差异的大小与该刺激本身的大小有关。例如,从一斤苹果中拿出一个苹果,人们会感受到有非常大的差异,但是如果从20斤苹果中拿出一个苹果,可能觉察不到有差异。

小贴士

描述觉察刺激的微弱变化所需变化量与原刺激之间的关系的规律,由19世纪德国生理学家韦伯所发现,故被称为韦伯定律。

韦伯定律指出,在一个刺激量上,发现一个最小可觉察的感觉差异,所需要的刺激变化量与原刺激量的大小有固定的比例关系。换言之,差别感觉阈限是刺激变化量与原刺激量之间的一个固定比例关系。这个固定比例对不同感觉是不同的,用 k 表示,通常称之为韦伯常数或韦伯比率。用公式表示就是:

$$k = \Delta s/s$$

有了这个公式,已知 k 与 s 的值之后,便可以预测在原有刺激值上需要作多大的变化,才可能被人所觉察。

(四)感觉阈限在广告中的应用

在市场营销过程中,了解差别阈限有重要意义。每一个厂商都希望通过提高产品的质量,使消费者对自己的产品产生满意感,从而增加产品的竞争力。然而,产品质量的提高意味着要增加成本。因此,在产品开发与创新的过程中,一方面要通过广告设法让广告受众觉察有关产品质量的任何一点改善,另一方面利用韦伯定律原理,改进商品包装设计时,把产品外表的现代化与不失去人们对该商标产品任何好的印象结合起来。使得广告受众感受不到商标的细微变化,使每一次变化都控制在差别感觉阈限以内。

四、感觉现象

(一) 感觉的适应

感觉的适应指刺激物对感受器的持续作用,使感觉器官的敏感性发生变化的现象。适应是感受器官受持续刺激时,刺激强度保持不变,但引起的神经冲动越来越少(弱)的现象。与疲劳不同,适应比疲劳的发生快得多,而且停止刺激后几乎马上就恢复过来。

由此可见,感觉只在它刚发生时才是强烈的,以后就越来越弱。适应作用不仅与刺激时间有关,还以刺激强度为转移。刺激越强烈,适应作用发生越快。

视觉的适应可分为暗适应和明适应两种。从明亮处进入已熄灯的电影院,开始什么也看不清,过一段时间,就能分辨物体的轮廓,这是暗适应。相反,离开电影院,到光亮处,开始感觉耀眼发眩,什么都看不清楚,稍过几秒钟就能看清周围的物体,这是明适应。

 小贴士

广告设置的场所位置应远离地下通道等区域,因为刚从地下通道走出的人尚未完成明适应,不能对广告进行感觉。

感觉的适应是普遍存在的感觉现象,在许多情况下会表现出来。消费者会明显感觉出某种新型沐浴液使用后的舒适度,但随着使用时间的延长,消费者产生适应就不再感到分外舒适了。流行歌曲总是在广为传唱一段时间之后,不再受到追捧。

(二) 感觉的对比

同一感受器官在不同刺激物的作用下发生起伏波动的现象,叫作感觉的对比。感觉对比分为同时对比和继时对比两种。

对比现象发生于几种刺激同时作用于同一感觉器官时。白色对象在黑色或灰色背景下,人的感觉不同,前者明亮后者暗淡,夜晚霓虹灯广告比白天时更为醒目。不同刺激先后作用于同一感觉器官,产生继时对比现象。先观看暗画面的广告,再观看亮画面广告会感觉广告画面更亮;先观看亮画面广告,再观看暗画面的广告会感觉广告画面更暗。不同背景色下灰色块的亮度会不同,如图 4-2 所示。

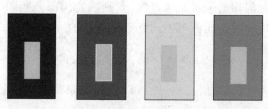

图 4-2 不同背景色下的灰色

(三) 联觉

在心理学上,对于一种感觉兼有另一种感觉的心理现象,叫联觉现象。联觉的形式很多,最突出的是颜色的联觉。人们的颜色感觉容易引起联觉,因此,颜色容易对人的心理产生影响,如冷暖、远近、轻重等。红橙黄等色被称为暖色,因为它们像太阳和烈火,能引起人们温暖的感觉。而蓝绿青紫等冷色,像碧空寒冰,让人们觉得冷。颜色感觉有冷暖、轻重、明暗、清浊之分,不同的颜色能使人产生不同的感觉,是人长期的经验积累的结果,有助于提高人对事物认识的效率。

例如,市场中许多出售肉食的摊位用红色灯光照射食物,使肉食看上去更加新鲜,引起人的食欲。夏季空调产品广告采用蓝色背景,使人产生凉爽的感觉,冬季空调产品广告采用橙色背景,使人产生温暖的感觉。"康师傅方便面"广告画面上,一大碗热腾腾的白面条和令人垂涎的鲜虾、牛肉和蔬菜,加上"好吃看得见"的广告口号,产生了非凡的感召力。整个产品广告利用联觉,通过视觉形象使广告受众陶醉在食用康师傅方便面的味觉体验之中。

不同的颜色还可以使人感到酸、甜、苦、辣之味,通常情况下,粉红色——甜,绿色——酸,茶色——苦,红色——辣、蓝色——咸等形成色味联觉。为了使消费者由广告中的视觉、听觉信息而产生食其味、触其物的感觉,就必须借助联觉。食品广告中如果运用色彩恰当,可使消费者感受到食品的味道。例如,香辣酱包装以红色为基调,咖啡以茶色为包装基调可更加突出产品的特点。

 小贴士

联觉的不同表现

色彩和光线一样,也会对人的生理心理产生影响。它不但影响人的视觉神经,还进而影响心脏、内分泌机能、中枢神经系统的活动。

有西方心理学家提出,常见的赤橙黄绿青蓝紫等颜色对人的生理有不同的影响。

红色:刺激和兴奋神经系统,增加肾上腺素分泌和增进血液循环。

橙色:诱发食欲,帮助恢复健康和吸收钙。

黄色:可刺激神经和消化系统。

绿色:有益于消化和身体平衡,有镇静作用。

蓝色:能降低脉搏、调整体内平衡。

靛蓝:调和肌肉、止血、影响视听嗅觉。

紫色:对运动神经和心脏系统有压抑作用。

黑色:精神压抑,导致疾病发生。

颜色通过人的视觉,影响人们的思想、感情及行动,通过感觉、知觉、记忆、回忆、想象、联想等,广告中不同颜色的运用蕴含的情感性与象征性对广告受众接受广告是十分重要的。颜色对人的情绪和行为有着十分重要的影响,因而,对广告颜色作用的重要性的认识也越来越深刻。

例如,在中国,红色是兴旺的标志,象征吉祥幸福,而在西方国家红色往往是危险的信号,具有警告的意义。有一则表现草莓的平面广告,画面是一只装了奶油的透明玻璃酒杯放在桌上,旁边放了三只鲜嫩的草莓。从鲜红欲滴的草莓、乳白色的奶油还有晶莹透亮的玻璃杯所构成的画面中,似乎感受到一种酸甜、清爽的味道。成为一幅典型的视觉与味觉的联觉诱导平面广告。

第二节　广告受众对广告的知觉

消费者依靠感觉器官接收广告,获得对产品的外部感觉,而消费者要对广告信息做一个整体的判断,需要靠知觉。

广告活动中的知觉过程十分重要,广告者的知觉水平影响着广告活动的效果。广告者对外界的认识和对自身心理变化的了解,通过人的感知觉通道实现。知觉是认知过程的一个重要阶段,它与感觉、注意、记忆等形成了人类其他心理活动的基础。广告心理学的研究成果表明,广告受众通过知觉形成的对广告的理解,与广告受众知觉过程中接收的信息及其自身的心理特点密切相关。

一、知觉概述

(一)知觉的定义

知觉是人脑对直接作用于感觉器官的客观事物的整体反映。知觉是外界刺激作用于感官时人脑对外界的整体的看法和理解,并对得到的感觉信息进行组织和解释。

在广告心理学中,广告受众的知觉是指个体认识、选择、组织并解释作用于人的广告刺激的过程。对产品和服务信息的知觉,既依赖于广告受众接受信息的方式,也依赖于广告受众理解这些广告刺激的方式。知觉是一个双向建构过程,而广告受众对产品或服务信息知觉的差异性,对日后形成对产品或服务的态度和行为差异有着重要的影响。

根据知觉对象的不同,可以把知觉分为视知觉、听知觉、味知觉、嗅知觉和触知觉等;或根据其性质,分为物体知觉和社会知觉。

(二)感觉与知觉的异同

1. 两者的区别

(1) 产生的来源不同

感觉是介于心理和生理之间的活动,它的产生主要来源于感觉器官的生理活动及客观刺激的物理特性。知觉是在感觉的基础上对客观事物的各种属性进行综合和解释的心理活动过程,表现出了人的知识经验和主观因素的参与。感觉是人脑对直接作用于感觉器官的外界事物的个别属性的反映,而知觉则是人脑对直接作用于感觉器官的客观事物的整体反映。

(2) 反映的具体内容不同

感觉是人脑对客观事物的个别属性的反映,知觉则是对客观事物的各个属性的综合整体的反映。

(3) 生理机制不同

感觉是单一分析器活动的结果,知觉是多种分析器协同活动对复杂刺激物或刺激物之间的关系进行分析综合的结果。

2. 两者的联系

(1) 感觉是知觉产生的基础

感觉是知觉的有机组成部分,是知觉产生的基本条件,没有对客观事物个别属性反映的感觉,就不可能有反映客观事物整体的知觉。

（2）知觉是感觉的深入与发展

一般来说，对某客观事物或现象感觉到的个别属性越丰富、越完善，那么对该事物的知觉就越完整、越准确。感觉和知觉都是人脑所固有的本能，是人的心理活动的基础。通过感官直接感觉的信息或获得的个别属性，不足以说明广告受众实际上形成的有意义和连贯的心理现象，大脑只有在对各方面感受信息进行加工（选择、组织和解释）后才能形成知觉意义，其是个体保持与外界接触的一种基本方式。

（3）知觉是高于感觉的心理活动

知觉并非是感觉的简单相加之总和，它是在个体知识经验的参与下，以及个体心理特征，如需要、动机、兴趣、情绪状态等影响下产生的。

知觉在感觉的基础上产生，是一个比较复杂的心理过程，包括从复杂的环境中将一些感觉分离出来加以组织，并根据过去的经验做出解释等一系列心理活动。例如，人看到的是一个汉字而不是散乱的斑点，看到的是一幅图画而不是斑驳颜色色块，听到的是一首歌曲而不是单个声音音符。

从某种意义上来说，对广告的认识和接受问题，就是人对广告的知觉问题。并非仅仅从声音、颜色和构图上认识广告，而是对广告做出整体反应。

 小贴士

广告知觉的研究是广告心理学的真正起点。

二、知觉的特性

知觉具有选择性、整体性、理解性、恒常性的特点。在知觉的这些特性中，对广告最具意义的，是知觉的选择性。

（一）选择性

人生活的环境中充满了声、光、电、热等各种各样的刺激，在同一时刻作用于人的感觉器官的刺激物多种多样，出于人的信息加工能力的限制，在一定时间内，人并不能感受所有的刺激，不能对所有作用于感觉器官的刺激都进行反映，而只能有选择地对其中一部分进行反映，只能感受能够引起注意的少数刺激。而感受什么信息，受已有经验、兴趣等个人因素的影响。人对外部刺激有选择地进行反映的特性就是知觉的选择性，这是知觉能动性的体现。

在知觉过程中，凡是被我们清晰地知觉到的事物就成为知觉的对象，而周围未被清晰知觉到的事物则构成了知觉的背景，知觉过程也就是把对象从背景中分离出来的过程。

知觉的选择性除了受消费者主观因素影响外，还受客观因素的影响。刺激物的强弱、长短、动静、色彩及与其他对象的对比等因素，都会对知觉的选择性产生影响，如图4-3所示。

如果你把注意力放在图中的黑色部分，看到的是正在游泳的鱼。如果你的注意力是在白色部分，这张图则变成了白色背景之下的一群飞鸟。当你转换不同的对象

图4-3 对象与背景

与背景时,会发现同一图案中有两种不同的判断,而这正是知觉选择性的体现,是由于你所选择的信息不同而造成的。

知觉的选择性过程,是外部环境中的刺激与个体内部的倾向性相互作用、经信息加工而产生首尾一致的客体印象的过程,具有主动、积极和能动的特性。在日常生活中,消费者对环境中所遇到的刺激下意识地进行着选择,在不自觉地寻求一些东西,忽略一些东西。个体实际知觉到的对象,只是全部刺激的一部分,而对刺激的选择,依赖于刺激本身的特性及消费者本身的一些内在主观因素。市场刺激包括大量的变量,如产品的特性、包装设计、色彩、形状、商标、名称、广告与广告节目的设计、模特的选择、广告节目的播放时间等,诸如此类的因素,都会对消费者的信息接收产生影响,从而影响消费者的知觉选择。

例如,一则驱虫剂的印刷广告,整个广告画面中,在中心位置画着一具小小的棺材,棺材内是一只虫子,其他均是空白,这种以空白作为背景而突出主体信息的手法,减少刺激信息,可使广告受众一目了然,明确地选择广告信息,不必费心在广告信息中挑来选去,或由于个体经验与信息传达不同而产生差异。

(二)整体性

任何客观事物都由部分构成。当我们对客观事物进行知觉时,并不是把它们感知成许多彼此无关的部分或属性,而是在大脑中按照某种规则把它们组织成某个整体,将其作为一个整体进行知觉,知觉过程的这一特点叫作知觉的整体性。所谓整体性是指,当感知一个熟悉的对象时,只要感觉到了它的个别属性或主要特征,就可以依据以往的经验而知道它的其他属性和特征,从而整体地知觉它。

1. 图式认知

自动地补充欠缺的信息,使得感知到的东西形成一个整体。这种自动补全缺漏的特性,心理学称为图式认知,如图4-4所示,人们往往认为自己看到的是一个三角形,而实际上这张图是由三条不相连的线段构成的,并不是真正的三角形。知觉的整体性自动将图中空缺的地方补全了。

在广告设计中常常应用知觉的整体性,在广告受众中已具有经验的产品,宣传时不必面面俱到,广告受众通过图式认知自动构成有关产品的完整信息。

例如,冰箱所具有的制冷功能成为公认的基本常识后,只要突出宣传冰箱容量大或省电的特点即可,虽然广告中不提制冷功能,广告受众也会因已激活了冰箱的图式而知道其具有制冷这一基本功能。而当感知的对象是没有经验的或不熟悉的事物时,知觉就更多地以感知对象的特点为转移,按照习惯把它知觉成为有一定结构的整体。

2. 相邻趋同

对于相邻的东西,认知系统会自动将它们归于一组,这种现象称为相邻趋同。邻近原则是指两个或两个以上的刺激(同类物)如果在空间上彼此接近,那么每一物体都有被视为构成整个知觉组型一分子的倾向的原则。人们通常会把图4-5中的线段看成六组,而不是看成十二条独立的线段。

图4-4 图式认知图例

图4-5 相邻趋同图例

3. 近似趋同

对于要素相同或相似的东西,认知系统会自动将它们归于一组,这种现象称为近似趋同。在知觉情境中有多种刺激物同时存在时,各刺激物之间在某方面的特征如有相似之处,就会被知觉为一类。按刺激物相似特征组成知觉经验的心理倾向,被称为相似原则,如图 4-6 所示。

图 4-6 近似趋同图例

图 4-6 中虽然各图形间距相等,但更多的可能是把两个箭头向上的图形看成一组,两个箭头向下的图形看成另一组。

知觉的这一特性很容易解释户外霓虹灯广告的动态效果,尽管各个片断之间有短暂的时距,由于闪烁的速度很快,所以很容易使人产生动态的、整体的映像。

(三) 理解性

人们在对客观事物进行知觉时,总是根据已有的知识和经验对外部输入信息进行理解和解释,从而获得对客观事物的判断、评价和看法,知觉过程的这一特性被称为知觉的理解性。知觉的理解性使人的知觉过程更加迅速,节约感知的时间和工作量,同时也使知觉对象更加准确完整。知觉者与这个事物有关的知识和经验越丰富,对该事物的知觉就越富有内容,对它的认识也就越深刻。

有人曾用对图片的感知来说明这一特性。实验者先给受试者呈现一张图片,上面画着一个身穿运动服正在奔跑的男子。受试者一看就断定他是球场上正在锻炼的一位足球运动员。接着给受试者呈现第二张图片,内容是在那个足球运动员的前方增加一位惊慌奔跑的姑娘。这时受试者看到了一幅坏人追逐姑娘的画面。最后实验者拿出第三张图片,在奔跑的两人后面又增加一头奔跑的狮子。这时,受试者才明白了图画的真正意思,即运动员和姑娘为躲避狮子而拼命地奔跑。

内于知觉过程受先前的知识、经验的影响,因此,对同一客观对象,由于不同的知觉者的知识、经验不同,对知觉对象的理解也不相同,于是就会产生不同的看法和联想。根据知觉的理解性,为提高广告效果,在广告的创意、设计和传播过程中,要充分考虑目标消费者群体的知识与经验。只有为目标消费者所熟悉,与其知识、经验相一致的广告信息才能被他们顺利接受和理解。

如果把某件普通商品衬托以非常豪华的装饰,或者置于富丽堂皇的包装内,就会让消费者觉得这件商品极其名贵。例如,化妆品包装瓶的造型一定要精美高雅,让消费者一看到包装瓶,就联想到化妆品像包装瓶那样典雅高贵,从而产生购买欲望。如果包装瓶外观很粗糙,造型也不美观,就很难让消费者产生该化妆品能使人美丽的联想。

此外,为了避免消费者对商品的误解,企业在对商品进行广告宣传时,要引导消费者正确地理解商品,避免出现片面的、甚至是错误的理解。在广告中不应使用图像和文字上模棱两可的信息,模糊的信息会阻碍广告受众对广告的准确理解。

例如,美国一家著名的广告公司为美国东方航空公司创作了"人的翅膀"系列广告,其中有一则 1 分钟的电视广告,内容是一个跳水运动员从墨西哥阿卡普尔科悬崖跳入海中的情景;

另一则广告内容是巴西丛林上翱翔的鸟群。广告受众普遍反映广告画面优美,宣传的是旅游景观,但对东方航空公司却一无所知。

知觉理解性与记忆有密切相关,人类由于有语言的功能而区别于其他动物,在知觉时常常要通过言语,用词来概括感知到的信息,因而知觉的理解性同语言、思维也有密切的关系。言语的指导提示能唤起过去的经验,从而理解其意义。

(四)恒常性

所谓知觉的恒常性是指由于知识经验的参与,当知觉的客观条件在一定范围内改变时,个体对它的知觉映像在相当程度上仍保持着相对的稳定性,不随知觉条件的变化而改变。常见的知觉恒常性有大小、形状、明度、颜色等方面。知觉的恒常性使得人对客观事物的认识在一定范围内保持稳定性。

1. 大小恒常性

根据几何学的透视原理,客观对象在视网膜上形成的图像是随着距离的增加而减小的。如果要保持视网膜上图像的大小不变,在距离增加的条件下,就必须使对象变大。由于知觉的恒常性的存在,当一件物体离开得越远,它在视网膜上的图像就越小,可是人还认为它的大小发生没有改变。例如,从窗口望远处的楼房,其视像往往小于窗台上的一个花瓶,但在心理上的知觉永远是楼房比花瓶大很多。

2. 形状恒常性

对物体形状的知觉不因它在视网膜上投影的变化而变化,称为形状恒常性。例如,当门打开时,它的网像由矩形变为梯形,但过去的经验会自动告诉人们这个门本身没有变形。广告从不同角度表现同一产品时,虽发生可觉察的图形变形,广告受众仍然依据个体过去的经验保持对该产品的形状知觉的恒常性,认为该产品本身未发生改变。

3. 颜色恒常性

在不同的照明条件下,同一件物品反射到人眼中的光有很大变化,但它们的颜色看起来好像没有改变,这是颜色的恒常性。颜色恒常性与个体经验有很大关系。

例如,把煤放在日光下照射,把白纸放在阴影里,尽管前者反射的光比后者更多,但看起来依然是煤比较黑,纸比较白。但是如果在色光下,让你说出各种纸片的颜色时,知觉结果就可能受到光照的影响。珠宝专柜往往布有强光,使得珠宝产品更加美观,珠光宝气、一片灿烂,如果将珠宝产品置于暗室中,虽光线黯淡,但仍然美丽。颜色知觉的恒常性保证了人对珠宝产品知觉的稳定,认为其颜色并未改变。

三、广告知觉的影响因素

知觉过程的影响因素很多,但概括起来可分为三大方面:知觉对象的特征、知觉者的主观性因素与知觉的情景。

(一)知觉对象的特征

知觉是对作用于感觉器官的客观事物的整体属性的直接反映,客观事物本身所具有的特征是影响知觉结果的重要因素,客观对象的下述特点对知觉结果有重要影响。

1. 刺激的接近性

在空间上,彼此接近或靠近的对象容易被知觉为一个整体。

2. 刺激的相似性

彼此类似的元素,如在形状、颜色、方位或其他维度上相似的刺激,容易被知觉为一个整体。如图4-7中有很多小圆点,但我们很容易看到一个三角形,因为这些圆点是空心的,在形状上相似,所以很容易使人辨认出来。一个视觉对象的各部分在色彩、明度、空间方位、形状、运动速度等方面越相似,看上去便越统一。

相似的对象容易被人们作为有联系的对象进行知觉。根据知觉过程的这一规律,经销商常在产品的品牌名称、包装、颜色、字体等方面刻意模仿名牌产品,并通过广告传播等途径展示自己的产品在操作性能、外貌式样等方面与名牌产品相似,从而提高该产品的信誉和地位。如"非常可乐"的包装色采用的是与"可口可乐"相同的红色,内蒙古的一种白酒在广告宣传时起名"塞外茅台",都是借助于相似性使消费者产生积极的联想。

3. 刺激的连续性

视觉对象在空间上有内在连续性时,很容易被感知为一个整体。如图4-8的广告中,左边的这些人由于在空间上的良好的连续性会被视为一个整体,右边的这两个人则会被看成一个整体。

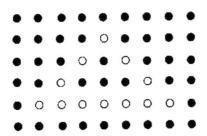

图4-7 相似性示意图形

图4-8 连续性示意图形

(二)知觉者的主观性因素

知觉过程不仅受客观事物本身的特征影响,也受到知觉者的主观因素影响。面对同一个刺激物,不同的人可能会产生不同的知觉结果。具体来说,这些主观性因素包括以下几个方面。

1. 经验因素

同样的广告信息,由于受众个人经验不同,可能会产生不同的知觉。经验对于知觉解释的影响不仅表现在图形知觉方面,还表现在语言理解方面。经验是从实践活动中得来的知识和技能。消费者过去的知识和经验也会对知觉有很大影响,消费者总是在感知他所期望的东西。消费者依据已有的知识和经验,可以迅速地对知觉对象做出理解与判断,从而节约感知时间,扩大知觉范围,提高知觉的效率,获得更多更深刻的知觉体验。

案例 4-1

两 可 图

两可图的知觉和理解受到个体已有的知识经验、生活经历和兴趣爱好等影响,如图4-9所示。

画面是由一棵树和三只小鸟构成,但是,如果你盯住树干看,会看到一棵树,有三只鸟要回到树上的巢;如果你盯住画面的右部,会看到一张女人的脸,精心化妆后的眉毛和嘴唇。小鸟归巢,配以女性背景,隐喻女性对家庭的依恋和归属。

(资料来源:http://news.xinhuanet.com/shuhua/2006-07/11/content_4816165.htm)

图4-9 两可图

在雪碧汽水的广告中，一句"晶晶亮、透心凉"，利用广告受众的经验制作广告口号。在赤日炎炎的夏天，喝一杯雪碧汽水，看上去亮晶晶，喝下去凉爽爽，由于许多广告受众都有过这种感觉，把此种体验与产品形象建立联系，成为一个固定的诉求，更令人回味不尽，似乎一看到"晶晶亮"，就觉得"透心凉"。

对于大多数广告受众来说，熟悉的事物知觉得更快。不同文化背景的人对于富有自己民族文化特点的广告内容更加敏感。广告本土化适合当地风土人情，会更容易被广告播发地的广告受众接受，姚明健康乐观的形象受到普遍关注，可口可乐公司以姚明形象宣传产品，得到中国广告受众的认可。

2. 情绪因素

情绪是人对客观事物的态度的一种反映。情绪对人的心理活动有较大的影响，知觉也不例外。当广告受众处于不同的情绪之中时，对其知觉会产生不同影响。消费者心情愉快时，对广告的知觉在广度上范围广泛，在深度上深刻鲜明；消费者情绪低落时，知觉水平就会降低，即使生动鲜明的广告也引不起注意和知觉。

情绪与人的需要紧密地联系在一起，包括复杂的生理及心理机制，往往伴随着身心状态的波动。当受众心情愉快时，更有可能将广告内容理解为愉快的事物；而当其情绪低落时，更有可能把感知的广告内容理解为消极的事物，不同情绪状况影响广告受众对广告内容的正确知觉。

知觉防御是指个体对于自己感到恐惧或者感到威胁的刺激倾向于回避的心理现象。日常生活中将产品分为积极产品和消极产品。积极产品是人主动向往易于接受的产品，而对消极产品，人经常倾向于回避、拒绝。当出现了知觉防御的时候，进一步的信息沟通就比较困难了。在推销商品的业务中，美国一位著名的推销训练专家汤姆·诺曼发现，一些词汇有利于推销，而另一些词汇却对推销不利。

小贴士

有利于推销的词汇包括：推销对象的名字、了解、事实证明、健康、容易、保证、金钱、安全、省钱、新、爱、发现、对的、结果、真货、舒适、自豪、利益、值得、快乐、信赖、价值、好玩、至关重要的，等等；不利于推销的词汇是：交易、成本、付款、合约、签名、试用、担心、损失、赔付、伤害、购买、死亡、坏的、出售、卖出了、价格、决定、困难、辛苦、义务、应负责任，等等。

3. 态度因素

预先的态度会影响到对各种信息的知觉。人们如果预先对某一个事物的态度比较积极，往往会认为这一事物的其他方面也很好，会产生更积极的知觉。

态度由三种成分构成，即认知、情感和行为意向成分。态度具有对象性、持续性、社会性、价值性、个体性和内隐性等六个特性。态度的形成是从服从到认同到内化的一个过程。态度因素影响消费者对广告的认知。

例如，在名牌专卖店销售的一件衣服，消费者可能会觉得衣服面料质量优良，做工细致，看上去显得很有档次；而同样的一件衣服，如果在路边小店里销售，消费者可能会觉得衣服面料质量一般，会看到更多的"瑕疵"，表现为晕轮效应。"一分价，一分货"的购物态度，会使人对名牌高价产品产生积极评价。

4. 兴趣和爱好

人的兴趣和爱好各不相同,兴趣和爱好的个性差异往往决定着知觉的选择性。兴趣和爱好能帮助广告受众知觉事物时排除毫不相干或无足轻重的部分,广告受众的兴趣与广告知觉的选择密切相关,广告者所感兴趣的往往能成为知觉的对象。此外,由于个人需要和兴趣在不断变化,以前被忽视的因素也可能重新引起注意。

5. 需要和动机

凡是能满足人的需要、符合人的动机的事物,往往会成为知觉的对象和注意的中心。反之,与人的需要和动机无关的事物往往不被人注意和知觉。满足个人需要的事物,符合消费者动机的事物容易被纳入知觉世界,成为广告者知觉的焦点。那些不能满足消费者需要和动机的对象很容易被忽略。

消费者的体现社会地位的心理需要,影响了广告者对广告环境的知觉。由于具有不同的广告需要和广告动机,各种类型的消费者知觉的对象范围和最终的整体知觉印象是各不相同的。同一产品广告对不同种类的消费者,应采用不同的方式。

6. 个性

个性的实质是个体所具有的独特的、稳定的心理特征的总和。消费者本人的个性体现在他与其他人的个别差异和他的行为的惯常性上,个性影响一个人对周围事物的组织和感知方式。个性是影响广告者知觉选择的因素之一,不同个性的广告者在接受广告信息的活动过程中表现出明显的不同特点。

不同气质类型的消费者知觉的广度和深度不一样,多血质的消费者知觉速度快、范围广,但不细致,对广告内容理解不准确;粘液质的消费者知觉速度慢、范围窄,但比较深入细致,对广告内容理解准确;胆汁质的消费者通常胆大自信,易于相信广告内容,偏爱冒风险购物;抑郁型的消费者胆小谨慎,对广告内容核查后再作出购物决策。

第三节 知觉原理在广告中的应用

一、广告设计中对知觉特性的应用

格式塔心理学家主张,在同时出现的多种刺激的情境中,知觉可以把分散的刺激形成一个整体的知觉经验。

例如,在一个轮廓不完整的图形中,任何人都能够感觉出它的整体轮廓。像这种刺激本身无轮廓,而在知觉经验中却显示"无中生有"的轮廓,称为主观轮廓。如图4-10所示,人可以清晰地在图形的中部看到一个矩形。

从主观轮廓的心理现象看,人类的知觉是极为奇妙的。此种奇妙的知觉现象,早已被艺术家应用在绘画与美工设计上,使不完整的刺激通过知觉形成完整的美感。闭合原则是指若干个刺激对象共同包围一个空间,形成同一知觉形态倾向的原则。

广告者对共同包围一个空间的若干知觉对象,总是自觉或不自觉地根据自己的经验添加缺失的部分,力图使之成为一个完整的闭合图景。

图4-10 主观轮廓图例

案例 4-2

可口可乐无所不在

可口可乐的"清凉"系列广告,如图 4-11 所示。

图 4-11 可口可乐的"清凉"广告

清凉系列:由意大利麦肯—埃里克森广告公司制作了一组主题为"清凉"的广告,使可口可乐的瓶子在其中也有出神入化的表演。通过完形心理原理,利用主观轮廓的心理现象,形成对可口可乐产品的认知。

(资料来源:http://www.360doc.com/content/07/0406/15/9737_433690.shtml)

二、广告对知觉影响因素的利用

有时在知觉事物时,可能不会看到事物的全部,但是人们一样可以做出正确的感知,"窥斑见豹""一叶知秋"因为人们利用了个体经验中存储的信息,可以将缺少的信息补足。例如,一则电视公益广告中,在屏幕上依次出现很多田字格中的汉字,这些字都没有了带水的偏旁——"三点水"或"两点水",但是广告受众依然能够辨认出这些字,并能很好地理解广告的用意:水资源短缺,一定要节约用水。

在广告设计中利用人们的经验恢复被遮挡的部分,有时能取得意想不到的效果。例如,美国一家出售儿童电子琴的厂商在杂志上刊登广告,画面是两个活泼可爱的小孩在玩电子琴,标题是"一则糟糕的广告",标题下的解释则是"因为你听不到美妙的旋律"。于是由于与平常人们所见到的广告有较大偏离,该广告受到了广泛注意。

三、最小可觉差的利用

广告主花钱做广告,肯定是为了让广告受众对其广告有所觉察。最小可觉差的利用对广告设计制作有重要的启示。要强化刺激就必须和同类刺激拉开距离,显示出明显的差别。国外早年一则咖啡电视广告,对煮咖啡时的特殊的音响进行了夸张的表现,片中没有轻柔优雅的音乐和风趣的广告语,只有煮咖啡时的声响,这则广告大获成功,立即引起广告受众的热烈反应。

究其原因,是听惯了悠扬的音乐、幽默押韵的广告词的广告受众,其差别阈限渐渐增大,差别感受性随之降低,优美动听已习以为常,很难在其中获得特别的感受。而出现在广告片中的厨房中煮咖啡的特有声响,强化了广告不同于音乐和语言刺激的性质,因为广告受众对这种从电视中传出声音的差别阈限是很小的,因而对其感受性就较高,能够十分敏感地觉察出来。如同长时间待在洒过某种香水的房中会不觉其香,此时,如果你换一种香味的香水洒在房中,会立刻引起对这种香水的感觉。

四、错觉在广告中的应用

错觉是对客观事物不正确的知觉,是在客观事物刺激下,产生的一种对刺激的主观歪曲的知觉。错觉是由物理的、生理的和心理的多种因素引起的。在认知过程中同时受到并存的其他刺激的干扰,是形成错觉的主要原因;人的主观因素如经验、情绪、年龄和性别等对错觉的形成也有重要影响。

错觉是知觉中的一种特殊现象,在许多感觉到的活动中都能发生,不过最常见的是视错觉。例如,墙壁上装有镜子的房间会让人觉得宽敞得多,一个身穿横条衣服的人会显得胖些,而穿竖条衣服的人,则显得瘦高些。发生在同一感觉通道的错觉有视错觉、听错觉、嗅错觉等,发生在不同感觉通道间的错觉有形重错觉、视听错觉、运动错觉等。

(一)视错觉

在商业、服务行业中,视错觉的应用比比皆是。例如,一家面积不大的宴会厅,为了增添热烈气氛,在大厅两面墙上镶上巨大的反射镜,客人们一踏进大厅,一种宽敞之感便油然而生。同样,在水果、糕点柜前斜立一面镜子,则显得货物丰富,大有购买不尽之感。视错觉是在特定条件下对客观对象歪曲的知觉,只要条件具备它就会出现。根据刺激物的表现不同,可以把视错觉分为轮廓错觉、大小错觉和透视错觉。

1. 轮廓错觉

轮廓一般都存在着明度或颜色的突然变化。但是有时客观上不存在刺激的突然变化,人们在一片同质的视野中也能看到轮廓,这种轮廓就叫做主观轮廓或错觉轮廓。

例如在图 4-12 中,人们能看到图(a)是一个美女头像,尽管画中并没有完整地画出美女脸部的整个轮廓;图(b)是一个 DS 或 SD 标志,其中 S 就是主观轮廓构成的;图(c)是由四根直线构成的图案,只要读者稍微注视几秒钟,就可以看出四根线中间有一个正方形,它也是由主观轮廓构成;图(d)是柯达商标,图中没有"K"字,但我们主观上能看得出来。

在商标和广告设计中,可以利用主观轮廓的知觉规律,使广告画面在不增加画面复杂性的情况下,增加画面的信息传递量和趣味性。

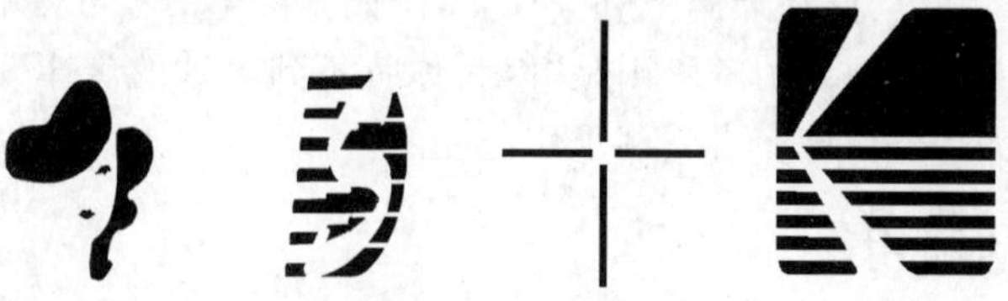

(a) 美女头像　　(b) DS标志　　(c) 白圆圈　　(d) 柯达商标

图 4-12　主观轮廓

2. 大小错觉

如图 4-13 所示，在这幅图像中，对于两条橙色的线段，我们看起来会感觉前面的线段短一些，其实，这两条线完全是一样长的。

3. 透视错觉

例如，1956 年霍尔茨舒赫尔牌汽车用两张广告照片推销，两张广告的标题与文案完全一样，整个画面的布局也雷同，只是两张广告中，一张是人物模特站在汽车的后侧拍摄的，另一张是模特站在汽车的前方拍摄的。这样车子本身的大小虽未变，但由于照片透视造成了错觉，即模特站在汽车前面的照片，人物突出，汽车则显得较小，而模特站在汽车后侧面的广告照片则汽车显得较大，人物较小。

在广告中可以通过拍摄角度等技术手段来制造视错觉，如图 4-14 所示。直钢棒是怎样神奇地穿过这两个看似成直角的螺帽孔的？两个螺帽实际是中空的，虽然看起来是凸面的，但两个螺帽并不互相垂直。螺帽被下方光源照到（一般光线应来自上方），给人们判断真实三维形状提供了错误信息。

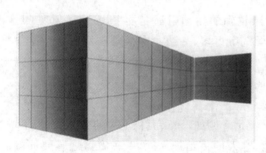

图 4-13　大小错觉

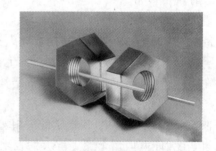

图 4-14　精彩的幻觉作品

如图 4-15 所示，由于透视作用造成深度感，使人产生上一条横线比下一条横线短的错觉，实际上上一条横线与下一条横线的长度相等。

在包装设计中也常利用错觉，相同容积的两个盒子，利用视错觉，菱形比正方形看起来，显得容积要大一些。同样容积的两个塑料瓶，瘦高状比矮胖状显得容量要大一些。有时设计包装容器的底部向里凹陷，导致增加内容物的高度，给消费者造成内容量大的视错觉。

图 4-15　线段不等长错觉

4. 颜色错觉

视错觉中的颜色错觉，是指不同的颜色有不同的舒张或者收缩的感觉，因而带来视错觉。一般明度高的颜色有舒张感，而明度低的颜色有收缩感。日常生活中人们穿衣打扮也利用了颜色错觉：一些体形丰满的人喜欢穿黑色等深色服装，使自己看起来苗条一些。在房屋装修中,面积较小的房间应选用"暗色调的地板",使人有面积扩大的感觉,而选用明亮色彩的地板就会显得空间狭窄,增加压抑感;天花板应选用浅色或较亮的色调,墙和地面可选用深色适当加重,否则会给人头重脚轻的感觉。

案例 4-3

黄月亮和蓝月亮

图4-16(请在网络上搜索彩色图片)乍看上去是两个颜色不同的月亮,一个呈黄色,一个呈蓝色,但真的是这样吗?实际上,在这幅由日本立命馆大学心理学家北冈秋吉设计的视觉错觉图中,两个月亮的颜色完全相同,唯一不同的便是周围的颜色。人们之所以产生月亮颜色不同的错觉皆因其背景所致。

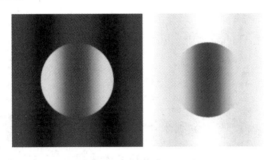

图4-16 黄月亮和蓝月亮

(二)嗅错觉

嗅错觉是把一种气味知觉为另一种气味。如把松节油的气味闻成油漆味,误认为房间刚刚装修完,把化工产品乙烯的气味误认为是苹果的香味而去寻找真实的苹果,在客房里喷洒空气清新剂使人觉得有如身临草原,因而产生愉快的感觉等。

(三)形重错觉

形重错觉是指形状大小与重量之间关系的错误知觉。1kg铁和1kg棉花的物理重量相同,但人用手将两者提起进行比较时,由于存在形重错觉常常感到铁比棉花重,会觉得1kg铁比1kg棉花重得多。如高档首饰采用较大的包装盒,增加厚重感,提升首饰品的主观心理价值。

可利用形重错觉,促进商品销售。有这样一个笑话令人深受启发:一位老太太领着孙子去买拖鞋,结果,买了一双"大"拖鞋回来,孩子穿着不合适,挂不住脚,老太太却兴奋地说:"大拖鞋与小拖鞋价格一样,当然买大的了,划算"——这就是形重错觉产生的销售效果。有些商家把大小(包括体积、重量、尺寸、厚薄等)不一但价格相等的商品放到一起销售,人们就会觉得买大的比买小的合适,这样,商家的"愚蠢"就使消费者"占了便宜",从而也就促进了商品的销售。

(四)视听错觉

视听错觉是指对视听觉得到的信息的错误知觉。看着台上做报告的人时会觉得声音是从前边传过来的,闭上眼睛听时发现声音是从旁边的音箱中传来的。雷鸣电闪同时发生,由于光声的传播速度不同,人会先看到闪电后听到雷声而误认为先打闪后打雷。

(五)运动错觉

运动错觉是指主体对客体在运动觉方面的错觉,是由于感觉的波动性导致的似动效应。如黑夜中,人走路时总觉得是月亮在跟人走;在火车上等候车开动时,当邻近火车开动,以为是自己乘坐的火车在动；在桥上俯视桥下的流水，久而久之就好像身体和桥在摇动等。如把广告的背景制作为流动的画面，广告对象就会变的移动起来，产生动感吸引人的注意。

复习思考题

1. 感觉、联觉和知觉的定义是什么？
2. 简述应用知觉特性进行广告设计的途径。
3. 广告对知觉解释影响因素是怎样利用的？
4. 结合实例论述错觉与广告表现的关系。

实训课堂

在分析广告受众知觉心理的基础上，设计制作一则宣传所就读学校的平面广告。

实训案例

"金利来，男人的世界"

金利来（中国）有限公司创立于1990年，由著名的爱国人士曾宪梓博士创立于香港。他凭借勤俭诚信的处事作风，使金利来由最初单一生产领带的家庭式手工作坊，发展至今天的国际性企业、上市公司。金利来商标如图4-17所示。

图 4-17 金利来商标

金利来生产、经营和特许经营的产品包括衬衫、T 恤、西装、西裤、毛衣、领带、皮包、皮箱、小皮件、皮带、五金饰物、内裤、袜子、皮鞋、拖鞋、珠宝等。金利来产品消费群定位于年轻进取、活力、坚毅、睿智、崇尚个性的新白领阶层，全新塑造高雅气派的男人世界。"金利来"现已成为有品位男士的信心标志。金利来对质量和品味一丝不苟的追求，奠定了金利来多年来在国际服装界的地位，走在潮流的前端。

金利来集团在中国市场经过多年来不断创新，已成功地竖立起"金利来"的金字招牌。"金利来，男人的世界"广告语享誉神州大地，品牌影响力经久不衰。

（资料来源：http://www.jinlilai.org）

【案例分析】

"金利来领带，男人的世界"，这句风靡一时的广告词自20世纪90年代起开始进入中国消费者的脑海中，由名牌创立、维护到名牌推广，坚持"取之社会，用之社会"的企业精神。金利来产品除了对产品的质量重视之外，还对广告宣传情有独钟，独特的广告策略使金利来取得了巨大的成功，极大地扩大了销售，树立起企业品牌。

【案例研讨】

结合上述有关金利来企业的信息和下面的案例，讨论金利来广告是如何影响广告受众的品牌认知，利用广告开拓市场，塑造名牌产品的。

1971年，中国乒乓球队到香港举行表演赛，曾经连续三届蝉联世界冠军的庄则栋和李富荣将进行当时世界最高水平的"庄李之战",这个消息使香港人万分激动。无法亲临比赛现场的人,也都准备好要看电视转播。曾宪梓以敏锐的眼光,看准了这个千载难逢的做电视广告的好机会,决定以3万元港币的赞助费在香港无线电视台做一次昂贵的广告。

这一广告使"金利来领带,男人的世界",几乎成为香港无人不知、无人不说的一句流行语。广告宣传的成功,使金利来领带的销售也产生了一种轰动效应。每条领带的价格由过去的9.9港元猛涨到100港元,直逼外国同类产品价格,价格虽高但仍然供不应求。

第五章

广告的记忆过程

(1) 了解广告记忆现象、记忆过程的阶段及记忆的作用。
(2) 掌握记忆的定义。

(1) 学会识别广告记忆心理现象,分析广告记忆中的心理现象。
(2) 广告记忆研究的代表性事件和代表人物。

记忆　广告记忆过程　广告记忆心理现象　广告记忆过程特点　广告记忆作用

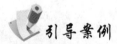

农夫果园,喝前摇一摇

两个身着沙滩装的胖父子在一家饮料店前购买饮料;看见农夫果园的宣传画上写着一句"农夫果园,喝前摇一摇";于是父子举起双手滑稽地扭动着身体,美丽的售货小姐满脸狐疑地看着他俩;(镜头一转)口播:农夫果园由三种水果调制而成,喝前摇一摇;(远景)两个继续扭动屁股的父子远走。

点评:这是一个伟大的创意。

"摇一摇"是一个绝妙的潜台词。"农夫果园,喝前摇一摇""农夫果园由三种水果调制而成,喝前摇一摇"。"摇一摇"最形象直观地暗示消费者该饮料是由三种水果调制而成,摇一摇可以使口味统一;另外,更绝妙的是无声胜有声地传达了果汁含量高——因为我的果汁含量高,摇一摇可以将较浓稠的物质摇匀这样一个概念。"摇一摇"的背后就是"我有货"的潜台词。

在农夫果园打出这句广告词之前,许多果汁饮料甚至口服液的产品包装上均会有这样一排小字——"如有沉淀,为果肉(有效成分)沉淀,摇匀后请放心饮用"。这排小字看似是要消除一种误会——就是有了沉淀并不是我的产品坏了,摇匀后喝就行了。其实是一个很好的卖点——它证明产品的果汁含量高,但这样的语言在各种包装上已经有很多年了,从来没有人关注过这个角落里的"丑小鸭",农夫果园发现了这只白天鹅,并把她打扮一新包装成了明星——一句绝妙的广告语"喝前摇一摇",变成了一个独特的卖点。

同时,在感性认同上,"摇一摇"使得宣传诉求与同类果汁产品迥然不同,以其独有的趣味性、娱乐性增添消费者的记忆度,如图5-1所示。

图5-1 农夫果园的一则广告

(资料来源:梅花网.中国十大经典广告营销案例解析)

第一节 广告记忆

众所周知,广告一般不可能直接导致消费者产生购买行为。从消费者接触广告到购买广告产品往往需要一段时间历程。在消费者产生购买行为之前,广告的效应主要表现为对广告信息的记忆。而消费者对广告信息的记忆,对于后来的商品购买则可能起到直接或间接的促进作用。

广告心理学研究广告受众在广告活动中的记忆过程和对广告进行记忆的规律,运用广告受众对广告的记忆规律设计制作广告,以增强广告受众对广告的记忆。

一、广告记忆

(一)广告记忆过程

记忆是人们在过去的实践中所经历过的事物在头脑中的反映。记忆是人脑对经验过的事物的识记、保持、再认或回忆。从信息加工的角度分析认为,记忆过程就是对输入信息的编码、储存和提取的过程。信息的编码输入是识记过程;信息的存储是保持过程;信息的提取是再认或回忆过程。

 小贴士

广告记忆是人脑对经历过的广告的识记、保持、再认或回忆。

对广告信息的记忆,既是消费者选择产品,又是做出购买决策必不可少的前提条件。消费者在进行购买活动前,往往要了解产品的特点(如性能、功效、构成等),比较各种产品的优劣,衡量产品购买给自己带来的得失。在这一过程中,消费者需要大量的有关信息。消费者对以往接触过的广告信息的记忆,就可在一定程度上满足这一需要。

案例 5-1

蓝天牙膏大变脸

天津蓝天集团股份有限公司为广州立白企业集团有限公司控股子公司,是中国北方最大的牙膏生产企业。公司历史悠久,其前身"同昌行"早在1912年就生产出驰名的"老火车牌"牙粉,是中国牙粉、牙膏行业的先驱。

天津蓝天集团股份有限公司位于天津市河东区张贵庄路78号,主要产品有蓝天牙膏、蓝天六必治系列牙膏、蓝天儿童牙膏、蓝天美白牙膏。1957年推出了中国第一支含氟牙膏;1962年推出了"蓝天"牌高级牙膏;20世纪70年代,开发出中国第一支中草药脱敏牙膏;1992年,研制出中国第一支全效功能的"蓝天六必治"牙膏;2001年率先在牙膏行业研制开发了"蓝天六必治生物酶牙膏";2003年研制开发了"蓝天六必治绿茶牙膏";2006年,高端产品"百年护理牙膏"问世;2009年隆重推出"蓝天六必治亚健康护理牙膏""抗菌健齿牙膏"及"中草药超口感牙膏"三款亚健康护理系列新产品。

(资料来源:中国蓝天集团网站)

广告的记忆过程,可以相对地分为识记、保持、再认或回忆三个基本环节。

在这三个环节中,识记是记忆的开端,是为获得外界事物较深的印象而反复感知的过程。在广告活动中,消费者通过看、听和接触广告,在大脑皮层上形成客观事物之间的暂时神经联系,记住广告信息。

保持是对头脑中识记内容的保存和巩固,使其长期保持在头脑中。只有在头脑中得以保持的信息,日后才能回忆起来。过去感知过的事物在大脑中的保持,依赖于及时的复习。在广告传播过程中,广告必须保持一定的重复率,才能使消费者在反复的感知过程中把广告信息牢固地保持下来。

过去经历过的事物再次出现时,感到熟悉并能够辨认出是从前经历过的,属于再认。例如,我们在商店里看到过去曾经使用过的商品或在广告中见到过的商品时,往往有熟悉感,并能够确认是过去经历过的,这就是再认。过去经历过的事不在眼前时能够把它在头脑中再现出来,就是回忆。例如,消费者在选购某种商品时,往往在头脑中把使用过的或在别的商店感知过的同类商品重现出来,通过回想进行各方面的比较,这就是回忆过程。

广告要想获得成功,必须依照记忆过程的心理学原则设计制作,符合广告受众心理和行为的特点,使受众记住广告的内容。广告受众从广告中获得有关商品的信息到购买行为的发生,总是需要一段时间,即存在广告的滞后效应。因此,根据广告记忆的规律设计制作广告,能使广告受众对广告信息一目了然,形成印象易于记忆,以达到广告宣传的预定目的。

(二)广告识记

广告识记就是通过感觉器官将外界的广告信息留在脑子里,广告识记是获得广告的印象并成为经验的过程。广告识记就是识别和记住广告,把不同的广告区别开来,使印象在头脑中不断积累的过程。

对广告的识记过程进行研究,其目的是系统地了解广告识记的全过程,从而在广告设计和制作中充分地利用广告识记规律,达到促进广告识记的功效,以求获得更好的广告效果。

根据识记时是否有预期的目的和任务,可以把广告记忆分为无意识记忆和有意识记忆,根据是否了解广告的意义又可以把广告记忆划分为机械识记和意义识记。

1. 无意识记

无意识记是事先没有自觉的和明确的目的,不借助任何识记的方法,也没有经过特殊的意志努力的识记。无意识记具有很大的选择性,在一个人的生活中具有重大意义的,在个人活动中居于关键位置的,适合人的兴趣的,与人的欲求目标相一致的,有利于达到目的的,能激起情绪活动的广告,往往容易使人形成对广告的无意识记。

人记住的许多广告是通过无意识记积累起来的,富有特色的广告,通过"潜移默化"的作用,使人通过无意识记在脑中记录并保留下来。在广告活动过程中,有时虽然广告受众没有给自己提出明确的识记目的和任务,也没有付出特殊的意志努力和采取专门的措施来识记广告,但通过无意识记这些广告都自然而然地保留在大脑中,"耳濡目染"成为广告经验的组成部分。

通过无意识记人们自然而然地记住了所识记的广告信息。虽然电视广告天天播,路牌广告天天见,没有提出明确的记忆任务,大多数消费者不会主动有意识地去识记这些广告内容,一旦消费者打算购买某种产品时,却能回想起电视或路牌中有关产品的广告,这就是无意识记的结果。

2. 有意识记

有意识记指人们有目的、有意识地记住有关信息的记忆。广告有意识记是一种复杂的智力活动和意志活动,要求有积极的思维活动和意志努力。例如,一个打算购买笔记本电脑的人,在购买之前可能主动地阅读《笔记本电脑指南》,去寻找各种品牌的笔记本电脑的有关材料,对笔记本电脑的广告格外注意。为了购买一套比较好的组合音响产品,消费者会走访多家电器商店,对每家出售的组合音响产品的价格、功能、音色、音质等形成比较准确的记忆,比较各产品,最终做出购买决策。总之,消费者为了购买某种产品,会自觉主动地收集有关该产品的信息,并努力记住这些商品信息的内容,这就是有意识记。

3. 机械识记

机械识记是在对广告的内容、意义没有理解的情况下,依据广告的某些外部联系机械重复进行识记。对广告中无意义的音节、人名、地名、历史年代、数字、产品名称等多采用机械识记。机械识记具有被动性,但能够防止对记忆材料的歪曲。广告机械识记对广告记忆作用明显,产品名称、性能特点、品牌形象、销售地点等需要以机械重复的方式才能记住。广告记忆主要通过机械记忆实现。

机械识记的基本条件是多次重复或复习。"娃哈哈"产品广告结尾处,反复播出童声"妈妈,我要喝娃哈哈"的广告语,利用儿童的语言激发孩子的机械识记,在儿童并不明白"娃哈哈"产品用途和意义的情况下,通过机械识记使他们记住了产品名称,促进了产品的销售。

4. 意义识记

意义识记则是在对广告意义、内容理解了的情况下,依靠思维活动,揭示广告内在的本质联系,找到广告中的新材料与自己的知识的联系,并将其纳入个人已有的知识系统。运用这种识记,广告内容易于记住,保持时间长,并且易于提取。大量的事实证明,意义识记在全面性、速度、准确程度和巩固程度上,都比广告的机械识记好。

意义识记的基本前提是理解。理解是对材料的一种加工,根据人已有的知识经验,通过分析、比较、综合、概括,来反映识记材料的内涵及各部分之间的关系,并将其纳入已有的知识体系之中。理解了的识记材料,记得快、记得牢,也容易提取。例如,把中国古代药食同源的思想用于保健食品的开发,由于中国广告受众具有传统观念,使得保健食品广告易于被接受,保健食品成为市场上的畅销产品。

(三)广告的保持

广告的保持是过去接触过的广告印象在头脑中得到巩固的过程,它是大脑把广告信息进行编码、储存的过程。保持是巩固已得到的广告宣传信息的过程。保持是将识记下来的信息,短期或长期地留在脑子里,使其暂时不遗忘或者许久不遗忘。广告的保持不仅能巩固广告识记,而且是实现广告再认或回忆的重要保证。

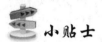 小贴士

保持是识记过的知识经验在头脑中的积累、储存和巩固的动态过程,是记忆过程的中心环节。

(四)广告的再认和回忆

广告再认是指对过去经历过的广告宣传内容重新出现时能够识别出来。广告回忆则是指对过去出现和经历过的广告能够回想起来,也被称为再现。再认和回忆就是指在人们需要时,能把已识记过的材料从大脑里重新分辨并提取出来的过程。对广告的再认和回忆都取决于对旧广告的识记和巩固程度。保持巩固,则再认或回忆就容易,否则,就很困难。借助于广告的再认或回忆,可以极大地巩固广告的效果。

再认是当以前见过的广告再度出现时能将它认出来的过程。回忆是指在一定诱因的作用下,过去经历的广告在头脑中独立地再现出来的过程。广告心理学对广告的记忆过程进行全面研究,其目的是系统地了解广告对记忆促进的心理全过程,充分地利用广告促进记忆的功效进行广告设计,以求获得更好的广告效果。

二、广告遗忘

识记过的东西不能再认和回忆,或发生错误的再认和回忆,叫作遗忘。广告遗忘则是指对识记过的广告不能再认或回忆或表现为错误的再认或回忆的现象。广告保持和广告遗忘是相反的两个过程。遗忘是记忆内容的消失,使保持的内容减少。广告遗忘普遍存在,人的遗忘从记忆过程开始就在发生,由于广告的滞后作用,对广告遗忘的研究,则为如何防止发生广告遗忘现象提供了理论依据。遗忘是人的一种自然的正常的心理现象,任何被识记的广告都有时效性,人们不可能对感知过的广告全部记忆。

遗忘的实质是对大脑内的信息的一种停止使用,如果没有这一功能,大脑每天所进入的信息漫无目的地长期保持,就会导致人的记忆负担过度。虽然我们每日享用早中晚三餐,但是你很少能说出某年某月某日吃过一些什么,是在哪里吃的,和谁一起吃的,因为人对每天发生的事情是不会随便产生记忆的,所以就没有回忆发生。

广告遗忘的原因,主要有衰退和干扰两种,衰退是由于广告记忆痕迹得不到强化,逐渐减弱以至消失的结果;而干扰则是在广告学习和广告回忆之间的这一段时间内受到其他刺激的影响。遗忘就是广告信息在其他刺激的不断干扰下使记忆痕迹不断衰退的结果。

(一)艾宾浩斯对遗忘的研究

德国心理学家艾宾浩斯对长时记忆中的遗忘规律进行了系统的实验研究,并得出了心理

学中著名的遗忘曲线——艾宾浩斯保持曲线,如图5-2所示。艾宾浩斯根据实验结果描绘出一条曲线,揭示出了遗忘规律。艾宾浩斯保持曲线,图中竖轴表示记忆的保持成绩,横轴表示时间(天数),曲线表示保持量变化的情况。

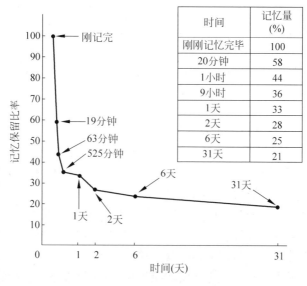

图5-2 艾宾浩斯保持曲线

艾宾浩斯保持曲线表明了长时记忆遗忘的时间规律,说明遗忘是渐进的过程,遗忘的速度是先快后慢,到一定时间后,几乎不再遗忘了。国内外许多心理学实验,证明了这个规律具有普遍的意义。但是艾宾浩斯保持曲线所反映的是无意义材料的遗忘规律,而材料的性质对遗忘的进程有重要影响。

了解遗忘的特点对广告传播有一定的意义。如当推出一个新的品牌或开发一个新的市场时,广告排期表上的密度应大一些,以迅速提高消费者的学习量并防止遗忘,尽快地建立起品牌知名度。当品牌知名度已经建立起来后,若没有新的信息告诉消费者,应适当减小广告的密度,适时地对消费者加以提醒即可。如果这时还是采取密集的地毯式轰炸的策略,大量的广告费换来的可能是消费者的逆反心理。

(二)影响保持的因素的研究

1. 不同性质材料有不同的遗忘曲线

艾宾浩斯在关于记忆的实验中发现,记住12个无意义音节,平均需要重复16.5次;为了记住36个无意义章节,需重复54次;而记忆六首诗中的480个音节,平均只需要重复8次,比较容易记忆的是有意义的材料。因此,艾宾浩斯保持曲线是关于无意义的音节遗忘的一种曲线,通过实验艾宾浩斯又得出了不同性质材料的不同遗忘曲线,其特点大体上都是一致的。

2. 不同的人有不同的艾宾浩斯保持曲线

艾宾浩斯保持曲线是艾宾浩斯在实验室中经过了大量测试后,产生了不同的记忆数据,从而生成的一种曲线,发现了一个具有共性的心理规律。但艾宾浩斯保持曲线并不考虑接受试验个体的个性特点,而是寻求一种普遍的记忆规律。

遗忘的进程不仅受时间因素的制约,也受其他因素的制约。广告受众最先遗忘的是没有重要意义的、不感兴趣、不需要的广告信息,不熟悉的比熟悉的遗忘得要快。广告频繁播出过度提供广告信息的刺激可以增加识记机会,广告过度播出可以使广告受众对广告材料保持得更好。要使广告记忆效果事半功倍,更牢、更深刻、更持久,就要运用及时重复,过度播出广告的方法,通过机械记忆、理解记忆、联想记忆对广告完成记忆过程。

三、广告记忆的分类

(一)按记忆内容分类

根据记忆的内容与经验的对象可以把记忆分为形象记忆型、语义记忆型、情绪记忆型、动作记忆型和情景记忆型。

1. 形象记忆型

形象记忆是指以个体感知过的事物的形象为记忆内容的记忆。形象记忆型是以事物的具体形象为主要的记忆类型。形象记忆在头脑中所保留的是事物具体、生动的形象,具有鲜明的直观性特点。通常情况下,它以视觉和听觉的形象记忆为主,也存在着某种触觉、嗅觉和味觉的形象记忆。形象记忆与人的形象思维密切联系。

在广告中使用不同的人物形象强化产品的记忆效果,力士香皂使用知名女明星作为产品的模特,宣传力士香皂的润肤保湿美白的效果,广告受众在记住明星的同时也记住了力士香皂的形象,达到了广告宣传的预定目的。广告受众接触过力士香皂广告后在头脑中留下了生动的形象,当广告再次出现力士香皂的知名女明星模特时,通过形象记忆能够回忆或再现力士香皂的形象。

2. 语义记忆型

语义记忆是指人对一般知识和规律的记忆,又称为语词逻辑记忆。语义记忆受一般规则、知识、概念和词的制约,表现在对单词、符号、公式、规则、概念等的抽象形式的记忆中。语义记忆是以文字、概念、逻辑关系为主要对象的抽象化的记忆类型,很少受到外界因素的干扰,因而比较稳定,提取也比较迅速,它与人的抽象思维联系密切。"非常可乐,中国人的可乐",娃哈哈集团的碳酸饮料产品用符合语义记忆的方式,进行广告宣传使广告受众记住了"非常可乐"。

3. 情绪记忆型

情绪、情感是指客观事物是否符合人的需要而产生的态度体验。情绪记忆是个体以曾经体验过的情绪或情感为内容的记忆。情绪记忆是个体过去经历过的情绪、情感体验,保存在记忆中,在一定条件下,这种情绪重新被体验到。这种体验是深刻的、自发的、情不自禁的,所以情绪记忆的内容可以深刻地、牢固地保持在大脑中。

广告中积极的和消极的情绪表现均能提高广告的受关注程度,引起注意,激发广告受众的情绪和情感,促进情绪情感记忆,强化对广告的记忆。人类情绪情感的表达具有相同相似性,可以克服语言表达的障碍,传达广告的信息,在制作国际化广告时应使用情绪情感的表达形式,避免语言不同造成的信息传达困难。

例如,许多药品广告呈现患病者的痛苦面容和呻吟声,引发广告受众的情绪记忆,激起消极的情感,使广告受众记住广告内容。珠宝广告则以广告模特快乐的情绪情感来表现,佩戴珠宝给人带来的满意感,引起广告受众产生情绪情感共鸣,记住广告内容。

4. 动作记忆型

动作记忆也称为运动记忆,是个体以过去经历过的身体运动状态或动作形象为记忆内容的记忆。动作记忆是以过去的动作或操作动作所形成的动作表象为基础的。动作记忆型是以各种动作、姿势、习惯和技能为主的记忆类型。

动作记忆中的信息保持和提取都比较容易,也不容易遗忘,动作记忆在广告者的各种广告活动中都起着重要的作用。例如,广告中的模特人物以各种不同的动作表达广告信息。化妆品广告中模特的优雅举止,汽车广告中模特的轻松表情,娴熟的操控技巧,饮料广告中模特的激情释放等动作容易使广告受众记住广告形象,形成良好的动作记忆,记住广告内容。

5. 情景记忆型

情景记忆是指人根据时空关系对某个事件的记忆。由于情景记忆受一定时间和空间的限制,信息的储存容易受到各种因素的干扰,因此记忆不够稳定,也不够确定。情景记忆来源于广告受众个人亲身的经历,广告受众通过情景记忆回想起自己曾经识记过的广告信息。

(二) 按感知器官分类

如果按感知器官种类的不同进行分类,广告记忆可以分类为视觉记忆型、听觉记忆型、嗅觉记忆型、味觉记忆型、肤觉记忆型和混合记忆型。

1. 视觉记忆型

视觉记忆型是指视觉在记忆过程中起主导作用的记忆类型。在视觉记忆中,广告受众主要是根据形状印象和颜色印象记忆的。印刷类广告,如报纸广告、杂志广告、招贴画广告等,运用色彩、图形、符号和面积大小的不同,充分利用人的视觉完成广告的宣传,使广告受众记住广告内容。潘婷洗发水广告中的模特及其夸张的秀发形象,带给人强烈的视觉冲击,使广告受众牢牢记住了广告内容,如图5-3所示。

2. 听觉记忆型

听觉记忆型是指听觉感知在记忆过程中起主导地位的记忆类型。广播广告、电视广告和现场广告往往利用广告受众的听觉,进行广告宣传、发布广告信息。悦耳的音乐,低沉的男声,尖锐的女声,欢快的童声带给广告受众不同的刺激,使广告受众不断记忆广告内容。"恒源祥,羊羊羊",可爱的童音"羊羊羊"成为恒源祥广告的记忆点。

3. 嗅觉记忆型

嗅觉记忆型是指嗅觉感知在记忆过程中起主导地位的记忆类型。嗅觉记忆是常人都具备的一种记忆。

图5-3 潘婷洗发水广告创意

4. 味觉记忆型

味觉记忆型是指味觉感知在记忆过程中起主导地位的记忆类型。味觉记忆也是常人都具备的一种记忆。由于生物进化的历史原因,人的嗅觉发达,对气味的记忆能力十分强大。香水、茶叶、酒类、水果和食品等产品各自拥有的独特气味留在人的记忆中,经常产生对产品的再认和回忆。

5. 肤觉记忆型

肤觉记忆型是指肤觉感知在记忆过程中起主导地位的记忆类型。人的肤觉功能强大,人能记住不同产品的手感的细微差别,通过手摸就能分辨不同产品。皮肤对服装类产品,对化妆类产品,有极大的辨别能力。皮肤对产品透气性、滑爽性、松紧度、软硬度等有准确的记忆。

6. 混合记忆型

混合记忆型是指两种以上(包括两种)感知器官在记忆过程中同时起主导作用的记忆类型。电视广告由于通过视听媒体播发,具有视觉和听觉的双重通道,所以电视广告得到企业的极大重视,广告设计和制作视听效果成为许多企业做广告的首选方式。

(三)按保持时间长短分类

根据记忆过程中信息保持的时间长短不同,将记忆分为短期记忆和长期记忆两个保持阶段。并通过一系列实验,进一步将这两个阶段分为:瞬时记忆、短时记忆和长时记忆三种。

在日常生活中,消费者通过各种媒体接收成千上万的广告。消费者眼光瞥过这些广告时,对广告的画面、色彩、文字、符号、形状只能形成瞬时记忆,令消费者感兴趣的一些商品,可能会在他们头脑中形成短时记忆,只有极少数的引起消费者极大注意的商品才会形成长时记忆,瞬时记忆是短时记忆和长时记忆的基础。

1. 瞬时记忆

瞬时记忆又称为感觉记忆,是指在实验中把广告用极短的时间在受试者面前闪现一次后所产生的记忆。瞬时记忆的内容由感官直接传入,因此一般具有比较鲜明的感觉形象性。瞬时记忆的保持时间极短,一般认为约在1s。瞬时记忆有一定的广度范围,如果材料各项之间没有特殊的联系,则各种不同性质材料(如数字、字母、无意义音节等)的瞬时记忆广度大约都是7个项目(单元)。

2. 短时记忆

短时记忆是对记忆信息进行编码的一个重要环节,是正在工作、活动着的记忆,因此又叫工作记忆。短时记忆在保持时间上比感觉记忆长,一般在1min以内。例如,我们拨打一个不熟悉的电话号码时,从电话本上查到这个号码后,立即能够根据记忆拨出这个号码,但打完之后,常常会忘记这个号码,这就是一种短时记忆现象。

工作记忆的内容是我们充分意识到的,与感觉记忆不同,短时记忆容量有一定限度,通常是7±2个单位或组块。短时记忆的内容如果受到加工和复述就可以进入长时记忆。例如,刚才提到的电话号码,如果反复默诵几遍就可能把它记住,从而进入长时记忆系统。

3. 长时记忆

长时记忆指保持时间较长的记忆,通常1min以上甚至终生不忘。长时记忆是一个大的储存库,其容量非常大。长时记忆的内容来源于对短时记忆的加工和复述,也有些印象深刻的内容可能一次就记住了。长时记忆的作用是可以积累和保存知识与经验,以便需要时及时提取。

长时记忆的特点之一是记住了信息的意义,而不只是机械地记住了一些彼此孤立的单元。长时记忆是一个组织建造信息体系的过程,长时记忆所存储的全部信息是一个有秩序、有组织的统一体。这就使人有可能比较迅速地通过多种渠道从浩如烟海的长时记忆中提取有关的信息。长时记忆依赖于以前获得的信息,在识记时把当前识记的材料和过去的信息联系得越多,则以后回忆起来就越容易。

图5-4 美涛啫喱水广告创意

(四)按有无意志和目的分类

按有无意志和目的将记忆分为无意记忆和有意记忆。

1. 无意记忆

无意记忆是没有任何记忆的目的和要求,没有做出任何记忆的意志努力,没有采取任何的记忆方法,具有自发性并带有片面性的记忆。如图5-4所示,强烈的视觉刺激诱发形成无意记忆。

2. 有意记忆

有意记忆相对于无意记忆,是有预定的记忆目的和要求,需要做出记忆的意志努力,运用一定的记忆方法的记忆。

3. 无意记忆和有意记忆的关系

无意记忆和有意记忆是相辅相成的,并在一定的条件下可以相互转化。也就是说,无意记忆可以向有意记忆转化,有意记忆也可以向无意记忆转化。这些条件包括以下几项。

(1) 实践或认识任务的需要是两者相互转化的根本条件。
(2) 信息强度的变化是转化的重要条件。
(3) 人的主观处于何种状态是转化的重要条件。
(4) 所掌握的记忆技能的熟练程度是转化的必要条件。
(5) 精神高度集中,然后思想放松,常常是有意记忆向无意记忆转化的有利时机。

四、联想

(一)联想的概念

所谓联想是指由当前感知的事物想起另一事物,或由想起的一事物的经验,又想起另一事物的经验,我们周围的世界是由无数客观事物构成的,而这些客观事物又具有相互联系的各种关系。这种客观基础的存在,往往使人们由当前感知的事物"触景生情"地联想到其他有关的事物。也就是说,客观事物之间的不同联系反映在人的头脑中,就会形成心理现象的联系。这种心理现象的联系,就是人们所说的联想。

联想是普遍存在的心理现象,联想规律是广告设计的重要理论依据。广告更多地要借助大众媒介进行传播,因而它更多地借助于视觉、听觉,为了使广告受众由广告中的视觉、听觉信息而产生食其味、触其物的感觉,就必须借助联想。成功的广告设计就是要让广告受众产生美好的联想,达成广告目标、促进销售。"美味看得见"是许多食品广告中惯用的手法,用视觉感受诱发出味觉感受。

(二)联想的作用

运用联想的广告设计,实际上是对有关信息的升华,是具体和抽象的综合广告表现手法。具体的方法很多,如可以用受众熟知的形象,也可以创造出深入浅出、耐人寻味的意境,来暗示产品与劳务给人带来的乐趣和荣耀等。总之,采用直喻、暗喻等手法揭示有关信息的内涵。这种信息传递往往可获得引人入胜的艺术魅力,给受众留下艺术再创造的余地,从而增强主题的说服力。

在商业广告中充分发挥联想的心理功能,掌握广告目标受众的心理需求,从而有针对性地利用各种易于创造和激发联想的广告因素,使广告信息取得联想效果,适应受众的知识经验和审美心理,使之产生对产品的信服和向往,刺激其产生有益的共鸣和感情冲动,从而增强其信心,引发消费行为。

(三)联想的激发

1. 调动受众的感觉器官

在现实生活中普遍存在着联想现象:温柔的轻音乐给人带来舒适感,刺激的重金属乐则使人感到不安;暖色调使人产生温馨可人的感觉,冷色调给人清凉且带有寒意的感觉;说话声可以给人轻柔甜美的感觉,也可以给人带来惶恐不安的感觉;紫光照明形成神秘感,粉红色光照明营造浪漫感等。这些生活中普遍存在的联想现象是各种不同感觉之间的相互作用的结果。

利用联想现象,在食品广告中,依据食品的特性,用红、橙、黄色,往往会使广告受众产生不同的味觉反应。在电冰箱、空调机等商品的广告中常应用浅蓝等冷色调,使广告受众产生凉爽之感。因此,联想现象的特性就是通过一种感觉可能会引起另一种感觉的活动。如果说第一种感觉是外在的、显性的,那么由此产生的第二种感觉则是内在的、隐性的。第二种感觉对人的潜意识的活动产生的影响远远超越了前者。

2. 留出联想的空间

在广告画面的构思中,虽然不是形象的创造但却有积极意义的一种表现手法就是在画面上留白。留白是中国传统写意画中极其重要的一种技巧。留白的积极作用在于可能使观看者依据画中的形象展开想象,从而感受到画面空白里所没有直接体现出来的东西,这是艺术创作中经常采用的一种方式。

例如,吴凡的水印木刻《蒲公英》,画面上只刻画出一个正在吹蒲公英的小女孩形象,蒲公英的种子随着小女孩口中吹出的气正在向天空飘去。虽然画面上没有出现一朵天空的白云,但是通过小女孩的神态和向上飞去的蒲公英种子,能够使人想象到小女孩头顶上的空白就是蔚蓝的天空,想象到小女孩一定像飞翔在空中的蒲公英种子一样充满了自由而迷人的幻想。

留白不仅可以延伸人们的视觉感受,更可以留给人们更多的联想空间。将留白技巧移植到广告设计中,就是省略技巧。它不仅能够使文案更加简洁,从众多复杂的广告中脱颖而出,更能激发受众的好奇心和联想,让他们对产品或企业保持强烈的兴趣。

(四)联想的规律

1. 接近律

由于两种事物在位置、空间距离、时间上比较接近,所以认知到第一种事物的时候,很容易联想到另一种事物。例如,到北京旅游会联想到天安门广场、天坛、颐和园、八达岭长城、全聚德烤鸭、王府井商业街等,到了哈尔滨市会联想到冰灯、太阳岛、红肠等,上午到了11:30左右人们一般会联想到要吃中午饭了,这些都属于接近联想。

2. 类似律

两种事物在大小、形状、功能、背景、时间等方面存在类似之处,认知到一种事物的时候会联想到另一种事物。例如,看到同事买了轿车带来出行的方便,自己也会考虑选购一辆轿车;得知较高的学历层次在求职中会获得更多的机会,许多大学生毕业后继续求学攻读研究生学位,减少就业的困难;在洗衣机广告中,表现洗涤方式的高效率,促使广告受众产生联想,为获得洁净的衣物减轻洗衣的负担而购买洗衣机。

3. 对比律

两种事物在性质、大小、外观等方面存在相反的特点,人们在认知到一种事物时会从反面想到另一种事物。例如,有些房地产广告根据在大城市生活的居民面临环境污染的侵害,从对比这一角度出发,推出临水住宅花园洋房,设计制作流水潺潺、花香鸟鸣背景的居住环境,引导潜在的购房者设想没有污染的环境形成的美好景象,使购房者认识到一旦购买这样的房屋居住,会避免大城市重污染带来的烦恼和对身体健康的损害。

4. 因果律

客观事物之间存在一定的因果关系。因果联想的存在使人们容易由一种原因联想到另一种结果,或由事物的结果联想到它的原因等。

例如,狮牌保险柜打出的广告,"记忆有困难的人请不要使用狮牌保险柜,免得麻烦。"如果仅从表面意思来解释,是警告记忆力差的人不要使用狮牌保险柜,其实,广告的真正意图是告诉广告受众狮牌保险柜的"保险功能可靠"。广告用创造性的因果联想直接说明使用这种产品的好处,这种方法在广告与营销策略中经常使用。

案例 5-2

"你是我的优乐美"

在秋季的落叶或冬季的飘雪的场景中,男女主角坐在公共汽车站牌前或在校园的雕塑前,手捧一杯热乎乎的奶茶,莞尔细语——"我是你的什么?""你是我的优乐美。""原来我是奶茶啊?!""这样我就可以天天把你捧在手心啦。"略带羞涩而甜蜜地表达心中的爱意,结合《蒲公英的约定》优美的音乐旋律,而优乐美奶茶的杯子在整个电视广告中贯穿其中,成为牵引整个故事发展导线和情感表达载体。通过这些平淡而温馨的画面勾起消费者心中掩埋已久的情愫,使优乐美奶茶成为温暖感动、温馨爱情的代名词。

广告运用似曾相识的对白唤起年轻人内心的共鸣。广告用最简单的对白,呼出最出人意料的答案:"你是我的优乐美。"(见图5-5)巧妙地将情感与产品连线,形成深刻的情感记忆点,更成为时尚男女相互表达爱意的新方式。

图5-5 "优乐美奶茶"一则广告

点评:优乐美的目标人群是15~25岁的年轻人,优乐美奶茶是一款定位于年轻人的大众饮品,迎合了年轻人追求时尚、个性和品味,利用爱情这个永恒的主题作为品牌传播的切入点,将产品形象和市场定位结合,通过周杰伦"这样,我就可以把你捧在手心"的暖心对白,产品成功升级成为青年男性对有好感女孩表白、传递感情的一个符号。品牌内涵是优雅、快乐和美丽,围绕这一内涵设计了以爱情为主题的广告片传递暖心的感觉,选择周杰伦代言,能实现品牌情感的自然衔接。周杰伦帅气的外表,出众的音乐才华,一直备受年轻人崇拜和追捧,特别是年轻女孩的喜爱。由周杰伦来代言优乐美奶茶,可以让目标消费者把自己对周杰伦的好感转移到对产品的喜爱上来。同时,周杰伦的形象可以将优乐美轻松、时尚、快乐的独特品牌内涵发挥得淋漓尽致,真正实现了消费者的诉求。优乐美奶茶的成功营销在于洞察到了目标消费者深层次的心理需求——对情感价值的认同。围绕"情无价"这一品牌特有的价值观,喜之郎坚持不断地塑造情感、温馨的品牌形象。这些巧妙有效的广告一步一步向消费者传递这样的信息:奶茶不只是一种即冲饮料,更是促进人们交流的介质,是表达感情的美好载体。尤其对青少年的吸引力非常大,许多学生因为周杰伦作为情感广告的代言人而自动加入优乐美的消费大军,而这些人群也正是喜郎企业想要捕捉的目标受众与最终目标消费者。

(资料来源:百度文库)

(五)运用联想扩展广告表现

1. 色彩联想

由商品、广告、购物环境或其他各种条件给消费者提供的色彩感知,联想到其他的事物的心理活动过程,叫作色彩联想。色彩联想在人们的日常消费行为中表现得十分普遍,尤其是在购买服装、化妆品、手工艺品、装饰品,以及其他一些需要展现外观的商品的时候,必然要从商品的色彩上产生相应的联想。色彩联想有多种形式,如从色彩联想到事物的重量等。

此外,服饰的色彩还可以使人联想到人的性格特点。例如,穿红色衣服的人给人的联想是比较活泼可爱,也可能喜欢表现等;而经常穿白色服装或素色服装的人,给人的印象是比较爱清洁,为人比较稳重,不大与人合群等。

2. 音乐联想

广告中音乐联想比较重要,音乐的联想形式较多,广告受众对单纯的音乐的联想,音乐的题材和内容的联想,音乐的音量和音质等的联想。广告设计制作时应充分考虑音乐的联想作用,丰富广告表达的途径。电视广告的视听媒体特点,要求画面和音乐要紧密结合,通过画面与音乐的联想,为广告形象的形成奠定基础。

(六)使广告受众产生联想的因素

1. 广告受众的感觉经验

通常诱发产生联想的对象,是广告受众十分熟悉的有丰富感觉经验的事物。

例如,草莓的美味早就存在于广告受众的感觉经验之中,一旦出现草莓诱人的形象就会触发广告受众的味觉反应。

2. 感觉的相似性

联想的产生有其神经联系的特点,它常常发生在那些不同属性状态上有部分相似之处,或不同属性性质上有部分相似的事物或物体上。例如,德芙巧克力的滑润口感用丝绸表现。

第二节 增强广告记忆的方法和策略

广告受众在视听广告的过程中,在广告视听识记的共同作用下接收、储存和提取有关广告的信息。由于广告刺激程度的不同,以及受刺激的个体心理特征的差异,使广告记忆往往出现个体的差异。广告记忆的个体差异往往反映在广告受众不同的购买行为中,也可以反映在各个受众对广告信息内容接收的不同效果上。

根据记忆过程原理及广告受众记忆的个性差异,在广告宣传中采取有效的措施,发挥记忆在广告过程中的作用,不仅能加强广告受众接收、储存和提取有关广告信息,还能刺激其回忆起先前的广告经验痕迹,广告滞后效应的广泛存在需要广告的不断出现,刺激广告受众的记忆信息的回忆和再认,提高广告传播的效果,促进购买欲望。

一、广告记忆的特点

(一)广告记忆主要是机械记忆

要想让广告受众记住广告,首先要让广告受众有效地识记广告。由于产品的不同特性导致广告信息之间基本上没有内在的、必然的联系,广告的目的,不是要教知识,也不是要讲故事,而是要建立产品与品牌之间的联系,这种联系只能是人为的,不可能是必然的。利用广告机械记忆将本无关系的事物与产品和品牌建立联系,使广告受众最终记住产品和品牌,达到广告的预定目标,完成广告任务。

广告树立品牌形象主要通过赋予一定的事物或形象以特殊意义,建立产品与广告间的联系,再通过广告受众的机械记忆形成品牌效应。例如,金帝与巧克力、雀巢与咖啡、娃哈哈与矿泉水、桑塔纳与汽车并无直接的联系,只是由于广告的作用,使广告受众机械记忆。对这种缺乏内在联系的材料的识记,不必讲道理,比如,汇源果汁只是一个概念,让广告受众记住广告就完成了任务。

(二)广告联想主要是简单联想

联想指由一事物的观念想到另一事物的观念的心理过程。广告宣传的最终目的,是要在消费者头脑中建立商品与品牌之间的联想。广告所要建立的联想主要是简单联想。广告设计就是要利用联想规律,使人们易于建立品牌与产品之间的联想。

1. 接近联想

接近联想是指在时间上或空间上接近的事物容易使人产生联想。例如,到火车站就会想到火车,这是由于空间接近产生的联想;中秋节到了,就会使人想到月饼,看到闪电,会使人想到雷声,这是由于时间接近而产生的联想。

接近联想是广告中最常采用的做法,只要让品牌名称和商品名称在时间或空间上尽量接近的重复出现,就可以建立接近联想,这种联想是机械记忆的基础。例如,天堂牌自动伞,西湖有雨多用伞。"上有天堂,下有苏杭",苏杭地处南方,夏季多雨,雨具采用天堂牌商标,充分利用了接近联想。天堂牌自动伞还可晴雨两用,雨天遮雨、晴天防晒,全天候使用。由于产品质量好,商标名称有特色,已成为名牌产品。

2. 类似联想

类似联想指在形貌和内涵上接近的事物容易使人产生联想。例如,看到鸡就容易想到鸭。类似联想在广告中的应用也很多。例如,"德芙"巧克力广告词为"牛奶香浓,丝般感受",这是用丝绸的质地与巧克力的纯正口味进行类比。

3. 对比联想

对比联想指由一种事物的观念想到在性质或形式上与之相反或排斥的另一种事物的观念。对比联想的运用在广告中频繁出现,是广告常用手法之一。例如,在通用食品公司的新产品"助凉"饮料上市时,第一则上电视的广告就声称,该饮料含糖量比销售领先的可乐饮料低25%,一下子就打动了那些惧怕高糖食物的广告受众,与其他饮料形成了对比,形成强烈的巩固记忆的效果,吸引了大批消费者购买这一饮料。

4. 因果联想

两种事物之间存在一定的因果关系,由一种原因会联想到另一种结果,或由事物的结果联想到它的原因等。

例如,"海飞丝"的去屑洗发水广告,将头皮屑与个人形象联系起来,"头屑去无踪,秀发更出众",广告采用创造性的因果联想假设,直接说明使用这种产品的好处,使广告受众接受广告中的观点和信息,建立新的因果关系,最终将产品销售出去。

(三)广告识记主要是无意识记

识记是学习的第一步,可分为有意识记和无意识记。有意识记指有预定的目的或任务,并主动运用一些有效的记忆方法的识记。无意识记指没有自觉的识记目的,不需任何记忆方法,不需做出意志努力的识记。学生学习知识是典型的有意识记。

对广告识记的情况可分为两种,有明确购买意向的人,在观看相关的商品广告时是有意识记,尚无明确购买意向的作为一般报纸读者或电视观众的潜在消费者,在观看广告时是无意识记。当广告的说服非常有效以致打动了观众的时候,他们就会有意识地去记住这种品牌,将来一旦需要,他们就会想起这种品牌。

二、提高广告记忆效果的方法和策略

广告受众通过广告了解产品信息,对广告留下印象通过记忆活动形成对广告的保持和回忆。为达到良好的广告效果,广告工作者在设计和制作广告过程的每一个环节,侧重广告内容与记忆水平的关系,运用提高广告记忆的策略,采用增强广告记忆的途径,使广告受众对广告留下美好的记忆,达到广告的预定目的。

(一)提供丰富的广告信息有助于记忆

广告是广告受众记忆的信息的来源,消费者在做出购买决策时,往往要依据各种信息之间的相互比较,进行最终决策,而其中一部分信息是从记忆中搜索的。广告受众在日常生活中接触到形形色色的广告信息,在广告中大量存在的信息往往引不起人的注意。广告受众只将那些能引起特别注意的信息留在记忆中,大多数信息将被遗忘。

运用多种手段提供丰富的广告信息强化广告的记忆,在广告受众心目中树立起广告产品和品牌的良好形象,使广告受众记住广告内容,留下美好回忆。记忆的强弱影响广告受众对信息源的使用,丰富的广告信息增加了广告受众接触广告信息的机会,从而使更多的广告信息成为潜在的广告信息源。

(二)对广告信息的理解有助于记忆

理解是识记和保持广告的重要条件,建立在理解基础上的意义识记具有全面性、精确性和巩固性,有助于记忆广告的信息,其效果优于建立在单纯机械识记基础上的记忆。

(三)互动活动有助于记忆

当识记的广告成为广告受众活动的对象或结果的时候,由于广告受众积极参加活动,记忆的效果会更加明显。为了帮助广告受众更好地记住广告内容,在互动活动中应尽量使广告载体更好地调动消费者的多种感觉通道。多种感官的同时参与,加深印象,电子媒体比印刷媒体互动性强,更受广告主和广告商青睐的原因就在于此。

例如,在炊具推销广告活动中,现场使用该炊具制作可现场品尝的食品,旁观者也可以参加制作自己的"拿手菜",凡购买炊具者均可获赠一本菜谱。

(四)情绪与情感有助于记忆

广告受众愉快、兴奋、激动、积极的情绪,容易对广告产品和服务及有关信息形成一个良好的记忆印象,记忆保持的时间一般较长。广告中的人物面带微笑热情地介绍产品,会大大加强记忆的效果,美好印象一直留在广告受众的记忆里。

由于情绪情感因素可以影响记忆效果,所以广告工作者应该尽量建立积极愉快的情绪来影响广告受众。广告受众在记忆时往往把广告带来的情感和情绪体验作为记忆的内容,在广告宣传时适当地增强广告肯定或否定的感染力,更易使广告受众将广告记下来。例如,"非常可乐"广告利用电视广告呈现轻松、喜庆、吉祥、欢快等画面的组合,同时伴有较强诱惑力的解说,"非常可乐,中国人的可乐",很好地吸引了广告受众的注意力。

(五) 适度重复会加深记忆

根据艾宾浩斯的遗忘曲线表现的规律,及时复习才能保持和巩固所识记的信息。适度重复会加深广告受众对广告的印象。由于遗忘与时间有密切的关系,所以广告策划时要采取多种广告媒体或表现方式,及时增添新的信息,从新的角度使旧的内容重现,诉诸新的刺激,才能为广告受众所接受,并加深理解和记忆。从广告受众的情绪反应来看,适度重复一定能收到预期的效果。

广告不断重播需针对人的大脑的四个记忆高潮。清晨起床后1h是第一个记忆高潮,上午8点~11点是第二个记忆高潮,下午6点~8点是第三个记忆高潮,睡前1h是记忆的第四个高潮。利用这些时段播发广告能收到较好的传播效果,广告受众对广告呈现的信息不易遗忘。

1. 将同一广告不断重复刊播

将同一广告不断重复刊播是最常见的广告播出做法。如哈尔滨制药六厂所推出的盖中盖、补锌、补铁、护彤等药品都是通过不断重复的刊播,来达到增强观众记忆效果的目的。但如果过度地重复同一广告,这种单调的重复会引起消费者的反感,效果适得其反。

2. 将同一广告信息在不同媒体播发

将有关广告信息在多种媒体上呈现,使广告受众分别在不同的时间、不同的地点、不同的媒体中用不同的感觉通道接收同一产品的广告信息。实行全方位、立体式、多媒体、多时段的广告宣传是很多企业采用的一种非常有效的广告宣传策略。

在现代信息社会,广告媒体众多,除了报纸、杂志、广播、电视四大媒体之外,还有网络、路牌、灯箱、招贴及形形色色的销售现场广告,使广告受众通过无意记忆和有意记忆记住广告内容,从而保持较好的记忆效果,大量呈现的同一个广告信息进入广告受众的感知觉系统,促进机械记忆。

3. 在同一媒体上进行系列广告宣传

系列广告是指每一则广告分别从不同的角度来介绍产品,通过连续的系列广告,加深广告受众对产品或品牌的印象,使广告受众对产品有一个全面的认识和了解,不断巩固已获得的广告信息。例如,爱立信企业形象系列广告《父子篇》《健康篇》《教师篇》《爱情篇》《代沟篇》利用不同情节,传达了"电信沟通、心意互通"主题。

4. 在一则广告中多次重复主题

在一则广告中反复重复主题,可以增强记忆效果。例如,康师傅辣方便面的电视广告选用《欢乐颂》为音乐背景,以欢乐颂的音乐旋律,利用"辣"与"啦"的谐音,不断重复"辣"的概念,最后用一句旁白点明主题"要吃辣,找康师傅,对辣",使广告受众在一则广告中反复得到相同的信息,促进无意记忆。

(六)联想有助于记忆

联想是指由一个事物想起另一个事物的心理活动,联想是事物普遍联系规律在头脑中的反映。通过联想可以丰富广告受众的广告记忆,促成对广告的美好想象,对广告产品建立好感,形成对企业形象的长期稳定的认知。联想分为以下几种类型。

1. 接近联想

由一个对象联想到在时间、空间上与之接近的另一个对象,如小桥流水,冬去春来等。

2. 类似联想

由事物之间的相似性而进行的联想,如见猫思虎,由李白想到杜甫,由蜂蜜想到奶糖,文学中常用的比喻就是类似联想。

3. 对比联想

由一个对象联想到与之对立或相反的另一个对象,如从上想到下、从好想到坏、从开端想结尾、高山到平原、城市到乡村、黑白分明等。

4. 因果联想

由事物之间内在的因果关系展开的联想,如由下雪想到寒冷,由兵马俑想到秦始皇等。在广告活动中,经常会用到联想,传播广告信息时充分启发广告受众的联想,才能更好地达到广告效果。

(七)有意义材料有助于记忆

有意义材料比无意义材料遗忘慢,利用这个规律,人为地在没有意义联系的广告内容之间制造意义,有利于记忆。

例如,把 Coca-Cola 译为"可口可乐",Benz 译为"奔驰",Pentium(计算机芯片名)译为"奔腾",Vitamin 译为"维生素"(过去译为维他命),Airbus 译为"空中客车",就是利用有意义材料有助于记忆的特点。

(八)形象的材料有助于记忆

人对形象的记忆效率高于语义记忆,具有特点的商标品牌形象,富有特色的产品名称,均能使其形象留在广告受众的头脑中。采用形象表现广告内容远远比语词的效果要好,在餐厅的菜谱中常常使用彩色图片表现菜品的制作效果,用辣椒的图案表现辣的程度,一个辣椒为微辣,两个辣椒为较辣,三个辣椒为很辣,给食客留下深刻印象。

(九)首因效应和近因效应有助于记忆

较长材料的记忆存在着首因效应和近因效应。首因效应和近因效应是指,在学习一个较长的材料时,最先接受的和最后接受的信息印象深刻,且作用持久。在设计和制作广告时不能将广告的关键信息置于广告中间,由于存在首因效应和近因效应会影响对广告的核心内容的记忆。在广告刚一开始就出现品牌名,在广告结束时,应再出现品牌名,利用首因效应和近因效应能够强化对广告的记忆。

(十)针对遗忘的进程设计广告播出周期

遗忘有先快后慢的规律,在发起一个广告宣传周期时,开始阶段应当尽量密集播发,以帮助广告受众不断复习新学到的产品或品牌名称。经过一段时间以后,可逐渐拉大广告播发的时间间隔。广告播发的时间间隔以能提醒广告受众回忆产品或品牌、保证销售量为标准。当销售量下滑可适当增加广告的播出量,缩小广告播发的时间间隔。

(十一)再认比回忆容易

再认指重新感知已感知过的事物时,能够辨认出来。回忆指头脑中重新浮现出过去经历过的事物。一般再认比回忆容易,因为有当前的事物作为线索。因此,在广告设计中,不应放过给消费者提供将来可以以再认方式想起某个商品或品牌的机会。减少广告信息变异,使广告受众在同一广告内容再次出现时易于再认。

(十二) 采用新颖独特的广告形式

新颖独特的信息在记忆中不容易受其他信息的干扰,记忆比较牢固,提取也比较方便,因而容易回想起来。设计制作新颖独特形式的广告是提高广告记忆效果的一个重要策略。广告形式新颖独特体现在以下三个方面。

1. 广告表现形式新颖独特

广告重在设计使用新颖独特的表现形式,以提高广告受众的记忆效果。例如,晚安床垫广告,使用压土机碾过床垫,结果床垫丝毫未损,以此事实来说明其质量好,并配上广告语"晚安床垫,压出来的名牌",给广告受众留下了深刻印象。

2. 广告媒体形式新颖独特

广告都要借助于一定媒介发布出去,而新颖独特的媒体形式,本身就是一个好广告,能给消费者留下深刻的印象。例如,为宣传强力胶水产品,请特技表演者表现胶水的黏着力,将一双鞋黏着在飞机的机翼上,特技表演者将脚放入鞋中固定。通过电视转播空中飞行的过程,独特的宣传方式给观众留下深刻的记忆,使广告受众记住了强力胶水产品。

3. 广告编排形式新颖独特

心理学研究表明,人对一则材料开头与结尾部分的记忆效果最好,中间部分的记忆效果最差。因此,广告必须把最重要的信息放在开头或结尾,利用记忆的首因效应和近因效应增强记忆效果。如果一则广告能够首尾呼应地突出同一重点信息,则更容易使广告受众记住广告的重点信息。

有一则牙膏的广告,在报纸正常排版的情况下,在一角出现一支牙膏,而牙膏的膏体不规则地布满整个版面,广告编排形式新颖得到了很好的记忆效果。

复习思考题

1. 广告记忆的定义是什么?
2. 简述广告记忆的主要过程。
3. 简述广告心理学的主要研究内容。
4. 列出广告记忆的种类及其特点。
5. 说明增强广告记忆的途径和方法。
6. 论述提高广告记忆的策略的主要内容。

实训课堂

分析下面一则广告的特点,说明该广告采取了什么样的促进记忆的方法。

飘柔二合一洗发水有一则电视广告,采用自我对比的手段,在电视画面上先并列展示两种包装颜色不同的洗发水和护发素,然后把另一瓶颜色不同的飘柔洗发护发二合一的洗发水从画面的上面慢慢向下移动,覆盖原来的洗发水和护发素,并把洗发水和护发素渐隐至消失,在画面表现的同时,还配上相应的解说词,以突出说明新飘柔的新功能。

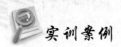 **实训案例**

禁止砍伐森林

45届戛纳国际广告节影视金狮奖广告作品"禁止砍伐森林"的公益广告就是运用加强广告记忆手段的典范。

一片森林里,一棵已被砍倒的树。镜头缓缓拉近,直到看见树干内表示树木年龄的年轮。

一个箭头指向靠近中心的年轮:"拿破仑出生。"

镜头后拉,指着较外圈的年轮:"凡·高出生。"

再向外的年轮:"爱因斯坦出生。"

在接近树木最后两圈年轮上,我们读到:"砍倒这棵树的那个该死的家伙出生。"

"STOP DEFORESTATION."(停止砍伐森林。)

【案例分析】

"禁止砍伐森林"的公益广告用环形的树的年轮代表历史的不同时期,将年轮的层次与历史上的著名人物的出生相联系,强化了广告受众对森林破坏的认知,通过形象化的方式,加强广告受众对广告内容的记忆。人类进入读图时代,通过图形手段传递信息简明、快速、准确,记忆深刻。学会把问题视觉化、形象化、图形化是提高广告传播效果的重要途径之一。

【案例研讨】

每个人收集三个把问题视觉化、形象化、图形化的广告,讨论分析把问题视觉化、形象化、图形化的方法,并制作一张有关"垃圾减量"的公益广告。

第六章 广告影响消费者的行为

(1) 了解消费者的个性、消费者的决策模式。
(2) 掌握消费者的需要、动机、行为和目标之间的关系。
(3) 掌握群体的定义、特征和构成要素,理解广告对消费者行为的影响。

(1) 学会识别广告对消费者行为影响的心理现象。
(2) 分析广告与消费者行为之间的关系,设计满足消费者需求的广告。

消费者的决策　消费者的特点　消费者的需求　广告影响消费者生活

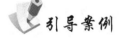

你就是潜在的张裕葡萄酒用户

张裕公司始创于1892年,其前身是"张裕酿酒公司",是中国第一个工业化生产葡萄酒的企业。在目前中国的葡萄酒市场上,张裕的市场份额为23%左右,以高端产品为竞争优势,处于行业第一的位置。

张裕公司近年来开展体验营销,创造机会满足顾客各种体验需求,用体验来打动消费者、提升品牌价值,张裕葡萄酒和商标如图6-1所示。

图 6-1 张裕葡萄酒和商标

1. 感官体验策略

（1）视觉体验

公司的卡斯特酒，其销售包装采用两层，外层是原木，给人以质朴而又不失高贵之感，内瓶采用深色的瓶身，酒标用的是具有欧式风格的酒庄建筑，简单大方又标明酒的来源。充分展现了"百年张裕、传奇品质"的风范，给消费者以优质、信赖之感。

（2）味觉和嗅觉体验

葡萄酒讲究的是品饮，通过味觉与嗅觉的鉴赏，消费者能够知道酒的品质、风格、酿造的品种与产地。张裕公司在营销的过程中，经常请消费者进行现场品尝，并由专业人士教授消费者品酒的知识与技巧，让消费者在品味中体验张裕的产品。

2. 情感体验策略

情感体验是消费者被打动的体验。情感体验主要是通过企业与消费者的沟通来实现的，要求销售代理具有较高的素质和专业化水平。建立消费者档案，在生日等节庆时以销售代表个人名义进行礼节性的拜访。开展庆功活动用酒现场赠卖、宣传产品。

3. 思考体验策略

思考体验是消费者被说服的体验。葡萄酒具有丰富的品饮文化，消费者不仅消费葡萄酒本身，也在消费葡萄酒文化。葡萄酒进入中国较晚，很多消费者对葡萄酒的知识和文化知之甚少，因而张裕公司多年来一直坚持采用多种方式向消费者宣传和普及葡萄酒知识。开专栏、办讲座、放映各类专题片，宣传葡萄酒消费的时尚品位，不定期举办大型宣传活动，大大提升了企业的知名度和美誉度。

4. 行动体验策略

行动体验是消费者的积极性与主动性被调动起来从而乐于参与的活动，通过参与给消费者留下难忘的印象。公司已开辟卡斯特酒庄与张裕酒文化博物馆旅游线路，通过旅游来带动消费者认识葡萄酒、了解张裕公司，体验葡萄酒文化。可以在专业人士的指导下，在园内采摘葡萄并亲自将其手工酿成美酒，让消费者在行动中体验葡萄酒知识与文化的乐趣。

点评：烟台张裕葡萄酿酒股份有限公司开展体验营销，实行感官体验策略，通过视觉、味觉和嗅觉体验，建立"百年张裕、传奇品质"的印象，产生产品优质、品牌信赖之感。同时创造机会满足顾客各种体验需求，情感体验、思考体验、行动体验，用体验来打动消费者、提升品牌价值。这种独特的广告方式让消费者在理解葡萄酒文化的同时成为张裕葡萄酒的忠实顾客，给顾客带来共同成长的感觉。

（资料来源：http://baike.baidu.com/view/2096293.htm）

商业广告的目的,是要向目标消费者传达有关商品的信息,使消费者产生积极的品牌态度并最终导致购买行为。那么,消费者的消费行为过程是怎样进行的呢?这一过程具有哪些特点?这是进行广告心理学研究必须搞清楚的问题。

第一节　消费者购买决策过程

一、消费者购买决策

(一) 消费者决策

决策是指在一定环境条件下,决策者为了实现特定目标,遵循决策的原理和原则,借助于一定的科学手段和方法,从若干个可行方案中选择一个满意方案并组织实施的全过程。决策形式可分为一人独自做主;全家参与意见,一人做主;全家共同决定三种。

消费者决策是指消费者为了满足某种需求,在一定购买动机的支配下,在可供选择的两个或两个以上的购买方案中,经过分析、评价,选择并且实施最佳的购买方案,以及购后评价的活动过程。在购买过程中要选择品牌、比较价格、确定型号,购买后还要进行比较、评价,为下次购买提供决策依据。购买是一个系统的决策活动过程,包括需求的确定、购买动机的形成、购买方案的抉择和实施、购后评价等环节。

(二) 消费者决策的特点

1. 决策主体的单一性

由于购买商品是消费者主观需要、意愿的外在表现,直接表现为消费者个别的独立活动,因此,进行决策活动的一般是消费者个人,或是与直接购买者关系密切的群体。广告人设计制作符合消费者的决策主体的单一性心理特点的广告,坚守消费者收集相关信息的时间成本,提高消费者的决策速度,增加购买行为的频率。

2. 决策的目的性

消费者进行决策,就是要促进一个或若干个消费目标的实现,这本身就带有目的性。在决策过程中,要围绕目标进行筹划、选择、安排,最终实现目标,就是决策活动目的性的体现。广告根据消费者的决策目标,提供必要的信息促进其决策。

3. 影响决策因素的复杂性

消费者的决策虽然表现为个人的、相对简单的活动,但却受到多方面因素的影响。影响因素既包括消费者个人的性格、气质、兴趣、生活习惯与收入水平,也包括消费者所处的生活环境、经济环境、社会文化和亚文化环境等。此外,各种刺激性因素,包括产品本身的特色、价格、企业信誉和服务水平,以及各种促销形式等,都会对消费者的决策产生影响。因此,产品广告只有适合不同的细分市场,才能实现广告的预定目的。

4. 决策内容的情景性

影响消费者决策的各种因素随时间、环境、地点的变化而不断变化,因此,消费者的决策具有明显的情景性,其具体内容和方式因影响因素的不同而异。这就需要消费者从事购买活动时,因时因地制宜,具体情况具体分析,以便做出正确的决策。

二、消费者购买决策过程模式

消费者购买商品的决策有一个发生、发展和完成的过程。这个过程因消费者所要购买商品的种类、价值及消费者的经济条件、个性特征等因素的不同而不尽相同。消费者购买商品的决策过程有时几秒钟、几分钟就可完成；有时却要花费几个月甚至几年或更长的时间才能完成。消费者的购买行为受其决策过程影响。

小贴士

消费者购买决策过程可分为认识需求、信息调查、比较评价、决定购买、购后评价5个阶段，如图6-2所示。这种消费者决策过程最适合分析比较复杂的购买行为。

图6-2 消费者购买决策过程

消费者并非在购买每件商品时都要经过这5个阶段，对某些商品的购买过程非常简单，消费者可能跳过其中的某几个阶段或倒置某个阶段。该模式所展示的是消费者面临新的或较复杂的购买情况时所进行的一系列的考虑和活动，是一个较全面的购买决策过程。研究消费者购买决策过程，对了解消费者的消费心理变化过程十分重要。

（一）认识需求阶段

1. 消费者的需求

消费者的购买过程总是从认识需求开始的。人们缺乏某种东西时，心理上会产生某种紧张和不安的感觉，当这种感觉被人们意识到后，便会产生解除这种紧张不安的心理愿望，这便形成一定的需求。

需求可以由内在的原因引起，例如，饥饿时产生进食需要，口渴时产生饮水的需要，等等。需求也可能由外部刺激或诱导的作用而产生。例如，天冷导致购买衣服的保暖需要；看到邻居家买了大屏幕彩电自己也感到动心；看到某个广告上介绍的正是自己需要的产品时会产生强烈的购买愿望。

2. 促使消费者需求产生的原因

（1）对象物被消耗

消费者已有的物品已用完或对现有的东西不再满意会产生新的需求。例如，食物被吃光，必须采购补充食物，维持生存。衣服旧了，款式落后，不符合潮流，要买新的。

（2）收入的变化

当消费者收入增加时，很可能会考虑购买以前自己无能力购买的奢侈品。收入减少时，会考虑放弃购买以前曾经购买过的部分商品。总之，经济实力的变化引起需求的相应改变。

（3）需求处境的变化

人所处的情境变化会使人产生新的需求。例如，面对装修一新的居室，消费者会有重新购买家具及各种装饰品的强烈愿望。

（4）新产品的出现

求异和好奇心理的存在，使得消费者在面对新产品时会产生购买欲望。现代科学技术日益发达，拥有更多优越性能的产品不断出现，消费者总会对自己已有的商品感到或多或少的缺憾，为减少缺憾会促使他们购买新产品。

案例 6-1

百事可乐"新一代的选择"

百事可乐,是年轻一代非常热衷而欢迎的品牌。从1981年进入中国内地市场以来,百事可乐的推广主题一直围绕着新一代的选择进行推广。

在品牌推广方面,为了同可口可乐争夺中国市场,这几年,百事可乐(见图6-3)不惜代价地利用国际巨星吸引其目标客户购买,广告创意方面走的中规中矩的路线,这是因为中国市场的特殊性和消费者对广告创意认知的现状和水平所决定的。

在经历了与可口可乐无数交锋之后,百事可乐终于明确了自己的定位,以"新生代的可乐"形象对可口可乐实施了侧翼攻击,从年轻人身上赢得了广大的市场。百事认为,年轻人对所有事物都有所追求,比如音乐、运动,于是百事可乐提出了"渴望无限"的广告语。百事提倡年轻人作出"新一代的选择",那就是喝百事可乐。百事这两句富有活力的广告语很快赢得了年轻人的认可。同时,百事可乐以新生代喜欢的巨星做形象代言人是其广告策略最成功的一点。2011年新春广告片由黄晓明、阮经天、Angelababy等新一代偶像

图 6-3　百事可乐一则广告

作为代言人,体现了该品牌不断突破、不断年轻化的特点。音乐的传播与行销得益于听众和观众的传唱,百事音乐行销的成功正是取决于他感悟到了音乐对于年青人的沟通魅力。

(5) 对配套产品的需求

消费者只有认识到购买某一种商品的必要性和紧迫性,才会采取购买行动。有时候对于某商品的需求是建立在其他商品的拥有基础上的,如买了地毯要配吸尘器等。因此,广告人员必须通过市场调研,通过不同的广告方式,去激发和诱导消费者的需求,从而扩大产品销售量。

(二) 信息调查阶段

1. 收集信息

当消费者认识到需求的必要性后,就会积极地投入到有关信息的收集工作中。但产生了需求,并不一定就会产生购买动机,从而实现购买。只有当需求的欲望同相应能满足这种愿望的外界事物结合在一起时,才会产生动机,在动机的支配下,才会发生购买行为。所以,在需求和动机间存在一个将二者紧密联系在一起的媒介,这个媒介就是有关商品的各种信息。

2. 消费者信息来源

广告信息是消费者获得有关商品信息的主要来源。不同来源的广告信息对消费者的购买会产生不同的影响,其影响程度取决于所要购买产品的类型、购买者的特点及收集资料的方式。消费者所接受的产品信息最多的是商业来源的信息,这是广告所能支配和控制的信息。商业信息一般起报告信息的作用,而个人信息则有合理化建议或评价的作用。

 小贴士

消费者信息来源主要有如下途径。

(1) 个人来源:家庭成员、亲戚、朋友、邻居或其他熟人等提供的信息。

(2) 商业来源：各种广告、展销会、产品说明书、推销员、经销商等提供的信息。

(3) 公众来源：大众传播媒介、群众讨论、权威鉴定的结论等。

(4) 经验来源：消费者自身参观、试用、使用、联想、推论等方式所获得的信息。

例如，一个要买电视机的人可能从广告上看到某个牌子，而他还要去找买过这个牌子的人去询问对此产品的评价。在广泛收集信息的基础上，消费者要对所获信息进行适当筛选、加工，之后就有了满足需求的多种方案。

（三）比较评价阶段

1. 比较评价

当消费者收集到不同信息资料，有了各种购买方案后，就要对资料进行分析对比和综合评价，选择最理想的产品。事实上，消费者不可能收集有关商品的全部信息，也没有更多的时间去处理信息。一般情况下，消费者往往在几种品牌、几种商品间进行选择。在对比分析中，会考虑到产品质量、功能、式样、价格和维修等方面的问题。选择评价的标准会因不同消费者的价值观而异。

例如，消费者想买一台冰箱，会考虑质量的好坏、耗电量的大小、噪声大小、是否美观、维修是否方便及价格高低等因素。在购买冰箱时，有的消费者将质量放在第一位，然后考虑其他因素；有的消费者则优先考虑价格高低和耗电量大小；也有的则把样式是否美观、结构是否合理实用放在首位；有的则宁可从众，追求流行的消费趋势。因此，对于同一种需求，不同的消费者会做出截然不同的评价，其取舍结果也完全不同。

比较评价所花费的时间有长有短，一般地，对于紧俏名牌商品，例如，同仁堂的药品、内联升的布鞋、全聚德的烤鸭等，以及低档商品日常生活用品，例如，食品、餐具、床单，并不需要长时间考虑购买方案；对高档耐用消费品，例如，大件家用电器、家具、汽车等评价选择的时间较长才能做出决策购买。

不同的消费者对商品有不同的评价过程。不同的人会因为不同的原因去购买同一种商品。广告主必须按利益细分的原则去做广告，使它对不同类型的消费者都适用。购买行为在同一消费者中也是不同的。同一个人可能出于不同的原因去购物，这取决于每个人的欲望不同或产品使用环境不同。对广告主来说，重要的一点是要考虑顾客在购买时会选什么样的产品，了解影响顾客对产品做出选择的因素是什么。

2. 消费者评价产品的主要因素

（1）评价标准

评价标准对理解可选商品的评价是很重要的，它包括决策时使用的各种标准（价格、质量、规格、性能、外观等）。在评价中，并非所有的标准都有同样的作用，有些评价标准间是相互影响，甚至是相互矛盾的。不同的消费者因为不同的需求会对评价标准做出不同的判断，各种标准的作用可能从一种情况变为另一种情况。营销者应根据各种评价标准的作用针对不同的消费者群采取不同的促销手段。

（2）信任感

品牌形象就是指人们信赖的一种品牌具有的真实性能。消费者对商品的信任感是很重要的。多数消费者在评价商品信息时很大程度上依赖于对某种商品的信任，这种品牌形象在消费者心中早已根深蒂固。广告主应该维护好已树立的品牌形象并在激烈的市场竞争中进一步去完善它。

（3）态度

态度就是对某一给定的事物一贯的赞同或不赞同的倾向性。消费者对某种商品所持的态度一般包含三部分：第一是认知因素，即人们对事物的认知；第二是感情因素，即人们对一事物喜欢或不喜欢的感觉；第三是能动因素，即人们对一种事物的行为倾向性。态度影响人的行为，影响消费者的购买决策。

例如，市场上刚刚出现瓶装纯净水时，大部分消费者认为祖祖辈辈烧水喝沿袭至今已成为传统，花钱买纯净水喝没有必要，对此产品持不接受的态度。随着时间的推移，关于瓶装纯净水的广告宣传越来越多，消费者了解到这种纯净水经过多道工序制成，过滤了许多对人体有害的元素，饮后能促进人体健康。消费者会由此改变原有的态度，接受甚至喜欢这种产品。

广告从健康的角度出发，以宣传知识因素为基础，逐渐使饮用纯净水成为时尚，消费者纷纷购买。态度影响着对商品的评价，态度在许多方面对广告有所帮助。使用正确的标准，通过态度来预测消费者的行为是非常有用的。广告主在推出某一新产品广告之前，要通过调查来了解消费者对产品所持的态度，以便能有针对性地做广告。

综上所述，比较评价是消费者的购前活动，是促使消费者实现购买行为的重要因素。因此，广告主要善于运用广告宣传、商品展览、柜台服务等各种促销手段，迎合广大消费者的购买心理，提供消费者需要的信息，帮助消费者进行比较评价，以便做出购买决定。促进产品的销售，扩大市场占有率。

（四）决定购买阶段

1. 购买意图

消费者对收集的信息进行综合评价后，即可确定最满意的方案，作出购买决策，随后实现购买，这是购买行为的中心环节。消费者对商品信息进行比较评价后会形成购买意图。购买意图到购买决策之间，还要受两种因素的影响。

（1）他人的态度

他人作为影响者所持的态度对消费者的决策有影响。例如，某人已决定要购买某个品牌的家具，但他的朋友或邻居对他的选择持否定态度，认为这个品牌的家具质量不可靠，而且颜色与居室的布局不相配，这样就会影响他的购买意图。否定的态度越强烈或持否定态度者与购买者的关系越密切，则修改购买意图的可能性越大。

（2）意外的环境因素

购买意图是在预期家庭收入、预期价格和预期收益的基础上形成的，如果发生了涨价、家庭意外开支或有关于该产品的令人失望的信息，很可能使消费者改变购买意图。

例如，正当消费者决定要购买汽车时，由于货源紧张，原材料供应不足等原因，厂家忽然决定汽车价格上涨，那么，消费者不会急于购买，而会等待观望有无回落的迹象，或者改变决策方案购买别的商品。

2. 购买风险

许多购买决定要冒一定的风险。尤其是对一些贵重物品的购买，消费者不能肯定购买以后的结果如何。这种风险的大小取决于物品的贵重程度、产品的质量、性能是否可靠及消费者个人的信心。为此，消费者可能推迟、改变或者避免做出购买决定，而转向去多方打听信息，直到得到满意的答复和保证后才决定是否购买。消费者这种复杂的心理状态决定了购买活动的复杂性。

购买决定还受复杂的购买环境的影响，作为广告主在广告中提出在允许的范围内保换、保修、免费维修产品，增加售后服务的内容，应尽量减少消费者承担的风险，使消费者正确认识产品风险水平。在一定程度上消除消费者的顾虑，增加消费者的购买决心，促使消费者作出最后的购买决策并付诸行动。

(五) 购后评价阶段

1. 消费者购后满意程度

消费者将产品买回去以后，使用的结果如何，会使他产生种种想法，存在着某种程度上的满意和不满意，这会直接影响消费者以后的购买行为，即是否继续或反复购买该产品。消费者购买产品的目的是为了消费，前面所说的一切购买活动都是手段，都是为了消费而进行的。从产品或服务的消费中得到利益和满足才是消费者真正需要的。

西方一些学者认为，消费者的满意程度取决于消费者对产品的预期性能与产品实际消费中的性能的对比。消费者购后的实际消费中的效果符合预期效果，则感到满意；超过预期，则很满意；未达到预期，则不满意或很不满意。实际和预期的差距越大，不满意的程度就越大。

例如，某消费者买了一台彩色电视机，使用后发现这台电视机的图像清晰度、色调和音质都比他预期的还要好，这就使他非常满意；反之，各项使用性能都很差，就会使他产生不满和后悔。因此，广告主在做广告宣传时，不要夸大其词，让消费者产生上当受骗的感觉；要实事求是地提供信息，以使消费者感到满意。有些广告主对产品的性能的宣传故意留有余地，来增强消费者购后的满意感。

2. 购后行为

消费者的购后评价，最终要通过行为反映出来。不仅对他本人以后是否重复购买产生决定性作用，还会影响其周围的消费者。如果消费者满意，那么他重新购买的可能性很大，而且还会向周围群众宣传。这种"口碑"宣传的效果要比企业花钱做广告宣传的效果好得多。如果产品质量性能很差，消费者感到失望和不满，不仅他本人不会再购买这种产品，而且还会向周围群众做宣传，使一些原来想购买这种产品的人也不再购买。

因此，营销者赢得了一位顾客，就意味着赢得了许多顾客；失去了一位顾客，无异于失去了很多顾客。消费者的购后评价对企业来说是一种很好的信息反馈，企业必须以热情诚恳的态度对待消费者的意见和批评，妥善处理他们提出的各种问题，树立良好的企业形象。

综上所述，消费者决策是一个完整的过程。这一过程始于购买前，结束于购买后。只有从过程的角度加以分析，才能对消费者的决策做出完整准确的理解。消费者的购买行为千差万别，也十分复杂，他们的决策过程也不尽相同，并非所有的决策都要经过上述5个阶段。

小贴士

购买决策过程分类

美国心理学家恩格尔将购买决策过程分为3类：长期的决策过程、既定的决策过程和习惯的决策过程。其中，长期决策过程包含认识需求、信息调查、比较评价、决定购买、购后评价等5个阶段；既定的决策过程在购买自己较为熟悉的常用商品时所采用。

省略第二阶段，当需求被认知后，消费者根据自己的经验进行内部探索后，即可决定购买，而不需要寻找外部的信息；习惯的购买决策可省略第二和第三阶段，因为在购买自己习惯使用的某种品牌的商品时，既不需要寻找信息，也不需要比较评价，而是当需求一产生，就自动习惯地去购买固定品牌的商品。

第二节 消费者的个性、自我观念与生活方式

一、消费者的个性

(一) 个性的含义及其形成因素

个性是指在先天素质的基础上,在社会条件的影响下,通过人的活动而形成的稳定的心理特征的总和。消费者个性则是指消费者适应其活动环境的独特行为方式。

个性的形成因素包括先天因素(如感觉器官、运动器官、神经系统等)和后天因素(如社会环境、生活经历、社会影响等)。

(二) 个性的构成

1. 个性倾向

个性倾向是指个人的需要、动机、兴趣、理想等。它反映人对社会环境的态度和行为的积极特征,是个性发展的潜在动力。

2. 个性心理特征

个性心理特征包括气质、性格、能力等方面,它反映人的心理的独特性和个别性,是多种心理特点的一种独特的综合。

(三) 消费者个性的基本特征

(1) 稳定性。消费者经常表现的某种心理倾向和心理特征具有稳定不变的倾向。

(2) 整体性。消费者的各种心理倾向、心理特征及心理过程错综复杂地交互联系、制约、协调地联系在一起。

(3) 独特性。消费者体现的个性心理特征都具有独特的个性倾向。

(4) 倾向性。消费者在实践的活动中,对于客观事物所持有的一定看法、态度和感情倾向。

(5) 可塑性。个性随着生活经历的变化而发生不同程度的变化,从而在不同的年龄阶段呈现不同的个性特征。

二、消费者的自我观念

从心理学的角度看,消费者的购买行为既是为了满足消费者的潜意识的本能欲望、释放一种心理压力获得某种心理的补偿,同时其购买行为也是试图与长期以来的自我概念保持一致。也就是说,消费者购买的产品或者服务在满足潜意识被压抑的本能欲望的同时,其过程是与他的自我概念相一致的,因为消费者购买的产品或者服务在外部反映了消费者的形象,体现了消费者的价值观、人生目标、生活方式、社会地位等。

在对不同产品类别的品牌个性与消费者自我概念研究中发现,随着消费者自我概念与品牌个性的一致性程度趋同,消费者对其品牌的购买意愿会随之增强。无论是消费者卷入程度较低的产品,如手机、手表或电池等,还是消费者卷入程度较高的产品,如汽车、房子,消费者在购买过程中都力图使购买的产品符合长期以来对自我的认识。

尽管消费者的自我概念层面比较复杂,但我们至少可以区分两种不同类型的自我概念:真实自我(Actual Self),一个人如何真实地看待他(她)自己;理想自我(Ideal Self),一个人希

望如何看待他(她)自己。一般认为,消费者根据认为自己是什么样的人(真实自我)和希望自己成为什么样的人(理想自我)指导着自己的消费行为。这是因为商品的购买、展示和使用可以向个体或者其他人传递一种象征意义,个体为了维护和强化其自我概念,就必然要使消费行为与自我概念相一致。

例如,一个把自己看作严谨、自制力强的消费者,长期穿西装打领带,不会衣着太过时髦和显眼。如果长期如此下去,他有可能对自己也不满意,会选择适当地改变自己。每个人都有一个理想的自我形象,消费者依据理想自我概念在衣着上会做出改变。消费者的理想自我概念与消费者的自尊有关。消费者的真实自我概念与理想自我概念之间的差距越大,他的自尊就越强。

在营销领域,消费者对自己的不满可能会影响购买,特别是影响购买能够增强消费者自尊的产品。因此,一个越是对自我形象(真实自我)没有信心却又非常渴望时髦、富有魅力(理想自我)的女人,为了满足其高度的自尊而成为时尚服装、高级美容化妆品的狂热购物消费者。

案例 6-2

美国总统里根的一次答谢宴会

1984年,美国总统里根访问中国,临别时答谢宴会按惯例本应该在国宾馆举行,但这次告别宴会却出人意料地在北京长城饭店举行,原来这是长城饭店精心设计的广告宣传活动。北京长城饭店在20世纪80年代初期,是由国家投资的为数不多的星级饭店,里根总统访华前,长城饭店还没有开始营业,饭店的总经理得知里根总统将要访华的消息后,决定利用总统的名人效应来搞一个开门红。

总经理为搞好广告宣传采取了三个步骤:第一步是向美国驻华使馆的主要官员发出邀请,请他们到长城饭店品尝美味佳肴,并对饭店的服务和管理提出意见,以此来增加他们对长城饭店的美好印象;第二步是向国家有关部门提出申请,要求里根总统的告别宴会在长城饭店举行,一切费用由饭店承担;第三步与美国驻华使馆的高级官员签订协议,使告别宴会在长城饭店举行成为一种可能。

1984年4月28日,里根总统的告别宴会如期在长城饭店举行,其意义不仅在于打破了通常在国宾馆或大使馆举行国宴的常规,更重要的是500多名中外新闻记者也聚集到这里。随着新闻记者传送文稿的电波,北京长城饭店的名字传遍了世界各地。

(资料来源:杨海军."总统广告"与名人新闻效应.新闻爱好者,2004(5):34-35.)

三、消费者的生活方式

(一)生活方式

生活方式(Lifestyle)是个人将有限的资源,包括时间、金钱和体力,用于从事个人活动、满足个人兴趣和表达个人意见,是一种独特的观念体系,由个人的生活模式形成了不同社会和社会不同群体的生活方式。不同社会阶层消费者的生活方式,对社会的文化和经济发展产生巨大影响。

生活方式研究是消费者行为研究中的一个重要理论发展。生活方式的概念来自于George Kelly(1975)的个人认知结构理论。个人认知结构理论解释一个人如何在其内心组织一个属于自己的世界,以及如何改变其内心世界来适应环境的变化,然而每个人都有其自主的认知架构,因此也就形成了不同的生活方式。

狭义的生活方式是指人们的物质消费活动和个人可支配的闲暇时间活动的方式。在现代社会中,消费生活成为人们生活方式的主要内容,社会学等学科中的生活方式研究也演化为更加具体的消费生活方式研究。研究涉及两种情况:一是把生活方式概念转变为操作性更强的消费方式,调查对象变得更加具体,资料更容易获得;二是用消费方式概念替换生活方式概念,讨论的主题就是消费方式,产生了大量关于消费方式的研究。

生活方式的观念被引入广告领域后,就成为广告人员在了解消费者行为时的重要考虑因素,其主要是用来补充人口统计变量所提供的信息无法深入探究消费者行为全貌的不足。对生活方式的研究是源于一种假设,即对客户了解得越多,对他们就越能采取有效的广告手段。

(二)生活方式的分类

1. 按消费者态度分类

(1)节俭型。消费者注重商品的实用性和质量,不易受广告的影响,不太注意商品的名声。

(2)保守型。消费者不愿意接受新产品,或持怀疑态度。

(3)随意型。消费者选购商品的随意性很大。

2. 按购买方式分类

(1)习惯型。消费者根据使用经验和习惯,接收信任和熟悉的商标的商品。

(2)理智型。消费者使用以往的购买经验,不易冲动,认真挑选商品。

(3)情感型。商品的色彩、包装、命名、装潢对消费者的购买有重要影响。

(4)挑剔型。消费者有丰富的商品知识和购买经验,不愿和他人商量,对别人的建议有较为敏感的戒心。选购商品仔细甚至苛刻。

第三节 消费者的需要、动机、行为和目标

一、消费者的需要

(一)需要

1. 需要的定义

需要是指有机体对某种缺乏状态的感知,包括维持生理过程的物质要素和社会环境中的心理要素。需要是有机体感到某种缺乏而力求获得满足的心理倾向,它是有机体自身和外部生活条件的要求在头脑中的反映。也就是说,个体由于缺乏某种生理或心理因素而产生的内心紧张,从而形成与周围环境之间的某种不平衡的状态。

形成需要必须具备两个条件:一是个体感到缺乏什么东西,有不足之感;二是个体期望得到什么东西,有求足之感。人的需要正是在这两种条件下形成的一种心理现象,而人的一生就是不断地产生需要,满足需要,再产生新的需要的生命运动过程。

需要这种心理现象比较复杂,它受自然需求和社会需求的双重制约。

2. 需要的含义

(1)需要与人的生存和发展相关,为了维持自己的生产和发展,对外界环境必然产生各种

各样的需求,因而有"欲不可去"和"欲不可尽"的特点。

(2) 需要本身是一种主观的心理状态,需要的对象却是现实和具体的,它反映了人对客观环境的依赖性。

(3) 需要是人对客观事物或某种目标状态的渴求与欲望,一旦被意识到,就会引发个体达成目标的行为,所以需要既是个体行为的原动力,也是个体行为的根本目的。

3. 需要的类别

人会有各种需要,动物也有需要,需要是人和动物等一切生命有机体所共有的,但在需要的对象、满足需要的方式上有着本质的区别。主要体现在以下方面:动物的需求主要来自于大自然,而人的需要还可以依靠自己的劳动创造来获得;动物主要是生理需要,而人的需要不仅有生理需要,还有精神需要;人和动物的需要都要受到自然环境的影响或制约,而人的需要同时还要受到社会生产和社会环境的约束。

人类需要的结构图如图 6-4 所示。

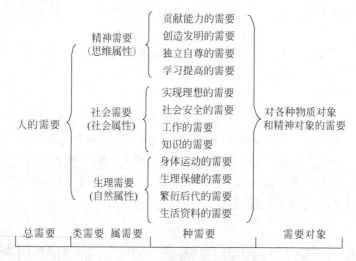

图 6-4 人类需要结构图

(二) 消费者需要的特性

1. 指向性

人的需要总是指向某种具体事物,总是针对一定客体的需要。人的需要对象可能是食物、运动、权势、尊重、爱情等等。需要的指向性使消费者有选择地产生动机,与产品作为消费对象一起引导消费者的行为。具体说,购买食物和衣服是为了满足其生理方面的需要;购买防护用具、防火设备、存款、购买保险单等,可满足其安全的需要。在实际生活中,消费者购买一种商品也可能同时满足几个方面的需要,如购买名牌服装,既可满足生理需要,也可以满足社交和尊重需要。

2. 社会性

人的需要的社会性表现在两个方面。

(1) 人的需要离不开社会实践活动。人的需要既要从社会生产活动的实践中来,又要受到社会实践水平的影响和制约。离开社会现实,人的需要就是非现实性的,难以实现的。

(2) 人具有社会需要。社会需要是人们在生理需要的基础上形成的一种特有的需要,它是在维持人们的社会需要和社会交际的过程中形成的。不同的历史时期,不同的文化条件,不同的社会政治制度下,不同的阶级、民族,其社会需要的内容都有很大的不同。

3. 层次性和结构性

需要的层次性不仅表现在多种层次的需要上,而且表现在由低级层次向高级层次的发展趋势上。生理需要、社会需要和精神需要,就是不同层次的需要。由生理需要发展到社会需要,再发展到精神需要的过程是一个由低层到高层,螺旋式上升的过程。

各层次的需要对一个人来说都是必要的,即使已经发展到高层次需要为主的程度,也离不开最基本的低层次的生活需要。同样,由于个人在接受教育和实践经验方面的不同,在需要的层次上也有不同的表现形式。如有的人即使在生理需要和社会需要上都能够得到满足,但并没有产生强烈的精神需要,如学习提高的需要、创造发展的需要等,而强烈地追求着经济上的需要和富有。而有的人虽然生活俭朴,但却有着远大的理想和追求。

4. 时间性和相对性

时间性是指人的需要具有短期和长期之分,二者相辅相成。满足眼前的需要就是为了满足长远的需要。只有满足眼前的和局部的需要,个体才会对长远需要充满信心;同时只有帮助个体认识到长远需要的意义,个体才愿意必要时克制甚至牺牲眼前的和局部的某些需要。

同时,需要还具有相对性。所谓相对性是指需要的满足程度。当前一种需要满足了,那么另外一种需要就会占据优势地位上升为主要的需求,而且随着时间的推移,以前曾经满足了的需要,在新的条件下也会重新出现占据优势地位上升为主要的需求,需要的相对性主要随时间的进程而变化。

二、消费者的动机

(一)动机

动机是推动个体进行活动,并使活动指向某一目标的内部的动力。按照心理学的解释,动机是推动人去从事某种活动的内动力,是个人行为的直接原因,是一种内部刺激,因此也被称为内驱力。人的行为总是由一定动机引起的。我们将由动机引发、维持和导向的行为,称为动机性行为。

动机具有多种表现形式,如可以表现为愿望、兴趣、意图、信念和理想等形式。而且在许多情况下,人的行为并非仅由一种动机推动,而是由一系列的、呈现出综合性的动机模式和动机系统推动的。

(二)动机的基本特征

1. 目的性

动机的目的性又称导向性。动机是推动人去达到目的的心理活动,这种心理活动会导向人的行为目标。简单地说,动机能使人的行为有一定的指向,有选择地决定目标方向和行为方式,使人的行为不断地沿着一定的方向,趋向预期的目标。

比如,一位学生想获得奖学金,那么这一需要所产生的动机必然会推动他这学期好好学习,积极表现。即动机将激励他通过行为达到这一目的。因此,有动机必然有目的,没有目的的动机或没有动机的目的都是不存在的。

2. 意识性

个体之间由于知识、能力、性格、生活背景等方面的差异,对同一事物的考虑角度不尽相同。个体的相互差异反映在动机上便是动机的意识性。意识性表现了一个人对可以直接见到的或预见到的某一特殊目标的意识程度。它对动机的行动结果能产生直接的影响。

例如,两个人都产生了购买网球拍的动机,但其中一位仅仅是为了放在室内作为装饰品,而另一位则是为了参加网球运动,锻炼身体,这正好反映了两个人都要购买网球拍的意识程度及其差异。因此,认识动机的意识性对于判断个体的思想及其个体行为动机的清晰度具有重要的意义。

3. 强度和力量特性

一个人在同一时间内虽然会有多种动机,但这些动机的强度则是各不相同的,往往强度较高的主导动机或优势动机决定着行为的目标,如图6-5所示,动机4就是主导动机或优势动机。

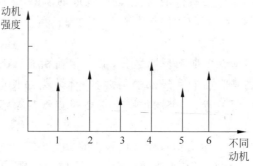

图 6-5　不同动机的强度

动机的强度主要是指动机所具有的能量和持续性,所谓能量就是形成某一动机的内驱力的大小;所谓持续性就是动机在开始行动之后,将持续采取各种行动方式来实现动机的行为目标,如图6-6所示。

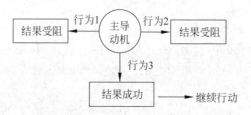

图 6-6　主导动机的能量与持续性

(三) 个人动机模式的影响因素

1. 个性心理特征

能力、气质、性格、爱好、兴趣等个性心理特征,对个人的动机模式有显著的影响。能力影响个人达到目标的自信心;气质影响动机的强度和稳定性;性格影响动机的倾向性和达到目标的坚定性;爱好和兴趣影响动机的选择性。

2. 价值观念

价值观是用来区分什么是好、什么是不好的标准并指导行为的心理倾向系统。它反映了人们对客观事物是非、好坏、重要性的评价。在相同的环境下,具有不同价值观和价值体系的人,会表现出不同的态度、动机和行为。

3. 抱负水准

抱负水准是指将自己工作达到某种标准的心理要求。个体在从事某项实际工作之前,对自己可能达到的成绩目标总会有预先的估计,然后尽力去实现目标。抱负水准对一个人绩效行动的动机有很大的影响。一般地说,个体的价值观和心理特征决定其行为的方向,而抱负水准则决定着行为达到什么样的强度。

(四)消费者动机的形成

购买动机是推动购买活动的内驱力,行为产生于动机,动机产生于需要。心理学理论关于行为模式告诉我们,购买行为的基本模式为:刺激→需要→动机→行为→目标。

因此,购买动机不同,消费者所追求的目的也不同,5个要素的顺序与权重也就不同。消费心理学把消费者的具体购买动机大致分为求实购买动机、求新购买动机、求美购买动机、求廉购买动机、求名购买动机、自我表现购买动机等多种。

求实购买动机就是以追求商品的使用价值为主要目的的购买动机,其核心是"实用"。这类顾客在选购商品时,特别注重商品的质量、效用,讲求经久耐用、使用方便,而不大强调外形的新颖、美观及商品的"个性"特点。

求新购买动机是以追求商品的趋势、新颖、奇特为主要目的的购买动机。这类顾客在选购商品时,特别重视商品的款式和流行式样,而不大注意商品是否实用和价格高低。

自我表现购买动机是以显示自己的地位、威望和身份为主要目的的购买动机,其核心是"自我表现"或"炫耀"。这类顾客在选购商品时,一般不大注重商品的使用价值,而是特别重视商品的影响和象征意义,喜欢买名牌商品,以显示其生活的富有或地位的特殊等,从中得到心理上的满足等。

三、消费者的行为

(一)消费者行为的概念及影响因素

消费者行为是指消费者为获取、使用、处置消费物品或服务所采取的各种行动,包括先于且决定这些行动的决策过程。消费者行为是与产品或服务的交换密切联系在一起的。在现代市场经济条件下,企业研究消费者行为是着眼于与消费者建立和发展长期的交换关系。

广告主不仅需要了解消费者是如何获取产品与服务的,而且也需要了解消费者是如何消费产品,以及产品在用完之后是如何被处置的。因为消费者的消费体验,消费者处置旧产品的方式和感受均会影响消费者的下一轮购买,会对企业和消费者之间的长期交换关系产生直接的作用。

随着对消费者行为研究的深化,广告主越来越深刻地意识到,消费者行为是一个整体过程,获取或者购买只是这一过程的一个阶段。因此,研究消费者行为,既应重视调查了解消费者在获取产品、服务之前的评价与选择活动,也应重视在产品获取后对产品的使用、处置等活动。

影响消费者行为的个体与心理因素是:需要与动机、知觉、学习与记忆、态度、个性、自我概念与生活方式。这些因素不仅影响和在某种程度上决定消费者的决策行为,而且对外部环境与广告刺激的影响起放大或抑制作用。影响消费者行为的环境因素主要有:文化、社会阶层、社会群体、家庭等。

(二)研究消费者行为的意义

1. 广告策略的基础

(1)市场机会分析

从营销角度看,市场机会就是未被满足的消费者需要。要了解消费者哪些需要没有满足或没有完全满足，通常涉及对市场条件和市场趋势的分析。例如，通过分析消费者的生活方式或消费者收入水平的变化，可以揭示消费者有哪些新的需要和欲望未被满足。在此基础上，广告主可以针对性地开发出新产品并对新产品进行广告。

(2) 市场细分

市场细分是制定大多数广告策略的基础，其实质是将整体市场分为若干子市场，每一子市场的消费者具有相同或相似的需求或行为特点，不同子市场的消费者在需求和行为上存在较大的差异。企业细分市场的目的，是为了找到适合自己进入的目标市场，并根据目标市场的需求特点，制定有针对性的广告方案，使目标市场的消费者的独特需要得到更充分的满足。

市场可以按照人口、个性、生活方式进行细分，也可以按照行为特点，例如，按小量使用者、中度使用者、大量使用者进行细分。也可以根据使用场合进行市场细分，例如，将手表按照在正式场合佩戴，运动时佩戴，还是平时一般场合佩戴细分成不同的市场。

(3) 产品与广告定位

广告人员只有了解产品在目标消费者心目中的位置，了解其品牌或商店是如何被消费者所认知的，才能发展有效的广告策略。对产品进行定位，根据产品定位进行广告的策划、设计与制作，使之成为满足消费者需求的广告，为达到这一目标，首先需要了解产品现在的市场位置，并与竞争者的产品作比较。

通过消费者调查获得被目标消费者视为非常重要的一系列产品特征，在产品特性上与竞争对手比较，了解在不同细分市场的消费者对产品特性的重要程度所持有的看法。在掌握分析相关信息的基础上，制定具有针对性且切实可行的广告定位，使产品形象得到建立，定位获得成功。

(4) 产品定价

产品定价如果与消费者的承受能力或与消费者对产品价值的感知脱节，再好的产品也难以打开市场。在同质产品的背景下"价格为王"，消费者考虑产品使用成本，价格成为第一位的决定因素。不同的产品定价方式为产品的销售服务，处在不同的产品生命周期的产品，应采用不同的广告定位策略。

案例 6-3

"贝贝"一次性尿布的价格策略

在美国，婴儿普遍使用名为"贝贝"的一次性尿布，在产品的进入期定价为 10 美分一块，预计销售 4 亿块，但实际结果只及预计销量的一半。后经过进一步分析发现，是因为没有把价格这一因素与消费成本联接起来。虽然消费者愿意使用一次性尿布产品，但 10 美分一块太贵了，很多家庭只有带孩子旅游或参加宴会的时候才舍得使用。

公司将售价由每块 10 美分降到 6 美分，产品再度投放市场时，销售量激增。

(5) 分销渠道的选择

分销渠道是指消费者喜欢到哪些地方购物，以及如何购买到所需的产品。通过对消费者的研究了解消费者的购物习惯与场所。例如，购买服装时，有的消费者喜欢到专卖店购买，有的则喜欢到大型商场或大型百货商店购买，还有的则喜欢通过网购的方式购买。

不同类型或具有不同特点的消费者主要通过哪些渠道购买服装，是服装生产企业作为广告主十分关心的问题。只有了解目标消费者在购物方式和购物地点上的偏好和偏好形成的过程,广告内容在涉及产品分销渠道选择时才能准确定位。

(6) 广告策略的制定

对消费者行为的透彻了解是制定广告策略的基础。例如,美国糖业联合会试图将食用糖定位于安全、味美、提供人体所需能量的必需食品的位置,并强调适合每一个人尤其是适合爱好运动的人食用。然而,调查表明,很多消费者对食用糖形成了一种负面印象,认为食用糖是促使身体肥胖的因素。

美国糖业协会要获得理想的产品形象,必须做大量的广告宣传工作。广告宣传活动的成功与否,很大程度上取决于协会对消费者如何获取和处理信息能力的认识水平,以及对消费者广告认知与理解原理的理解程度。在了解消费者行为的基础上对产品进行重新定位,美国糖业协会在广告策略方面要作出极大的努力才有可能获得成功。

2. 消费者权益保护和有关消费政策

(1) 消费者权益保护

广告不应损害消费者的权益。随着经济的发展和各种损害消费者权益的商业行为不断增多,消费者权益保护已成为全社会关注的话题。消费者作为社会的一员,拥有自由选择产品与服务,获得安全的产品,获得正确的信息等一系列权利。

消费者的这些权利,也是构成市场经济的基础。政府有责任和义务来禁止欺诈、垄断、不守信用等损害消费者权益的行为发生,也有责任通过宣传、教育等手段提高消费者自我保护的意识和能力。

(2) 有关消费政策

政府制定有关消费的法律和政策,采取必要手段保护消费者权益。政府法律和保护措施预期的目的,借助于消费者行为研究所提供的信息来确定。

例如,在消费者保护过程中,很多国家规定,食品供应商应在产品标签上标明各种组成成分和营养物质含量方面的数据,以便消费者做出更明智的选择。同时,这类规定是否真正达到了目的,还取决于消费者在选择时是否依赖这类信息。

四、消费者的决策

消费者作为经济人,为了达到一定的目标,将在消费与不消费及如何消费之间做出选择。消费者作为追求最大满足的理性人,其消费决策追求利益最大化。凯恩斯认为,无论是从先天人性看还是从具体事实看,有一条心理规律就是当收入增加时人们将增加自己的消费。

(一) 消费者决策的特点

1. 自利性

消费者具有自利的一面,都追求自身利益的最大化,消费活动是一种经济行为,消费者的目标函数和偏好影响消费者的消费决策。消费者的利益最大化目标,是消费者在实际消费过程中始终坚持的原则。广告必须将产品对消费者的最大利益作为广告内容的核心,产品广告具有必须满足消费者的自利性特点。

2. 理智性

消费者具有理智的一面,能够根据外部和内部的情况作出判断,使自身利益得到最大化。消费者自身的经济实力及环境,成为消费者所面临的限制条件。不同产品对消费者的意义各不相同,功能相同的产品按价格分为高中低档,为消费者的消费决策和购买提供丰富的选择机会。

（二）消费者的目标

消费者的目标确定取决于其需求状况，需求目标的异质性所带来的不确定，给满足不同的消费人群和同一消费者不同阶段的消费需要带来了难度。由于需求强度大小和当时心理需要层次的不同，不同的消费者消费的侧重点是不一样的，同时，消费者的目标与心理满足程度密切相关。

从长期来看，消费者的目标的确定，隐藏的心理特征起到更多的作用。有效需求同时取决于心理因素，包括消费倾向、流动偏好和对资产未来收益的预期。生理需要、安全需要、社交需要、尊重需要和自我实现需要的分类，决定消费者的目标的层次，消费者的目标确定受多种因素的制约。

五、需要、动机、行为及目标之间的关系

（一）人的行为模式

在日常生活中，人们常常把需要、动机、目的的概念等同起来使用。广告心理学认为，需要是动机产生的原因，动机是推动人去行动的心理动力，而目的则是人的动机所要达到的目标。人的行为模式对广告的设计制作有极其重要的影响，研究需要、动机、行为和目标之间的关系对广告有重要意义。

一个人行动的心理过程是，首先人的需要引发心理的紧张，进而引发某种动机，然后动机作为一种力量推动人采取寻找和达到满足需要的目标。目标达到，需要得到满足，身心达到平衡，然后，又会有新的需要出现。这个过程周而复始，循环不断。人的行为模式，如图 6-7 所示。

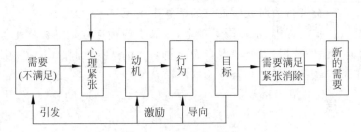

图 6-7　人的行为模式图

需要、动机、行为和目标之间的关系是一种引发性、循环性和反馈性的关系。

1. 引发性

所谓引发性，即不满足产生需要，需要产生动机，动机引导行为，行为实现目标，需要得到满足。由此可见，人的行为都是由动机支配的，而动机则是由需要引起的。一般情况下，当人产生某种需要的时候，总会伴随着一种不安定或心理紧张的状态。但在确定了满足某种需要的特定目标时，这种紧张的心理状态就会转化为动机，推动人去从事某种活动，实现目标，满足需要。

2. 循环性

所谓循环性，即当旧的需要满足了，又会产生新的需要，这是一个不断往复循环的过程，使人不断向新目标奋进的过程。人的一生都处在各种不同需要与满足状态的不断循环之中，需要、动机、行为和目标之间的连续出现，使消费活动成为一种不断持续的过程，广告的设计制作和播发必须符合消费者的心理活动模式。

3. 反馈性

所谓反馈性，就是在行为过程中要将每一步行动结果予以反馈，以矫正原来的需要是否实际，动机是否合理，行为是否有效。反馈调节是人的活动的主要特征之一，需求目标的确定和实现，根据环境和需要总是处在反馈调节的过程中，在于人的主观能动性和积极性的发挥，人的消费活动中的评价监督体系是反馈性的集中体现。

（二）需要、动机、行为、目标的关系

1. 需要与动机

把需要和动机混为一谈，甚至说需要就是动机是不正确的。广告心理学上的需要与动机虽有相似的含义，却是有严格区别的两个概念。需要是一种心理上的欠缺感和需求感，而动机则是一种深化了的需要，它具有对行为的某种程度的规定性和导向性。因此，需要是人的积极性的基础和源泉，动机则是推动人去行动的直接原动力。

与动机相比，需要只是个体的一种失衡状态，如果没有可以达到的目标及实现目标的途径，需要只能是人在心理上的欲望，不可能产生真正的行为。只有个体在发现可以找到满足需要的目标与途径时，个体才能产生真正的行为。动机的动力性和目标的诱导性同时存在，行为才能真正出现，行为指向目标，最终实现目标。

2. 动机和目标

目标是人行为所要达到的结果；动机是推动人们去达到目标的心理活动。动机和目标之间，首先是相互影响、相互作用的关系，两者缺一不可。其次，动机和目标之间有本质区别。动机和目标之间的关系复杂，表现为不同的方式，目标相同动机不同，动机相同目标不同的情况同时存在。

一方面，表现在相同目标的不同动机上，不同的个体对同一目标的动机往往千差万别，甚至同一个体对某一特定的目标的动机也可能不相同。例如，不同的消费者购买同一名牌服装，有的人是因为其价格昂贵可以显示身份地位，有的人是因为其风格独特张扬个性，有的人是因为工作需要保持企业形象，有的人是因为满足虚荣心获得别人的较高评价。

另一方面，还显现在相同动机的不同目标上，即出于同样的动机而去追求和达到不同的目标。例如，人发生存钱的动机，但存钱的目标不同。有的人是为了购买一台电视机，有的人为了购买新房子，有的人是为了添购新的汽车，有的人是为了参加环球旅游，有的人是为了出国留学。

3. 动机和行为

动机和行为之间的关系主要有以下几种表现形式。

（1）同一动机可以产生不同的行为

动机和行为并非一对一的关系。例如，一个人怀着炫耀的动机，这种动机可以表现为许多不同的行为。例如，购买名牌服装，佩戴高档首饰，使用顶级化妆品，去高级酒店消费，参与名流聚会，使用时尚产品等行为。

（2）同一行为由不同的动机所引起

同一行为出于不同的动机，不同的个体对同一行为的动机往往极不相同，甚至同一个个体在不同场合的同一行为的动机也可能不相同，同一行为可以由不同的动机所引起。例如，一位女性消费者购买高档化妆品，可能是为了美容、也可能出于攀比心理、也可能出于群体压力而产生的从众行为等不同的动机。

（3）动机和行为是相互作用的关系

动机推动行为，引起行为，而行为的结果又反作用于动机，使原来的动机得到加强、减弱或消失。认识这个关系后就可以根据消费者的行为追溯动机，也可以通过对动机过程的认识来预测某消费者的行为趋向。广告诱发消费者的购物动机，消费者的购后评价和满意度会影响消费者的下一次消费动机的形成。

第四节　广告影响消费者的行为

广告通过对产品和服务的品牌、性能、质量、用途等方面的信息的有效传播，能够拓展和提升消费者对有关商品、服务等方面的认识，指导消费者进行有效购买和使用，可以给消费者的日常生活带来极大的方便。

广告的功能是使消费者对商品形成明确的概念，诱发消费者的感情，引起购买欲望，形成购买动机，做出购买决策，促使购买行为发生。通过对消费者行为的分析，进而力求使一则广告包含更多的信息量，以便有针对性地作用于消费者购物的全过程，增强广告的效果。

一、广告提供信息

广告最基本的功能就是向消费者提供产品的信息。消费者获取商品和服务等方面信息主要源于自己的经验和外部信息。随着市场经济的发展和市场空间的不断扩大，特别是经济的全球化进程的加快，使得消费者在商品和服务等方面信息的获取上越来越多地依赖于广告。

信息化社会中广告的作用日益强大，"好酒不怕巷子深"已变为"好酒也怕巷子深"，广告传递信息促进销售。

1. 内部信息

内部信息主要依赖于消费者自身的知识与经验。消费者在日常生活中，不断消费不同的产品积累消费经验，由于这种经验的来源是个体的亲身实践，具有极强的可靠性和可信性，消费者通常依赖内部信息作为评判、选择商品的依据，借助内部信息的积累，完成评判、选择商品的过程。实物广告现场操作可以增加消费者的内部经验。

2. 外部信息

外部信息主要是指消费者从自身以外获取的知识与经验。在市场经济发达的今天，消费者已经不能单纯地依赖内部信息源作为评判、选择商品的依据，而是必须借助大量外部信息的获得，才能够完成评判、选择商品的过程。

消费者评判、选择商品的过程必须借助大量的外部信息才能完成。消费者获取的外部信息主要来源于广告主利用广告传播工具向消费者传递商品等方面的信息。

3. 口传信息

口传信息是指消费者之间进行的人和人之间的相互传递的商品信息。口传信息是在亲密的人与人之间进行传播的，因此能够成为消费者最信任、最有效的信息源，但其传播的形式——人际间的口传的局限性，使得它无法在更大的范围、以更快的速度把信息传递给消费者，以满足更多的消费者对商品和服务等方面的认知、识别、选择性购买的要求，因此，难以成为消费者获取商品、服务等方面信息的最主要的信息源。

4. 中立信息

中立信息是指有关部门对商品所做的决定、检测报告。例如,政府公布的有关商品质量检查、评比的结果和电视台等举办的商品知识咨询节目等。中立信息源的信息发表的数量是极其有限的,不能够成为消费者对商品等方面的认知、识别、选择性购买的信息的主要来源。

广告对消费者产生巨大的作用,影响消费者的行为,因此,广告成为对消费者最具有影响力的信息来源。有关方面的实证研究结果表明广告已成为不同产品信息来源的主要途径,广告对消费者的影响由于传播途径的不同是不同的。

二、广告的引导作用

现代化生产门类众多,新产品层出不穷,而且分散销售,广告通过商品知识介绍,就能起到指导消费的作用,促使消费者及时买到自己需要的产品。但有些产品消费者购买后,由于对产品的性能和结构不十分了解,在使用和保养方面往往会发生问题。而通过广告对产品知识的介绍,可以指导消费者正确使用和进行保养延长产品的使用时间。

1. 激发消费者现实的需求

广告以情感诉说方式打动消费者的心理,引起情绪与情感方面的共鸣,在好感的基础之上进一步产生商品或品牌信赖感,从而最大限度的激发消费者的需求。例如,著名品牌宝洁旗下的SK-Ⅱ的广告,其广告语——"肌肤年轻12年",是企业作为广告主所找到的绝妙说辞,此时广告使消费者考虑的已不是生产线上的化合物形成的化妆品,而是产品会给使用者带来更美好的自我形象。

广告对品牌所做的评价在一定程度上代表消费者的心声(即消费者的内心评价),广告品牌传播才能被消费者认同和接受。例如,广告品牌传播中有消费者所喜爱或追崇的名人代言,其激发消费者现实需求的效果更加显著。陈小艺所做的"葡萄糖酸锌口服液"广告,让人感受到母爱的延伸,刘翔代言的广告会让人们感受到力量与速度的统一等,促使消费者逐渐喜欢并购买广告产品。

2. 激发消费者潜在的需求

消费者除具有现实需求外,还有潜在需求,即潜伏于消费者心理和社会关系中、消费者自身还未充分认知到的需求。

小贴士

据美国商业部统计,只有28%的消费者是有意识地发生购买行为,而72%的购买行为则是受朦胧欲望支配的,对于广告主来说,正是潜在的消费需求将会形成巨大的市场,是一种极好的利用广告开发市场的机会。

潜在需求变成现实需求,既可以由消费者的生理上或心理上的内在刺激引起,也可以由外在刺激物引起。广告作为一种外在刺激诱因,其任务就在于把握消费者的深层心理,并根据消费心理和行为特征,展示与其潜在消费需求相符的商品和服务,使广告能通过情感的诉求唤起消费者的共鸣,激发其购买欲望,并付诸购买行动。

一个有远见的企业要使自己的产品能牢牢占据市场,不能仅满足于消费者的现存需求,还必须发现消费者的潜在需求。20世纪80年代风靡亚太市场的变形金刚系列玩具就是使潜在需求变成现实需求的成功案例。

在推销玩具前,将精心制作的电视系列动画片《变形金刚》无偿赠送给电视台播放起到广告的作用,使孩子们被变形金刚迷住,从而诱发出对拥有变形金刚的需求,形成购买欲望,企业利用艺术形象到实物玩具的移情效应,适时推出变形金刚系列玩具,成功地开发了变形金刚玩具市场。

3. 创造全新的消费需求

广告常以完全相同的方式,向消费者多次重复同样的内容,它通过大力渲染消费或购买商品之后的美妙效果,利用大众流行的社会心理机制创造轰动效应,形成明显的示范作用,指导人们的购买与消费行为。在指导购买的过程中,广告会告知消费者产品用途、产品的使用方法、产品的售后服务,以减少顾客的疑虑,激发更多消费者参与购买。

随着现代商品经济的发展,"适应消费市场"的观念逐渐淡薄,"创造消费市场"的观念逐渐兴起,并且日益受到重视。例如,日本索尼公司在20世纪80年代就提出了"创造市场"的口号,向20世纪60年代提出的"消费者需要什么,我就生产什么"的市场观念提出挑战,而代之以"我生产什么就准是消费者真心所需的"的创造市场观念。

根据创造市场的营销观念,广告逐渐改变过去仅仅向市场诉求认知的表现方式,而积极引导和创造需求,使广告不仅迎合消费需求,而且创造消费者全新的需求意识,并以新的需求意识创造新的消费市场。创造新的需求的诱因是新的消费观念和消费方式的形成和确立,借助于观念定位型广告,通过发挥广告教育功能来实现。

广告观念定位是指产品品质意义的延伸,旨在改变现有的产品观念、消费观念或生活方式,使消费者对广告商品产生特殊的心理追求,直至采取购买行动。例如,雀巢咖啡在中国销售就是通过观念定位型广告,反复强调咖啡是现代生活的新追求、新享受,从而将很大一部分追求时髦现代生活的"新生代"青年的消费偏好从传统饮料茶转移到原来很陌生的咖啡,打开了中国的市场。

例如,上海日化公司为了推广新的洗涤用品——织物柔软剂,在广告中首先提出"您真的会洗衣服吗?",传统的洗衣法是二步法,即去污—漂洗,而现代的洗衣法应是三步法,即去污—漂洗—柔软,使用柔软剂可以除去织物表面的静电,恢复织物原有的弹性和柔软性,色彩也可艳丽如初。

通过上述介绍,新的三步洗衣法的消费观念逐步为广告受众所接受,随之柔软剂这一新产品逐步打开了销路。

三、广告的想象作用

好的广告实际上就是一件精美的艺术品,不仅真实、具体地向人们介绍了商品,而且让人们通过对广告作品形象的观摩、欣赏,引起丰富的联想,树立新的消费观念,增加精神上美的享受,并在艺术的潜移默化过程之中,产生购买欲望。良好的广告还可以帮助消费者树立正确的道德观、人生观,提高人们的精神文明水平,并且给消费者以科学技术方面的知识,陶冶人们的情操。

例如,有一幅宣传"三星"牌彩色铅笔的广告画,画面上20支色彩各异的铅笔自下而上悬空排列,好像一架登天梯。一个天真活泼的小女孩正抓着"梯档"向上攀登,她右脚蹬在第五级,左脚已跨到第九级,小脑袋微微后仰,勇敢而又自信。画面下是一句广告语:"为使您的孩子更聪明"。这幅画艺术形象生动,并将广告的意图隐藏在画面之中,使人在获得耐人寻味的艺术享受的同时,激发起购买欲望。

复习思考题

1. 个人决策、家庭决策、社会协商式决策的定义是什么?
2. 简述消费者购买决策过程的5个阶段。
3. 简述需要、动机、行为和目标之间的关系。
4. 论述广告如何影响需求。
5. 为什么说广告是把"双刃剑"?

实训课堂

选定一家商场的某一产品,记录一个月的销售情况,结合该产品的广告播发情况对该产品的广告与销售量之间的关系进行分析,绘出变化情况示意图。

实训案例

老布什总统早年曾任美国驻华联络处主任。在北京居住时,他喜欢和夫人一起骑自行车外出游览。1989年,老布什总统要对中国进行工作访问,天津自行车厂得知这一消息后,决定利用老布什总统夫妇爱骑中国自行车这件事做广告,他们向国家有关部门申请,要求向老布什总统夫妇赠送最新款式的"飞鸽"牌自行车,当时的国务院总理李鹏得知后欣然同意。

1989年2月25日,在北京钓鱼台国宾馆,李鹏总理亲手将两辆"飞鸽"牌自行车赠给老布什夫妇。赠车仪式上国内外130多家新闻单位的记者到场报道,现场的气氛也很热烈。当老布什总统接过自行车时,满面笑容地对李鹏总理说:"这是很珍贵的礼物,我喜欢它。"说着,还做了一个跨腿上车的动作,引起一片笑声。

老布什总统拍拍车座说道:"我要把它带回去,在白宫的草坪上骑。"老布什总统回国后,不仅真在白宫的草坪上骑飞鸽牌自行车,而且还把骑自行车的照片寄给李鹏总理和天津自行车厂。

经过赠车仪式中的新闻记者采访、报道和老布什总统的义务广告宣传,天津"飞鸽"牌自行车的名声大振,不少外国客商慕名而来,指名要买"布什"型和"芭芭拉"型自行车,法国一客商则一下子订购了3万辆飞鸽牌自行车,飞鸽牌自行车开始销往海外。

【案例分析】

总统是名人,明星是名人,都具有广告价值。人们出于好奇的心理对名人的生活和工作,甚至个人的成长史及成为名人的秘诀颇感兴趣。"爱屋及乌",于是名人用的产品,名人读的书,名人游览过的地方,成为人们关注的焦点。通过广告开拓市场促进销售,使得名人广告大行其道,人们将对名人的羡慕和好奇转化为对名人广告所宣传的产品的购买行为。

【案例研讨】

向10个同学调查他们使用自行车的情况,收集并讨论人们使用自行车的动机。

第七章

广告作品心理

(1) 了解两种基本的广告诉求形式，了解广告制作的心理原则。
(2) 掌握广告诉求的心理策略和广告要素心理效应，掌握广告制作时应避免的心理误区。

(1) 学会广告创作精确表达的方法，灵活运用广告要素心理效应。
(2) 分析广告创作以"奇"取胜的途径，避免广告的文化误解的方法。

广告诉求的心理策略　广告要素心理效应　广告创作的心理学原则
优秀广告作品的心理特点

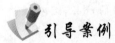

0.3秒抓住人的"眼球"

视觉是人对外界信息接收的主要通道，图7-1是"ALBERNOL TEN"鞋的一幅平面广告。它把产品的独特卖点潜藏在图形中，让图形与受众产生一种互动的愉悦感。

"ALBERNOL TEN"鞋的这幅平面广告中，靴子图形以人的小臂下部和手的形态共同构成，通过加工使图案产生逼真的效果，图形原创性显著，靴子图形由人的小臂下部和手的形态构成,具有强大的视觉冲击力和震撼力,由于手是人经常使用的身体部分易产生亲近感,广告内容与受众情感产生共鸣,再通过文案"手工制作"直接激起受众的购买欲。广告受众立即记住了"ALBERNOL TEN"鞋,连同它独特广告表现形式,使品牌深深地留在了广告受众的头脑中。

知名设计师陈放先生曾讲过美国设计大师兰尼·索曼斯的一段话:"当我的广告获得成功时,它往往是在图形和文字信息间有一个非常到位的平衡,二者之间任何一个如果太过分就将会使另一个相对无所适从。文字信息为视觉要素的显现提供一个文脉背景,公众用文字作为一把钥匙去解开视觉代码的意义。通过这种方式,公众在此中就能有一个积极的参与过程"。对于兰尼这段话"ALBERNOL TEN"鞋广告是一个很好的诠释。

图 7-1 "ALBERNOL TEN"鞋平面广告

点评:广告在最初"0.3 秒"抓住人的眼球是广告成功的关键。在现代广告信息过剩的年代里,广告怎样抓住受众的"眼球"是首要的问题。人通过视觉所感受到的信息再传递到大脑,人的感知器官中视觉是最重要的,视觉完成 80% 信息的感知,所以对广告效果而言,抓住人的"眼球"是至关重要的。广告策划和制作的核心在于采用新颖的表现手法直接把产品的质量特点和品牌等传达给广告受众。

第一节 广告诉求的心理策略

一、两种基本的广告诉求形式

1. 广告的理性诉求

理性诉求是指将有关品牌或产品的信息呈现给消费者,以期达到说服他们接受产品和品牌的目的的广告诉求方法。采用理性诉求的广告其实就是"信息性广告"。只要包含一条以上信息内容的广告,就是信息性广告。据统计,电视中的这类广告占 49.2%。

2. 广告的情感诉求

与理性诉求相对应的诉求方法即情感诉求。所谓情感诉求,是指通过激发消费者的情感,进而达到广告说服的目的的广告诉求方法。情感诉求的关键是想方设法利用广告要素激发受众的情绪、情感。

二、选择不同广告诉求形式的依据

理性诉求和情感诉求作为两种基本的广告诉求形式,各有优缺点。理性诉求作为一种重要的广告诉求手段,通过展示商品的质量、性能、价格等有关商品的事实性信息,传达商品所固有的属性给消费者带来的实际利益,对消费者进行说服,以期使消费者形成积极的品牌态度。这种诉求形式的优点是,能给消费者提供确凿的商品特性信息,便于消费者对不同品牌的特性进行比较,具有较强的说服力。

其不足之处在于,这种诉求形式往往显得单调,不易吸引消费者的注意,同时要求消费者具有一定的有关商品的知识,因此其说服效果会受到一定的限制。通过富有人情味的情感诉求方式,去激发消费者积极的情感体验,满足其精神需要,从而使其产生积极的品牌态度并引发购买行为,也是一种重要的广告诉求策略。许多成功的广告表明,富有情感色彩或人情味的广告更有感染力,更能让人接受。

感染力已经成为现代消费大众评价广告优劣的一个要素。情感广告的不足是广告中缺乏强有力的事实性信息和严格的逻辑论证,有可能会使消费者认为广告只是在营造一种气氛,并没有实质性内容。究竟选择何种广告诉求形式,要考虑以下三方面的因素。

(一) 与商品有关的因素

与商品有关的因素有如下几项。

1. 商品的生命周期与同质化程度

对处于引进期和成长期的产品来说,消费者对其还不太熟悉,这时有必要通过理性诉求手段让消费者了解产品的性能、质量、价格等消费者所关心的信息,才有可能使消费者把这一品牌纳入消费决策所考虑的品牌范围,这时使用情感诉求手段可能使消费者不知所云。此外,产品的同质化程度较低时,不同品牌的产品在质量、性能、价格等方面的差异较大,因此,厂商可以通过理性诉求手段,选择消费者较为关注而自己的品牌又占明显优势的特性,作为自己的USP(独特卖点)加以传播。

当产品同质化程度较高时,不同品牌的产品在质量、技术、性能、价格等方面相差无几,在广告中传播这些信息很难使消费者钟情于自己的品牌。这时,通过情感诉求形式,为自己的品牌塑造一个鲜明、独特的个性形象,从而吸引具有相同个性的消费者成为一种明智的选择。例如,某纯净水,曾用冷静、客观的理性诉求手段进行广告宣传,"通过 27 层净化"的广告片宣传其孜孜不倦地对高质量的追求。广告片播放时,如横空出世,树立了品质无可匹敌的形象,甚至成为一种行业概念和质量标准,其品牌获得了极高的知名度和良好的促销效果。但随着其产品生命周期的发展,以及为了对付竞争对手的挑战,该纯净水改变了广告诉求策略,请明星做其品牌形象代言人,从理性诉求转到情感诉求,推出了"纯净你我"的广告口号。

2. 商品的购买风险水平

消费者购买商品时往往要面临一定的购买风险,但是不同类别的商品给消费者带来的购买风险水平是不同的。一般来说,价格较低的、经常购买的、制造技术较为成熟的商品,给消费者带来的购买风险较低;反之,对于价格昂贵、偶尔购买及新开发的商品来说,消费者购买时往往面临较多的不确定性,他们多方收集信息,仔细权衡之后才能做出购买决策。因此,前一种商品常采用情感诉求手段;为后一类商品做广告时,应通过理性诉求手段如实地向消费者介绍商品的特性,以消除其疑虑。

3. 商品的吸引力

商品使用的场合是否引人注目也是影响消费者购买决策的重要因素。对于容易引起他人注意的商品来说,消费者更注重其社会和心理价值;而对于不太引人注目的商品来说,消费者更加注重其实用性价值。因此,对前一类商品做广告时,情感诉求较为合适,而对后一类商品来说,理性诉求的广告说服效果更好。

(二) 与消费者有关的因素

与消费者有关的因素有如下几项。

1. 消费者的商品知识和经验

消费者的商品知识和经验越多,越关心商品的技术指标,较少做冲动性的购买。商品的性能价格比往往是其做出购买决策的重要依据。

若广告不传达有关商品特性的信息,人们会觉得广告只是在营造一种气氛,并没有实质性内容。因此,对于这一类消费者来说,理性诉求的广告效果优于情感诉求的广告效果。而对于商品的知识、经验较少的消费者来说,他们对商品的各种技术、性能指标不了解,难以对理性广告的信息进行加工,所以情感诉求的广告效果可能更好。

2. 消费者的社会经济地位

社会经济地位较高的消费者与社会经济地位较低的消费者相比较,前者对产品的心理价值更感兴趣,而后者对产品的实用性更关注。对于前者来说,情感诉求的广告效果较好,对后一类消费者来说,理性诉求的广告效果更好。

3. 消费者的购买预期

在近期内有购买打算的消费者与无意购买的消费者相比,前者对商品的性能特点和技术指标往往更加关心,因此,更易受理性诉求的影响。对于后者来说,情感诉求的广告对其品牌熟悉度和品牌态度的培养更为有利。

4. 消费者的个性心理特点

消费者的个性心理特点也是影响理性广告和情感广告说服效果的重要因素。已有研究表明,消费者的认知需要(Need for Cognition)和自我监控(Self-monitoring)是影响不同诉求形式的广告说服效果的重要因素。认知需要高的消费者与认知需要低的消费者相比,更容易被理性诉求的广告说服,而后者则更容易被情感诉求的广告说服。另外,消费者的自我监控程度也是影响理性诉求效果的另一个重要因素。与自我监控程度高的消费者相比,自我监控程度低的消费者更加喜欢理性诉求的广告,愿意花更多的钱购买理性诉求的商品,并且更愿意试用它。

(三)与企业形象有关的因素

企业形象的优势已经成为企业营销成功的重要因素,企业形象塑造可以赢得企业营销活动中相关者的良好感觉、印象和认知。因此,在进行广告诉求主题的选择时,要与企业一贯的形象相吻合,而不是相背离。即使想在企业形象上有所革新,也必须渐进式地革新。否则,前期积累的企业品牌形象资源会毁于一旦。

案例 7-1

新可乐的失败

20世纪70年代末,可口可乐公司为了扭转产品占有率不断下滑的局面,决定推出新口味可乐,在1982年实施了"堪萨斯工程"。"堪萨斯工程"是可口可乐公司秘密进行的市场调查行动的代号,调查发现只有10%~12%的顾客对新口味可口可乐表示不安,而且其中一半的人认为以后会适应新可口可乐。可口可乐公司决意开发出一种全新口感的可口可乐。可口可乐公司组织了品尝测试,在不告知品尝者饮料品牌的情况下,请他们说出哪种饮料更令人满意。

测试结果令可口可乐公司兴奋不已,顾客对新可口可乐的满意度超过了百事可乐。而以前的历次品尝测试中,总是百事可乐打败可口可乐。可口可乐公司的市场调查人员认为,这种新配方的可口可乐至少可以将公司在饮料市场所占的份额向上推动一个百分点。

经过反复权衡后,可口可乐公司决定用"新可乐"取代传统可乐,停止传统可乐的生产和销售。消息闪电般传遍美国。"新可乐"上市初期,市场反应非常好。1.5亿人在"新可乐"问世当天品尝了它,历史上没有任何一种新产品会在面世当天拥有这么多买主。发给各地瓶装商的可乐原浆数量也达到5年来的最高点。

然而好景不长。虽然可口可乐公司事先预计会有一些人对"新可乐"取代传统可乐有意见,但没想到反对的声势如此浩大。有的顾客称可口可乐是美国的象征、是美国人的老朋友,可如今却突然被抛弃了。还有的顾客威胁说将改喝茶水,永不再买可口可乐公司的产品。

在西雅图,一群忠诚于传统可口可乐的人们组成了"美国老可乐饮者"组织,准备在全国范围内发动抵制"新可乐"的运动。许多人开始寻找已停产的传统可口可乐,这些"老可乐"的价格一涨再涨。到6月中旬,"新可乐"的销售量远低于预期值,不少瓶装商强烈要求改回销售传统可口可乐。愤怒的情绪继续在美国蔓延,传媒还在煽风点火,对99年历史的传统配方的热爱被传媒形容成为爱国的象征。

于是,可口可乐公司决定恢复传统配方的生产,其商标定名为CocaCola Classic(可口可乐古典)。同时继续保留和生产"新可乐",其商标为NewCoke(新可乐),7月11日,戈伊朱·埃塔率领可口可乐公司的高层管理者站在可口可乐标志下向公众道歉,并宣布立即恢复传统配方的可口可乐的生产。消息传来,美国上下一片沸腾。ABC电视网中断了周三下午正在播出的节目,马上插播了可口可乐公司的新闻。所有传媒都以头条新闻报道了"老可乐"归来的喜讯。

(资料来源:樽粮.金庸改书和可口可乐推出新口味.http://www.emkt.com.cn,2005-1-20)

三、广告诉求的心理策略

(一)理性广告诉求的心理策略

从心理学角度看,理性诉求广告欲达到预期的最佳效果,必须遵循下列策略。

1. 提供购买理由

理性购买者常常要找到一些合理的理由,才做出购买决定。因此,广告必须把合情合理的购买理由提供给消费者。例如,一般工薪者要去高级饭店吃饭,常常是借着某某人的生日或其他理由,使这种奢侈变得心安理得。再如,中国人一向以节俭为美德,而雅戈尔西服作为中国名牌西服,其价格是一般西服价格的几倍,一般工薪阶层向往名牌,但如果下决心购买确实有一个痛苦的过程。雅戈尔针对消费者的这一心理,适时提出"男人应该享受"这一宣传主题,为很想购买又舍不得购买的人们提供了一个恰当的理由。

2. 拟定说服的重点

文字广告不可能很长,形象广告呈现的时间亦很短。除了费用的因素外,消费者也不可能花很多的时间与精力去研究某则广告。因此,无论从哪个角度来看,都有必要拟定一个十分明确的说服重点。重点的确定不能是随意的,也不能是一厢情愿式的。它应当是处于几个重要因素的交汇点,并且是这几个因素的有机交融。

这些因素包括:目标市场消费者的心理特点,目标市场消费者的需求状况;欲宣传产品的优点与特点。不能契合消费者的心理特点将会使之拒绝接受宣传内容;与消费者现时的需求状况相左难以使之出现购买行为;自身产品的优点与特点未能彰显则会出现自己出钱为同行做广告的可悲局面。总之,一则广告若不具备这几个因素或这几个因素处于分离状态,则这则广告是失败的,而当这几个因素同时出现并聚集在同一焦点上时,广告将出现震撼人心的说服力。

3. 论据比论点、论证更重要

不可否认,消费者对厂商有一种天然的怀疑与抗拒心理。因此,厂商的说辞再动人、再有道理,他们也不见得真正相信。"卖瓜的不说瓜苦"这一心理定式无时无刻不在起作用。他们更想看到也更愿相信的是论据,而且是强有力的论据。有鉴于此,在理性诉求广告中,提供论据比漂亮的说辞更重要也更省力。

在广告中出现的论据可分为两大类,一类是人,另一类是物。人又可以分为两种,一种是本产品所属行业的权威人士,另一种是曾使用过该产品的消费者。虽然现代人崇尚独立与个性,但由于知识爆炸局面的出现使之不可能通晓一切生活方面的知识,他们不得不在某种程度上依赖于权威,这就为利用权威人士作为说服消费者的广告主提供了一个最佳契机。当然,并非任何利用权威的广告都能自动显示出最佳功效,这里面还有一系列的技术性问题应予以高度重视。

社会心理学家 W.巴克指出:"如果有一种产品经过一位颇有魅力的人物宣传,那么这是否意味着人人都会跑来购买它呢?事情并非如此……如果人们看到,某人的劝导是出于自己的私利,那么这一信息的说服力就减弱了。"

可见在利用权威人物做理性诉求广告时,无论是在形式上还是在内容上,都不能使受众觉察到权威人物"隐蔽的动机"是为了自己的私利或商业目的。如果很好地解决了这一问题,那么说服效果将倍增。消费者的证言具有社会心理学中所说的"自己人效应",它的作用亦不可低估。在这一点上,广告制作者必须注意的问题是:所出现的消费者应有名有姓有地址,否则,消费者将怀疑此人是否为厂商所"捏造"出来的虚幻人物。

相比较而言,以物作为论据比以人作为论据的诉求更具说服力,因为人的证言终究是隔了一层,而物的论据具有更高的直接性。以物作为论据的形式有实物演示、实验数据、图表等。所有这些演示、数据、图表所反映的内容都必须是真实的、经得起反复实验的。如果消费者所购买的商品与广告中表现的情况相距甚远,厂商的形象将会破坏殆尽,甚至会带来法律上的纷争。

4. 运用双向信息交流,增加可信度

在说服过程中,尤其是在带有浓厚商业性色彩的广告宣传中,可信度一直是困扰说服者的一个问题。明明自己绝无假话虚言,可消费者就是不相信或半信半疑。如何解决这一矛盾呢?一种可行的方式就是提供双向信息,即在大力彰扬产品优点的同时,说出产品的一些不足之处。

有人曾为同一型号的汽车做了两则广告,一则广告说:"这种汽车的内把手太偏后了一点,用起来不顺手,但除此之外,其他地方都很好。"另一则广告全部讲优点。结果,消费者都相信前一则广告。细加分析,前一则广告的成功是由于采用了欲擒故纵的手法。消费者不是具有怀疑心理吗?那么,先对这一心态予以满足,坦诚相告自己产品的不足之处,使消费者的怀疑烟消云散,然后展开正面攻势,这样就可长驱直入,攻占消费者的心理世界。

需要指出的是,人是一个高度非线形的系统,任何单一的推论都不能涵盖全部心理现象。并非任何宣传说服都是以提供双向信息为佳。当目标市场消费者的文化水准较高时,以提供双向信息为佳;当消费者文化水准偏低时,以提供单向信息为佳。此外,当人们原先的认识与宣传者所强调的方向一致时,单向信息有效;而在最初的态度与宣传者的意图相左时,双向宣传的效果比较好。

落实到广告宣传中,应遵守这样的准则:新产品及新广告出现之初,可采取双向信息的方式,以打消消费者的怀疑感并建立起信赖感。当消费者已经接受了广告的说服宣传,或基本上接受了广告宣传,这时就可以运用单向信息对消费者已经建立起来的观点予以强化。

5. 将"硬"广告"软化"

理性广告最忌讳而又最易犯的痼疾是"硬化症",具体表现为语言呆板、口气生硬、术语过多,还有内容太多造成的"信息溢出"也是常见的毛病。但是,理性诉求广告仍然可以做到亲切动人,即使用通俗易懂的大众语言,陈述简洁明快,多用短句和短的自然段,适当贴切地运用比喻和形象化的方法说明,有时还可逗逗趣。但在理性诉求广告的"软化"过程中,要牢记理性诉求广告应用信息唱主角,而"软化"的目的是更好地传递信息。

(二)情感广告诉求的心理策略

情感诉求从消费者的心理着手,抓住消费者的情感需要,诉求产品能满足其需要,从而影响消费者对该产品的印象,产生巨大的感染力与影响力。因此,广告情感诉求有必要采用一些心理策略,以达到激发消费者的购买心理、实现购买行为的目的。

1. 以充满情感的语言、形象、背景气氛作用于消费者需求的兴奋点

产品要想满足消费者某类或某些情感需求,广告制作者必须从消费者的利益着想,并且抓住消费者需求的兴奋点,而且消费者的需求决定其情感心理活动的方向和结果,而且消费者的需求是情绪、情感产生的直接基础,客观刺激必须以消费者的需求为中介才能发挥其决定作用。一旦触发了其需求兴奋点,其情绪必然高涨,而情绪高涨将促使满足需要的行为更快、更强烈地出现。

产品要想深入消费者的内心,必须从其需求入手,把产品与某类需求紧密相连,使消费者一出现这类需求便想到此产品,则说明广告取得了良好的促销效果,达到广告主的希望。如果诉求产品能满足消费者的某类需要,自然能达到上述效果。如一则电视广告,好友聚会,主人拿出雀巢咖啡招待客人,雀巢咖啡被染上了一层感情色彩,充满了和谐、亲切的情感,暗示它是招待客人的最佳饮料。

案例 7-2

孔府家酒　叫人想家

孔府家酒于1986年在山东济宁的曲阜酒厂诞生,曾经位居我国白酒出口量的首位。

根据"孔府家酒"一直以来秉承的饮食理念,广告制造商将其很巧妙地和"家"这个字眼联系在了一起,继而做出了一系列以"想家"为主题的广告策划。

借着当时一度走红的都市题材的电视剧《北京人在纽约》的光环,广告制造商邀请了剧中"阿春"的扮演者王姬来为"孔府家酒"做代言人,王姬极富深情地表演将"想家"的主题突出的更加深刻和鲜明,广告一经推出,立刻引起巨大反响,人们对家的概念也得到了升华,孔府家酒也随即家喻户晓,销售额不断上升,其规模也越来越大。

随着第一部"想家"篇广告的热潮,广告制造商又推出了第二部,这次是由《北京人在纽约》主题曲的演唱者刘欢为代言人,作为第一部"想家篇"的升华版推出。广告中以刘欢富有深情的演唱,再一次将"家"的理念表达得淋漓尽致,让受众备感亲切,尤其是对于游子,一种浓浓的思乡之情涌上心头,难以言说。

第三部"想家篇",较前两部而言,在广告代言人的选择上有了新的突破,综合多方面的因素,广告制造商决定由演员姜文为代言人,王姬作为配角参加,这是两个人继《北京人在纽约》之后的再度携手,再一次上演了一段"家"话。随着这则系列广告的推出,人们对于家的概念也有了更深层次的理解,使"家"更加完整、亲切,深入人心,也使人们对孔府家酒的品牌理念有了

更深刻的理解。

"孔府家酒"系列广告以"想家"为主题,使家的概念深入人心。同时,广告制造商借助明星效应,邀请红极一时且受人喜爱的明星作为代言人,可以提高广告的收视率和收听率,抓住人们的眼球,使人们对产品也有了深入了解。广告这样策划,不仅是广告商在广告的一次突破,对于产品的销售更是起到了推波助澜的作用,经济效益和社会效益都取得了意想不到的效果,这是一则成功的广告。

2. 增加产品的心理附加值

作为物质形态的产品,本来并不具备心理附加值的功能,但通过适当的广告宣传,这种心理附加值便会油然而生。美国广告学者指出:"广告本身常能以其独特的功能,成为另一种附加值。这是一种代表使用者或消费者,在使用本产品时所增加的满足感的价值。"因为人类的需要具有多重性,既有物质性需要又有精神性需要,并且这两类需要常处于交融状态,即物质上的满足可以带来精神上的愉悦,精神上的满足以物质作为基础,有时甚至可代替物质上的满足。

因此,产品质量是基础,附加值是超值,多为精神上的需要,消费者更乐意购买超值的产品。因为购买这类产品可得到双份满足——物质上的满足与精神上的满足。在进行购买抉择时,"心理天平"势必向这类产品倾斜。如"派克钢笔"是身份的象征,"金利来"是成功男人的象征,等等。

3. 利用晕轮效应

晕轮效应(The Halo Effect)是社会心理学中的一个概念,它是指一个人如果被公认为具有某种优点,往往也会被认为具有其他许多优点。如果公众认为某些运动员在运动场上是杰出的,往往还会赋予这些运动员许多不属于运动方向的专长。许多企业不惜重金请体育界、娱乐界的明星甚至是政界人物为自己的企业或产品做广告,原因就在于这些人物是公众的挚爱,他们的行为直接影响公众,使得公众爱他们之所爱,喜他们之所喜,自然购他们之所购。

这在心理学上称为"自居作用",即公众通过与明星购买同类产品,在心理上便把明星身上的优点转移到自己身上,如很多人因喜欢刘若英的知性美而选择达芙妮鞋,有的人因喜欢成龙在影视中塑造的忠厚、值得信任的形象而选择他代言的洗发水。还有一种晕轮效应是产品自身产生的,即如果产品的某种优点被公众接受了,那么它也易被公众认为具有另一些优点。如一些产品连续多年销量第一,公众对此易于接受,因此他们自然会认为这些产品质量好、服务好、造型美观等。

小贴士

晕轮效应(Halo Effect)又叫成见效应、光圈效应。我们对一个人形成了某种印象后,这种印象会影响对他的其他特质的判断,人们会习惯以与这种印象相一致的方式去估价他所有的特点。社会心理学家发现,外表有吸引力的个体在其他方面也会得到较好的评价。相反,如果一个人外表缺乏吸引力,那么对他/她其他特征的评价则可能会更糟。

戴恩等1972年做过一个实验,用科学数据证明了晕轮效应。他们让被研究者分别看高吸引力、无吸引力和吸引力一般的三类人的照片,然后让他们对照片上这些人的某些特征进行评定,结果如表7-1所示。

表 7-1　印象评价的晕轮效应

评定特征	高吸引力者	一般吸引力者	无吸引力者
个性的社会赞许性	65.39	62.42	56.31
职业地位	2.25	2.02	1.70
婚姻能力	1.70	0.71	0.37
做父母的能力	3.54	4.55	3.91
社会的、职业的幸福感	6.37	6.34	5.28
总体幸福程度	11.60	11.60	8.83
婚姻的可能性	2.17	1.82	1.52

注：表中数字越大，表示所评定的特征越积极。

从表 7-1 的结果可以看到，外表吸引力直接影响人们的印象形成。如果以一般吸引力者为参照，则在更多特征上高吸引力者获得了更好的评价，而无吸引力者得到的评价明显低于一般吸引力者。在各个特征评价上显示出一致倾向。

心理学家在分析晕轮效应时发现，人们按照自己的观念（而不是根据科学依据），从个人的一种品质推断出其他品质，是一种普遍倾向。比如，知道了某人是聪慧的，则把这个人想象成富有魅力、灵活、有活力、认真、可信赖；知道了某人行为轻率，则相信这个人好夸口、虚伪、常说谎、不受欢迎等。

心理学家称这种从一种已知特征推知其他特征的普遍倾向称为概化晕轮效应。也就是不只外表吸引力会影响人们的印象，其他品质，尤其是重要品质，具有同样的效应。虽然晕轮效应使人们形成的有关别人的印象与别人本来面目相差很大，但通过这一途径建立有关别人的印象，却是最迅速、最经济的途径，它帮助人们尽快适应多变的外部世界，使外部世界尽快得以结构化和可预言化。

4．利用暗示，倡导流行

有些产品是永久性的使用品，并不存在是否流行，但若人们购买多了，也就成为当时的流行产品。且产品的购买者不一定是其使用者，许多产品是被用来馈送亲友的。消费者不是彼此孤立存在的，他们在社会交往中相互作用，建立起亲情友情，为了表达他们的心情，他们会相互用礼品来送上健康、财运或温暖。因此，如果产品正好符合他们的这些愿望，他们便会主动地购买该产品，而更少地考虑产品的质量、功效。

而如果购买这种产品的风气能被广告制作者利用成为一种当今社会流行的时尚，消费者便会被这种时尚所牵引，抢着购买该产品。如雅士利正味麦片诉求的是母亲对子女的母爱，脑白金诉求师徒之间的感情，旺旺饼干诉求家庭和睦对财旺、气旺、身体旺的愿望，上述产品自然会成为表达他们这些心愿的时尚消费品。

5．合理引发受众内疚心理

虚拟内疚（Virtual Guilt）是指尽管人们实际上并没有做伤害他人的事情，但如果他们认为自己做了错事或与他人所受到的伤害有间接关系，也会因感到内疚而自责。它是一种基于移情理论基础上的人际内疚理论。这种当事人虚拟出来的"错误"导致的内疚在亲情广告的各个环节都得到了很好的体现，尤其是内疚心理引发的消极情绪的表现方面。我们常见的亲情广告通常都是从讲述童年回忆开始，这种回忆题材的选择也是有讲究的，通常选择的是大多数人都曾有过的回忆，以便引发亲情共鸣，再现一种既往的亲情体验，引起目标受众的兴趣，当目标受众顺利走完这个心理过程之后,广告诉求的目标也就达到了。广告向你推荐的产品似乎给了你一个实现补偿的选择,刺激了目标受众的购买欲望。

如在威力洗衣机电视广告"农村篇"中,通过将女儿的童年体验真实地再现在屏幕上,并加以适当的艺术加工,画外音"威力洗衣机,献给母亲的爱"使这一过程变得更加亲切、感人,再现了随着女儿年龄的增长,与母亲的距离虽远却更加深了对母爱的理解。美国贝尔电话电视广告"长途电话篇",以简单、寻常、质朴的情节展现了一对老年夫妇在饭厅吃饭时,接到女儿仅仅为了向父母表达一句"我爱你们"而从远方打来的长途电话的画面,最后不失时机地插入旁白:"贝尔电话,随时传递你的爱。"耐人寻味,贝尔电话一语道破了为人子女对父母的愧疚心理。

第二节 广告要素及其心理效应

画面、语言和音响是广告作品的三个主要组成要素。除了电视广告、网络广告包含这三个要素之外,其他媒体广告基本上只包含这三个要素中的两个要素(如报纸、杂志和广播)或一个要素(如一些户外招贴和直邮广告)。本节着重讨论各种要素的心理效应和创作原则。

一、画面

广告画面在印刷媒体上常称为插图,在电视媒体上有时称为画面,有时称为图像。插图是静态的,图像一般是动态的。插图和图像在一则广告中具有某些相同的功能,但也存在着某些差异。画面的心理效应主要表现为以下几点。

1. 吸引和维持受众的注意力

国外有一家化妆品公司曾以一幅普通的黑白广告和一幅相同图案的彩色广告进行注意效果程度差异的调查。其结论是,在两幅广告中,最引人注意的地方都是商品的照片,彩色广告的注意率达84.1%,黑白广告的注意率为46%。文案部分的注意率较低。注意率最低的是文字标题,彩色广告的注意率为7%,黑白广告第一眼注意标题的几乎是零。

广告插图易引起读者的注意,广告艺术顾问安辛·阿姆斯特朗把插图的这一作用称为"突然袭击",并对此作如下描述,"假设你的读者正在小心谨慎地阅读杂志,他从心理上对一切广告都感到天生的厌烦。在他缓慢阅读的过程中,你为他设置了一个突然的陷阱——让他面临一个断崖绝壁而茫然无措。他急忙悬崖勒马,失去了平衡而险些一头栽下去。他手足无措,终于像爱丽斯掉进兔窝那样地跌入深渊。在那里,他却发现了简单的真理而马上掌握了它——这是他从前未见到过的。这就是怎样让他跌下去并跟着你爬上来的办法"。另有研究表明,图形与文字在一个广告中同时出现时,图形的注意率为78%,而文字的注意率仅为22%。

在电视媒体上,图像能使观众把注意力维持在电视广告的收看行为上。有资料表明,人们通过视觉获得的信息约占人们所获信息的83%,而来自听觉渠道的约占11%。

2. 强化受众对言语信息的理解和记忆

广告向受众传递情报性信息主要是借助于广告语言来实现的。通过广告语言,广告主能够向受众比较详细地描述商品的性能、用途、质量、购买时间、地点等情况,为广大消费者提供确切的信息。广告能否达到这一目的,其前提是受众能否很好地理解和记住广告所传递的信息。而受众对广告信息的理解、记忆程度又部分地取决于广告画面。

如果广告语言与画面中特定的人物、景物同时或连续呈现，受众会产生联想记忆。另外，如果电视广告的图像与语言表达的内容相同，它们分别同时刺激人的听觉和视觉器官，信息分别由听觉系统和视觉系统进入记忆系统，因而达到双重编码的功效，所以记忆效果比较好。

韩国证券公司的广告就采用了一种很温情的沟通方式，广告把证券公司比喻成父亲，而他的客户则是他的孩子，这种比喻体现了企业的人性化以及从客户利益出发的视点，让消费者感受到了更多的信赖与安全，直接与消费者的心灵相通，如图7-2所示。

3. 有较强的说服作用

美国全国广告人协会的调查表明，广告中如果没有图片，将减少75%的效果；而如果广告中没有声音配合说明，效果只减少25%。可见，画面在广告的综合效果中占了非常大的比重，有着较强的说服效果。

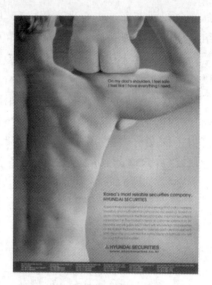

图7-2　韩国一家证券公司的平面广告
（广告文案：在爸爸的肩膀上，我觉得安全，我觉得我能拥有想要的一切。韩国最可靠的证券公司。）

小贴士

画面的设计制作是相当重要的。关于画面如何进行设计制作，J. R. 罗斯特和L. 佩斯认为广告视觉表现原则如下。

1. 总的来说

（1）多用比言语内容更有影响力的视觉内容。

（2）多用高意象（较具体）的视觉内容，少用抽象的视觉内容。具体的视觉内容是指描述那些看得见、摸得着、听得到的人物和事情。

（3）将视觉内容中的产品运用情境与人物联系起来。

（4）利用色彩唤起情绪、黑白提供信息。

2. 对印刷广告来说

（1）运用尽可能大的插图。

（2）利用多要素的插图（有趣的细节）以保持注意而非吸引注意。

（3）将标题置于标题和文案被阅读之前能被看到的位置。这并不是说标题必须在插图之下，而是说插图应该先能吸引注意。

（4）在不同的广告中围绕同一主题改变插图，防止注意疲劳。

3. 对电视广告来说

（1）确保关键画面至少保持2秒钟，关键画面要么显示商标，要么描述主要信息点。

（2）与关键画面有关的声音应该跟在关键画面之后，置于次要画面之中。次要画面是给观众时间以停顿和注意听觉文案的填充性或过渡性画面。

（3）在词语的运用上，在肯定句中应运用高意象词，而在否定句中则用低意象词。

（4）不同的广告围绕同一主题改变画面，减少各种形式的疲劳。

二、语言

人类的交流是利用语言(包括口头语言与文字语言)、手势、动作、表情来传达意识的。不过,就传达意识的工具来说,最重要的仍然是语言。据调查,日常生活中,我们接收到的情报种类很多,其中视觉的占65%,听觉的占25%,其他感觉器官的占10%。而广告的信息,可以用语言与图形表达,但语言是基础,广告可以没有图形,但绝不能没有语言。没有语言,便没有广告。

1. 广告语言的作用

我们先来回忆一个在广告史上非常有名且一直被广告大师奥格威引以为豪的例子——波多黎各经济开发署的广告文案。这则广告的目的是吸引工商业者到波多黎各投资,奥格威为它写了一篇包括5个小标题、长达961个字(英文)的广告文案。这则广告获得的效果是:"……1.4万读者剪下了这则广告中的回单,当中的几十个人后来在波多黎各开办了工厂。我职业方面的最大满足就是看到在我写广告前在死亡线上挣扎了400多年的波多黎各社会开始迈向繁荣。"这则广告的成功,完全是广告语言的功能。

现将广告语言对广告作品的作用概括如下。

(1) 传达广告信息。

(2) 表现广告创意。

(3) 塑造商品、服务或企业的形象。

(4) 限定广告画面的内涵。

(5) 借助于语言,广告效果才得以持久。

2. 广告语言创作的心理原则

广告语言包括标题、文案、口号和解说词等。它要依靠一定的广告媒体,才能传达到特定的消费层。不同的广告信息,不同的广告媒体,不同的消费层,都有不同的传递与接受特性。

(1) 信息的理解性

广告信息一般分为商品、劳务、企业、观念等类型。广告信息的诉求方式,因广告信息的内容不同,以及人们对接受广告信息的理解要求不同,常采用理性诉求或情感诉求,或两者兼有。这些诉求方式的差异,在广告文稿上表现为不同的文体,在广告用词上则表现为不同的语体。广告的理性诉求以说理为主,广告文稿多用说明、议论的表达方式,有较多的科学语体。

广告的感情诉求以激发消费者的购买情绪为主,广告文稿多用叙述描写抒情等表达方式,有较多的口语语体和文学用语。一般来说,生产资料广告以理性诉求为主,以便购买者易于理解这类商品的实际使用价值,从而放心购用;而生活资料广告以感情诉求为主,或理性诉求与感情诉求兼备,使消费者觉得购买这类商品既能满足物质的实用需求,又能满足精神的某些需求。

(2) 适应媒体的心理效应

不同的广告媒体是由不同的物质和技术构成的,因而不同媒体的广告处于不同的时间与空间,有不同的传达广告信息的方式,会对消费者引起不同的心理效应,这便是广告媒体的心理特性。广告语言的表达方式,要适应不同广告媒体的心理特性,才会有良好的广告效果。从媒介角度来看,现代广告主要有报纸广告、杂志广告、广播广告、电视广告、网络广告等。

由于其依附的媒介不同、基本结构不同,因此广告语言的创作艺术各不相同。如广播广告的语言强调通俗易懂、生动活泼、节奏明快、适当重复和口语化;报纸广告讲究形式多样、条理清晰、逻辑性;杂志广告的文案创作侧重于正文,而电视广告的文案创作侧重于解说词、对白和屏幕文字。所以,在广告语言创作中,应该高度重视对媒介的特性分析,以创作出符合特殊宣传媒介所需要的广告宣传用语。

(3) 目标对象的针对性

广告语言的创作,在用词上应该适应宣传内容、宣传方式和公众对象的需要,强化用词的针对性,以提高广告语言的感染力。广告对象因其性别、年龄、职业、文化水平的不同,对接受广告语言的心理要求也不同。如以老年人为对象的电台广播广告,却用孩子的语言来推荐商品,就有点轻佻与讽刺的意味;反之,供应给儿童的商品广告,却用老成持重的语言去介绍,也会大大削弱广告的效果。

(4) 受众心理的鼓动性

广告语言是为商品促销服务的,不同于一般作品的叙述、抒情、论证,尤其强调感染力和号召力,使公众一看到广告文案就涌现出美好的意境,产生强烈的好奇心,这样就可以创造出广告的轰动效应。强化广告文案的鼓动性,除了立意准确、鲜明以外,尤其要注意以下几点。

① 宣传用语要富有动作色彩,借用祈使句的形式,直接诱发公众的参与心态和动作意识。如"重病缠身,不断努力,挑战自己的极限"(补品广告)、"下岗不必灰心,创造第二人生"(再就业广告)、"请大家告诉大家"(皮鞋广告)、"别以为你丢了头发,应看作你赢得了脸面"(理发店广告)、"请注意,好机会稍纵即逝,现在你还勉强选房子,晚来一步只能房子选择你"(房地产广告)等,这种带有明显祈使句色彩的广告标语,均具有较强的心理驱动性。

又如"拥有一片故土""迎接夏日之吻,装点美好青春"(太阳镜广告)、"带给您的小天使融融爱意一片"(尿不湿广告)等,这种广告标语虽无明显的祈使字句,但带有强烈的动作性,因而也具有较强的鼓动性,容易诱发公众的购买行为。

② 要善于制造意境、梦想。人的行为受制于自己的意念,意念有时是公众自己形成的,有时是在他人的暗示下形成的。如果我们能在广告文案的正文部分设计出美好的意境、创造出美好的梦想,使公众受到感染,在暗示的作用下,马上会产生相应的行为。

小贴士

广告语言是印刷广告、广播广告创作的核心,对于电视广告也十分重要。为了有效地发挥广告语言的功能和作用,罗斯特和佩斯在《广告和营销管理》一书中归纳出的下列广告遣词造句的创作原则,可供文案创作者借鉴。

1. 关于标题或副标题的创作原则

(1) 限制在3~8个词。

(2) 强调名词、形容词及与个人有关的词。

(3) 把商标名称置于最后。

(4) 不要用悬而未决的问题。霍华德和巴里1988年调查101名美国广告代理公司的创意总监关于印刷广告疑问标题的运用。72%的人指出,没有什么产品最适合于疑问标题的运用。

(5) 不要命令或要求。

2. 关于文案或解说词的创作原则

(1) 运用简单或熟悉的词。
(2) 运用高意象(具体的)的词。
(3) 运用主动句而不用被动句。
(4) 运用肯定句而不用否定句。
(5) 不要运用模棱两可的词或双关词。

三、音响

音响是广播、电视广告的一个重要组成成分,它包括音乐和效果声。由于音响不能直接负载商品信息,所以在广告创作中常常被放在次要位置,没有得到充分的重视。不过,近些年来,广告音乐越来越受到人们的重视。例如,在现在的电视广告中,以音乐为主的产品广告占有相当的分量,且越来越多的歌唱家、歌星进入广告圈。有些广告主也不惜重金制作广告音乐片。

1. 音乐

广告心理学家帕克和杨(1986)进行过一项研究,通过控制受试者的卷入条件(包括认知卷入、情感卷入和低卷入),来检查音乐对 Ab(对品牌的态度)和 BI(行为意图)的影响。该研究结果表明,在认知卷入条件下,没有音乐的电视广告比有音乐的电视广告对观众的 Ab 和 BI 的改变有更大的影响,说明音乐起了消极的作用;在情感卷入的情况下,有无音乐差异不大;在低卷入条件下,有音乐对 Ab 和 BI 的积极影响比没有音乐大(见表7-2)。庆幸的是,在大多数情况下,观众和听众都是在低卷入条件下接触广告的。因此,可以认为广告音乐一般起着积极的作用。

表7-2 音乐对 Ab 和 BI 的影响

项目	音乐	认知卷入	情感卷入	低卷入
Ab	有音乐	4.10	4.40	4.00
	无音乐	4.65	4.25	3.60
BI	有音乐	3.00	3.15	2.80
	无音乐	3.70	3.25	2.10

音乐从表面上看是非常抽象的,它不可能像语言那样确切地传达具体的信息,却能极大地影响人的情绪和环境气氛,能够很好地表现地方特色和时代特征,有力地烘托主题,也有着极强的象征作用。因此,音乐在电波广告中的作用是不能低估的。音乐是电波广告的主要辅助声音,是指配合广告主题及语言声音的音乐背景声。构成音乐的基本要素是旋律和节奏,所以音乐主要也是通过旋律和节奏来烘托电波广告主题、丰满语言声音的。音乐分器乐与声乐两种。

(1) 器乐

受制作费用、周期等因素的影响,广播广告的音乐声音一般以器乐形式出现。制作者通常会选择现有的音乐资源,如各种风格的器乐合奏曲、独奏曲、电声乐曲等,经过剪辑处理,为所要传递的广告主题服务。选择广播广告音乐,要坚持以下两个原则。

① 音乐风格与广告主题风格一致。音乐是最有感情色彩的,钢琴华丽,小提琴抒情,吉他浪漫,古筝典雅,唢呐高亢,每种乐器的感情基调本身就不同。而随着节奏与旋律的变化,音乐的感情色彩也会随之发生变化,所以选择何种类型的广告音乐,是热闹,或清新,抑或神秘,应根据广告主题风格的特征来确定。

② 音乐旋律节奏与语言声音节奏一致。在广播广告中,语言声音是主声音,音乐起烘托与陪衬作用,两者结合得好,才能有助于听众对声音的理解。这中间,最关键的是要让两种声音在音量上和节奏上达到和谐。童谣、快板、顺口溜等形式之所以广受欢迎,就在于这两种声音的统一产生了韵律感与和谐美。

(2) 声乐

声乐是以歌唱的方式呈现音乐声音的一种形式。在电波广告中,声乐也有两种类型:一是借用现成的歌曲,以引起听众的好感与偏爱;二是原创广告歌曲,指专门为某一特定电波广告所做的歌曲,这种音乐形式比较具有新鲜感,且因是为某个产品量身定做的,在旋律、节奏风格上较贴近广告主题,能展现产品独特的个性。应针对不同消费者、不同的产品特性,选用不同的广告歌曲,具体原则如下。

① 活泼轻快的歌谣,能让儿童产品更快地被接受,并可能借由相互传唱在无形中增强品牌记忆,增加指名购买率。娃哈哈果奶"甜甜的酸酸的,有营养味道好……"和喜之郎果冻布丁"美味健康,快乐营养和你欢聚一堂"的熟悉旋律,赢得了众多小朋友的喜爱,"娃哈哈"与"喜之郎"也成为同类产品中的第一品牌。

② 流行曲风的广告歌,可以充分利用其旋律性和传唱性吸引年轻人的注意,进而影响他们对品牌的注意率及好感度。如"曾经的欢乐、悲伤,我们同分享,未来的路漫长,我们一起闯"(金芒果集团),"悠悠岁月久,历历沱牌酒"(沱牌曲酒),"你看到了什么?我看到了健康美味新生活"(银鹭花生牛奶)等,在年轻观众中相当有市场。

③ 名人加歌曲,广告与唱片市场双赢。商家与唱片公司联手,商家斥资请名歌手以主打歌的形式为产品或企业做代言人,产品与企业的信息巧妙地隐藏在歌词与相应的 MTV 画面里。在具体操作上,商家常常从一首完整的 MTV 里套剪出 30s、15s 等多种形式的电视广告版本,而唱片公司则借助广告的强势在无形中为歌手及其主打歌作了广泛的宣传。如娃哈哈矿泉水先后以景岗山的《我的眼里只有你》,以及毛宁、陈明的《心中只有你》作递进式形象推广;湖北旭日升集团以羽泉的《冷酷到底》为旭日升冰茶摇旗呐喊;张惠妹的一曲《给我感觉》使雪碧饮料深受少男少女欢迎。

2. 效果声

效果声又称音响声音,简称音效。它是用各种器械制造模拟声或通过科学方法采集自然界和现实生活中的各种声音,音响声音在介绍环境、烘托气氛、推进情节、制造悬念等方面发挥着重要的作用。音响声音具有强烈的提示功能,人们一听到那些熟悉的声音就知道在什么环境正发生什么事情。当然,运用音响声音也要有原则,讲分寸。

(1) 精选慎用,用则传神

广播广告一般在 30s 左右,最长也不宜超过 1min,因此只有在确有必要之处才使用音响声音。如果音响声音使用多而杂,就会干扰主信息的传达,甚至成为噪声。若要用音响声音,就要用得真、用得巧、用得神,让音响声音真正为创意服务。

(2) 诉诸感情，身临其境

音响声音来自生活和语言声音，与音乐声音比起来，它显得更真实、更真切。所以运用音响声音，一方面要尽可能唤起听众生活中的熟悉反应，让他们有身临其境的感觉。只有在这个前提下，他们才可能有兴趣去了解、消化你所传达的广告信息。

另一方面，自然音响也常常与人的心情高涨低落相对应，人们听到声效后会有一种本能的情绪反应。要想衬托、说明某一个特定时刻的心理状态，就要选择具有相应感情色彩的音响声音，这样的音响声音才能在广告创意中真正起到作用。第四届全国广告作品展评出的广播广告银奖作品"舒尔麦克风"就把音响声音运用到了极致。

（雷声巨响……）声音的震撼力，并不在于音量的高低（旁白）。

（流水声……鸟鸣声……）而是在于它是否真实、自然、长久地感动了你（旁白）。

（帕瓦罗蒂"我的太阳"前奏）美国舒尔麦克风的名字，代表着纯粹自然的原音效果和异乎寻常的优质与耐用（旁白）。

这就是为什么世界优秀的表演艺术家及专业音响人士信赖舒尔产品长达70多年之久的缘故（旁白）。

（帕瓦罗蒂原唱）美国舒尔麦克风，崇尚科技，追求自然（旁白）。

在乎您的感受（旁白）（爆炸声……）。

我们能深刻地感觉到，广告中穿插的自然界的声响如雷鸣闪电、流水鸟鸣及最后的爆炸声。每一种声音都在配合主信息的传递，都在烘托舒尔麦克风自然纯正的高品质。

第三节　广告制作心理

一、广告制作符合广告心理学的原则

广告的宣传是针对潜在的目标消费群体进行的，所谓对象突出也就是目标消费群体要明确，要划分好细分市场。不同子市场的消费群体的心理特征各具特色，广告制作必须考虑目标群体的特点，广告设计制作必须符合广告心理学的原则，符合产品的特性，明确消费群体的利益诉求点，使广告引起广告受众的注意。

（一）对象突出

一般而言，广告宣传的目的主要在于刺激消费者，引导他们购买广告所宣传的商品。每一类商品都拥有相对应的主要消费群体，如化妆品，其消费者主要是女性，而书包的消费者则主要是学生。确定广告诉求策略时，明确诉求对象主要是解决诉求的目标公众问题，即说服什么样的公众。

小贴士

只有找出了广告诉求的具体对象，才能进一步分析他们在消费中的地位（如属于购买倡议者还是购买决策者或享用者）、心理特性、接受机制、知识水平状况，并据此确定广告诉求的主题理念、模特形象、符号形式、信息内容和表达方式。

例如，由著名演员李丁所做的高钙片的广告，就是考虑到其消费者是老年群体，所以在进行广告诉求时找李丁作为形象代言人，并针对老年人节俭的特性，打出"高钙片，水果味，一天一片，方便又实惠，一片顶五片。"这样的广告语。广告诉求信息简单而明确，并专门针对老年消费者。

（二）避免误解

所谓避免误解是指广告在表达上要准确无误，不要产生歧义。一般广告制作的歧义都是源于不同的文化背景或者对事物理解的不同角度导致的文化冲撞。

（三）表达精确

广告制作要注意表达精确，所谓的表达精确主要指两个方面，一是广告定位要准确，二是广告内容要准确地表达主题。

广告是用来宣传产品的，在广告宣传中，产品将以什么地位出现，以什么形象出现，或者说，广告要突出宣传产品的哪一方面，什么特点，这是关系到产品将给人们留下什么印象的大问题。如果对这一点把握不准，再好的产品也难于被消费者真正认识并接受。由于产品本身包含着许多复杂的要素，因而要在广告中准确把握产品的地位关系及其形象特色就是一件复杂的事物，这需要一番精心策划，制定出良好的表现策略。

品牌定位策略要依靠广告的传播才能成功。采取鲜明定位策略的品牌，要将"定位"作为广告长期坚持的诉求重点。创作广告时要准确了解品牌定位，然后明确传达关于定位的信息。

案例 7-3

生硬的广告

除了同类产品容易出现雷同现象之外，现在还有些不同产品之间的广告有互相抄袭的现象，体现出了广告界的创意匮乏，对比图7-1和图7-3的两则广告就会发现有着很大的相似性。

而图7-4的广告，则是相隔几年后出炉的本土广告。从整个广告的表现形式上看，整幅广告无论是在版式上、图形表现功能上，还是审美情趣上等，与"ALBERNOL TEN"鞋广告相比都大打折扣，图形与文字之间关系比较生硬失衡，没有非常到位的平衡关系。

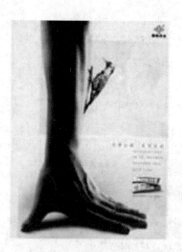

图7-3 一则药膏的平面广告

该幅广告首先让受众看到的就是硬生生的商品——药膏，而真正能刺激受众购买欲的广告重点信息图形功能却弱得让人感觉不到存在。现在的药品广告铺天盖地，受众在这则广告中看到的是生硬的药膏和药盒子，色彩太过张扬，严重影响了产品与受众之间情感信息的传递和沟通。

具有原创性、震撼性、关联性的广告作品，在关键的一瞬间就能抓住受众的眼球。如果一幅作品失去了原创性，再投放到市场只能生产"信息垃圾"。广告不能与受众产生共鸣，又怎能刺激消费者的欲望呢？

创意简洁有力，制作上花费甚少，却准确地传达出了广告主题，让人回味无穷。瑞士军刀的广告,为了凸显此军刀的多功能性,体现它是多种工具的融合,方便随身携带;它采用的创意方式是用一个诺大的工具箱敞开给人看,箱中空空如也,其中只有一个小巧的军刀,体现出了产品的多用途。广告诉求点完整,表达精确,令人过目难忘、印象深刻,引发形象记忆,如图 7-4 所示。

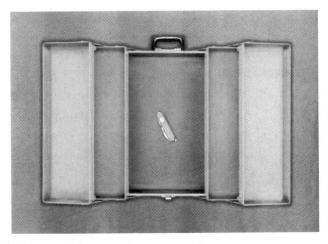

图 7-4　一则瑞士军刀的广告

二、广告制作应避免的心理学误区

(一) 千人一面

随着商品社会的发展,企业之间的竞争日益激烈,要想在激烈的竞争中站稳脚跟,一个有效的办法就是投入大量广告进行宣传,来扩大自己的影响,构建自己的消费群体。

小贴士

创意是一个广告中最核心的部分,创意的好坏决定了一个广告的成败;而缺乏创意是我国广告的通病,创意的贫乏导致很多广告雷同现象特别严重。

要想使广告在制作上达到良好的效果,就要注意避免雷同现象,也就是避免千人一面,否则会对观众产生强烈的视觉疲劳,对商品的记忆容易混淆,收不到良好的效果。

例如,自从脑白金推出"送礼就送脑白金"的广告口号一炮而红后,其他的商家也跟着蜂拥而上,如"好记星,送礼响当当""诺亚舟,送出一个金状元""雅士利,大品牌现在都流行送它"等,都想借中国"送礼"的传统让自己的产品能够产生较好的销量,但这种千人一面的广告方式却很难让人产生强烈的记忆。

(二) 夸大其词

广告最大的特性就是真实性,所发布的产品信息必须是真实可信的,不能欺骗消费者。广告内容的真实可靠主要体现在:广告所介绍的商品或者服务是真实的、客观存在的;广告内容能够被科学的依据所证实;广告内容与实际相一致,商品或者服务的基本构成要素,如性能、质量、价格、产地、生产者、有效期、允诺等,必须真实,不能夸张;广告在表现上运用的艺术夸张手法,应当能被公众接受和认可,不得使人产生误解。

如今在保健品、药品、房地产、教育培训等行业虚假广告屡禁不止。在有些媒体看来,只要产品不是假的,不存在质量问题,反正都是做广告,宣传过了点,广告夸张了点是理所当然的事情,如此逻辑也就造就了许多大牌大腕厂商也加入到发布虚假广告的行列,刻意夸大产品功效,隐瞒产品缺陷,煽动盲目消费。弄虚作假或许能暂时蒙蔽消费者,给企业带来暂时的利益,它的假象一旦被揭穿,广告客户的信誉扫地,会从根本上丧失市场,丢掉企业的信誉。

广告的夸大其词只会导致消费者对广告的反感、对产品的不屑一顾。所以创意人员在创作广告时一定要注意广告的真实性,注意把握广告情节的设置及表现方面的真实性。但也并非要求广告创意的所有场景和场面必须是绝对真实的,创意允许适当的夸张和想象的成分,但是应该符合两个基本条件:其一,创意要符合人们的生活方式和逻辑思维;其二,这些夸张和想象的成分不得影响广告信息的真实。

可以说适当的夸张是一种相当吸引人、相当有冲击力的广告手法,因为它把给消费者的利益点放大,让消费者一看就知道你的 USP 所在,起到广告的最佳传播作用。但夸张绝不意味着夸大其词,一定要让人感受到是运用想象力之后所产生的效果,要应用的巧妙与幽默。

夸张有时候是细节取胜,一个小小的细节却往往让人震撼很久。百事可乐的一则广告,"Diet Pepsi"说这种减肥可乐,连猫喝完后都苗条得可以钻老鼠洞,生动、幽默的画面,让人付之一笑,还留下了深刻的印象。虽有夸大的成分,但比较合理,造成一种充满情趣、引人发笑而又耐人寻味的幽默意境,勾引起广告受众会心的微笑,以别具一格的方式,发挥艺术感染力的作用,如图 7-5 所示。

图 7-5　百事可乐的一则广告

因此,广告创意一定要把握好真实性与夸张、想象的距离;合理的艺术夸张有助于"巧传真实",不合理的夸张只能导致广告效果差强人意,甚至"引人发指"。

第四节　优秀广告作品的心理学特点

一、新

优秀的广告作品一定要富有时代感,符合社会发展潮流,采取新颖独特的创意方法。所谓新颖独特,主要是谋求广告表现形式上的新颖,以全新的方式给公众一种强烈的新鲜刺激,引起公众的好奇与注意,从而实现广告的宣传目的。消费者喜欢接受新的事物,而且新的事物在消费者记忆中不容易受其他信息干扰,记忆比较牢固,提取也比较方便。

广告作品只要形式新颖,富有新意,必定能引起公众的注意和认可。在广告创意中谋求新颖,可以从以下三个方面进行。

(一) 有个性特色

随着商品同质化现象的严重,批量生产的过盛,也使得同类产品的广告创意比较贫乏,雷同现象比较严重,很难推陈出新。所以作为被宣传的信息,如果能够超越同类,比较富有特色,自然会吸引消费者的目光,产生很好的"眼球经济"效益。

例如南京公交站牌广告创意——《动物历险记》。

南京报业的竞争异常激烈,户外广告也不例外,位于公交站台两侧的这块面积不大的广告灯箱面临着不少的压力。

怎么表现它才无法让人忽略呢?拦截路人视线?俘虏眼球?表现都太复杂,在户外媒体上效果太有限,与媒体本身互动可能是唯一的出路。

这组创意作品共分三篇,分别以老鼠、毛驴、猪作为形象主体,诉求不同的好奇,形象凸显、创意新颖,文案用拟人的手法,像《伊索寓言》一样产生令人愉悦而记忆深刻的效果。

灯箱广告之《老鼠篇》

旁白:我曾经可以头也不回地从这个灯箱前溜过,但我却鬼使神差地瞄了一眼。没想到这家伙的吸引力大得可以吸眼球,就这一眼把我的肠子都悔青了。如果上天再给我一次重来的机会,我一定把一直追我的那只猫引到这……

灯箱广告之《毛驴篇》

旁白:不许叫我瞎驴,不许叫我独眼驴,不许叫我海盗驴!虽然看起来有点酷,但其实我什么都不是。我就是驮着张果老路过这儿时,好奇地瞄了这家伙一眼,没想到这家伙的吸引力大得把眼球都吸走了。现在我知道他骑驴时为什么要看唱本了,不看唱本不就看到这家伙了吗?这老家伙,太贼了。

灯箱广告之《猪篇》

旁白:我不是八戒,是九戒,西天取经路上,什么样的大风大浪都挺过来了。谁知道修成正果后,因为看了一眼这灯箱,就晚节不保了。我就是再通天彻地,也不知道这家伙的吸引力大得能把眼球吸走啊!现在这模样让我怎么回去见高老庄的高小姐啊!从此我就多了一戒:绝对戒看大唐灵狮的灯箱。

业内人士对此广告评价较高。此案是近来国内广告案例中难得的佳作,不论概念,还是表现。在现今信息过渡泛滥,且同质化严重的传播环境中,抓抢注意力和概念精准两者兼得的个案少之又少。"吸引注意力"作为户外广告的核心信息,是准确的。"吸引眼球"的表现概念及卡通和调侃语调的表现形式,都非常出色。将"吸引眼球"这个大众熟知的、与"注意力"概念紧密相关的语言元素,以一种有张力的、有想象力的视觉方式表现出来,配以大话式的文案,简单鲜明,饶有趣味,并合理地将其中的伤害意识巧妙化去,与奥格威先生的哈伟衬衣广告中那位神秘的、阅历丰富、视觉独特的眼罩男士,有异曲同工之妙。确为形神合一的佳作。

中国平安《方言篇》电视广告在同类保险广告中独树一帜,别出心裁,引起了消费者很大的情感共鸣,广告抓住中国文化里对平安的渴求,在中国各地,不同家庭却怀有相同的对"平安"的渴望;妈妈对儿子、女儿对父母、妻子对丈夫、儿子对爸爸,以方言为表象和纽带,直接表达最真挚、最朴实的愿望。并以社会事件巧妙结合深刻感人的画面,让每个接触到的人都被深深吸引，如图 7-6 所示。

图 7-6　中国平安《方言篇》电视广告

　　《方言篇》传承"中国平安　平安中国"的精髓，一个大气的、真正了解尊重中国人民的现代企业形象展现在人们面前；从中体现出的平安对中国社会民生的关注，企业的实力和服务意识之强大，足以让消费者对平安产生信赖感和亲和感。

　　整支广告调性淳朴，含义厚重，以平安生活中潜藏的不平安，让每个人体会到了平安的可贵，每个渴望和谐幸福生活的人们都会在广告里找到共鸣。结尾的"和谐生活的共同语言，让每个家庭拥有平安"则进一步将"平安"与时政巧妙结合，片中的配乐舒缓、动听，配着故事情节的脉络让人感念平安的价值；整幅广告立意新颖、视角独特。

　　以《方言篇》电视广告为龙头，带动户外、报纸广告、宣传单、海报等，"和谐生活的共同语言，让每个家庭拥有平安"作为平安的年度推广主题，出现在传播的每个场所。中国平安关注消费者的生活，所以平安才更能保障平安的生活。丰满的现实画面，体现了平安跟消费者的零距离，同时也反映了平安的实力和诚信。

　　《方言篇》推出后，有效促进了中国平安企业及品牌形象的提升。被《21 世纪经济报道》及 Interbrand 评为 2005 年中国品牌建设年度十大案例；从 2002 年起连续五年荣获"中国最受尊敬企业"；荣获《欧洲货币》2006 亚洲最佳管理保险公司称号。

（二）更新的广告宣传样式和作品

　　没有一家企业会仅创作一则广告，企业的不断发展也就意味着其需要不断地进行广告宣传，所以广告形式要不断地变更以吸引消费者。在这种变更过程中，广告要注重自我超越，不断更新其宣传样式来吸引消费者。没有消费者喜欢一成不变的东西，或者说同一水准的东西，人类的进步就意味着不断地超越，广告也不例外。

　　中央电视台在父亲节所推出的公益广告，就超越了既有的表现形式，用生活中最普通的人来表达"父爱"这个理念，如图 7-7 所示。

　　本片讲述了一个可爱的小男孩和他的爸爸之间的故事。一个机灵单纯的男孩，一个忙碌宽容的父亲，一段温馨感人的故事。儿子问爸爸一天可以赚多少钱，爸爸随口一说，儿子却记在心里。于是儿子开始在各种场合向爸爸要钱、要钱……每次只要一元。快节奏闪过的一组组画面，既表达出儿子向父亲要钱的情节，又生动地展现了父子二人真实的生活，而这种生活正是孕育父子之间感情的土壤。最后，儿子举止奇怪的谜底在一天早晨被揭开，他要用攒下的 99 元钱买下父亲一天的时间。

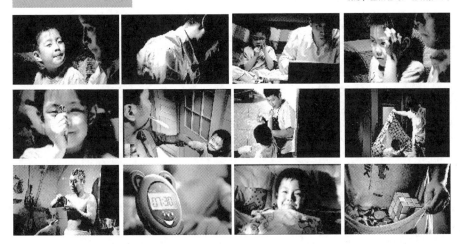

图 7-7 公益广告《父亲节篇》

其中一个小细节:父亲说他一天能赚 100 元钱,可是儿子只攒了 99 元,所以他那用衣服兜起的硬币堆里,还有一个用来抵一块钱的小玩具。小孩子单纯又真挚的感情让人感动。广告另一大亮点是结尾部分,父亲并没有按照常情拒绝儿子,面露难色地向他晓之以理,而是顺应了他的要求,在欢快的背景音乐中与儿子玩在一处。

此时,感到满足的已不仅仅是那个小男孩,还有我们这些已经被小男孩感动的观众。此篇广告一反父亲节向父亲表达爱的常规诉求,而是从小男孩向父亲索取爱的角度侧面地表达出儿子对父亲的需要,对父亲的爱。这一角度,更能引起大家心灵上的共鸣。

本片的目的不只是在传播"父亲节",更重要的是在传播亲情,不要让亲情在忙碌的商业社会中迷失和遗忘。其广告创意诉求巧妙,以情动人,堪称经典。

(三)强化时代文化色彩

社会发展的最大特色是要与时俱进,作为广告也不例外。广告中的"新"最好能够体现时代发展最前沿的东西,让人感受到整个社会的律动、思想观念的变化,让消费者能从其中接受的不仅仅是商品信息,还能够外延出一些社会文化,用这种文化来获得消费者的认同。

通用电气(GE)2008 年 3 月在《三联生活周刊》投放的一系列广告,就是对时代最好的注解,其广告语是"绿色创想"。整则广告在设计上延续了环保和绿色奥运两大主题,充分表达了通用电气(GE)的绿色创想,符合时代特色及 2008 年北京奥运盛会的状况。

"万里长城万里长,长城内外是故乡",伴随着《长城谣》优美的旋律,在雪花图案映衬下,长城烽火台的雄姿、故宫角楼的丽影依次闪现;2008 年北京夏季奥运会开幕式上的烟火喷薄绽放,迅速幻化成纷纷"瑞雪"飘落在"鸟巢"……2014 年 11 月 1 日,北京和张家口联合申办 2022 年冬奥会宣传片在冬奥申委官方网站亮相,向全世界展现北京对申办 2022 年冬奥会的热情与渴望。

北京申奥宣传片既展现了长城内北京市民冰上运动火热的场景,又介绍了长城外张家口雪上活动飞扬的激情。国家体育馆、五棵松体育馆中的冰球赛场,首都体育馆中的花滑竞技,"水立方"游泳馆改造后能举办冰壶比赛,还有国家速滑馆等待建设……宣传片展望了 2022 年冬奥会比赛现有场馆赛事安排、即将建设场馆的初步规划。

这是一次充满创意和勇气的申办活动：长城内外两个城市携手，带动数以亿计的民众投身冬奥怀抱。拟建的高速铁路将大大缩短"冰"与"雪"的距离，主要举办冰上赛事的北京，与主要举办雪上赛事的张家口，在高铁贯通后，只有 50 分钟车程。

"纯洁的冰雪，激情的约会"，既是京张对自身的期许，也是中国对国际奥林匹克大家庭的承诺。

二、奇

奇特创意方法就是谋求广告宣传"奇特"成分，以个性鲜明手法满足公众的好奇心和娱乐需求，进而实现广告目标。在公众看来，奇特的东西就具有娱乐性，所以对新奇的事物始终都有强烈的兴趣。

例如，美国《时代》周刊曾经刊登过这样一幅脍炙人口的漫画广告，在野外森林里，一位猎人正全神贯注地读一本书，双筒猎枪搁在一边，一只戴着眼镜的长颈鹿伸长脖子与猎人同看一本书。这本如此令人着迷，把敌我双方都吸引住的书正是《时代》周刊。

这幅漫画的夸张奇特形象、不可思议的组合取得了良好的幽默效果，而这种幽默又准确深刻地表达了《时代》周刊内容丰富、雅俗共赏、可读性强的主题。

"奇"是开展广告宣传极好的切入口，而且具有新奇色彩的广告作品，一般都能产生良好的宣传效果。现在广告的"奇"主要体现在以下两个方面。

（一）奇特的视觉形象

奇特的视觉效果主要指运用高科技营造万花筒般的神奇场景，创造新奇，令人惊讶的视觉形象，刺激消费者的感官，见到平时生活所不见的，从而加深心理上的记忆程度。

随着影视技术和数字技术的发展，在现在的广告中越来越营造一种奇特的非现实的场景来吸引消费者的关注，达到一种视觉上的奇观和震撼效应。这主要源于三维场景和虚拟动画人物形象在广告中的应用，三星笔记本电脑广告，如图 7-8 所示。

图 7-8　三星笔记本电脑广告

（二）奇特的构思

奇特的构思主要是指广告在创意方面讲究构思的出人意料，激发人的好奇心来欣然欣赏，诱发其进一步探究广告的内容，给人留下难忘的心理感受。

一则荣获第 44 届戛纳国际广告节金狮奖的杂志广告。其视觉画面由左、右两部分组成。左面的画面，是一个人的背影，她穿着牛仔裤，长发垂腰，看上去是一位矫健的少女；右面的画面，是同一个人转过身来的正面形象，却原来是一位老太太，形成了令人惊讶的视觉冲击力。从而造成巨大的悬念：为什么会如此呢？文案虽只有几个字，却道出了谜底：Levis 牛仔裤，如图 7-9 所示。

图 7-9　一则 Levis 牛仔裤广告

两幅画面的鲜明对比，与文案的相互配合，形象地体现了 Levis 牛仔裤可以使老年人变得年轻的主题。而文案的提示不仅进一步深化了主题，而且通过模特为产品做广告的经历，进一步强化了品牌的悠久历史。约瑟芬是著名的模特，最先为 Levis 牛仔裤做广告，真是升华主题的点睛之笔，广告以一种奇特的对比构思深化了消费者对品牌的认识。

三、美

好的广告，在给我们传递信息的同时，也给我们带来美的享受。这种美可能直接作用于我们的眼睛，在形式上带给我们视觉美，也可能通过广告文案或单独或配合画面背景给我们营造一种美的意境，带给我们情感上和审美上的享受。

审美是分很多种的，比如意境美、思想美、画面美等，现在的广告在制作上越来越讲究使受众通过浏览广告产生审美联想和审美共鸣，达到促进销售和传播文化的目的。

（一）形式美

广告的形式美主要是通过广告的画面设计体现出来的。现在的广告无论是平面广告还是影视广告都讲究画面上美感的设计，希望通过美的享受来吸引消费者的眼球，诱发其购买欲望。

平面广告的美主要存在于版面的编排设计中，遵循美的形式法则并结合设计者的独特创意，将归纳为点、线、面的各种广告设计要素进行艺术性的整合，构成多姿多彩、各具特色并适合不同创意需要的版面形式。

影视广告形式美的营造除了讲究画面色彩、影调的应用之外，还讲究摄影、构图、布光等制作手段的集体协作来创造出充满视觉上震撼力的影像效果。当代的社会处于视觉至上的时代，数字媒体的发达和读图的便捷性使得大众对图像画面享受的重视达到一个前所未有的高度。所以影视作品的视觉精致化成为一个更高的卖点，影视广告如果想在众多的广告作品中脱颖而出，视觉上的形式美感是一个很重要的手段。

（二）意境美

广告在完成其基本功能如介绍产品功能特点、诱发购买行为之外，尽可能的要给人以美的享受，将营造一种意境作为广告作品追求的最高境界。意境实际上就是一种渲染，通过画面的创作来渲染一种独特的氛围，一种依靠我们的心灵来体会和感受的境界，能够引起我们对于生活和人生境遇的思索与向往。

一则在西藏所拍摄的索尼摄像机广告就如同一幅充满着诗情画意的散文，让人流连于整幅广告所营造的优雅、恬静、淳朴的生活状态，让人有一种世外桃源般的静谧享受；广告中没有对话和旁白，简单的音乐犹如天籁之音让人陶然其中，画面所配的字幕更让人感叹时间的流逝与珍贵，每一分、每一秒都是创造奇迹的基点，都是构筑永恒的塔底，如图7-10所示。

图 7-10 索尼摄像机的广告

画面：两个儿童一起拨弄拨浪鼓。
字幕：三秒钟，见证爱情萌芽。
画面：两位老人相濡以沫紧握双手。
字幕：三十年，刻化岁月容颜。
画面：拍摄古典建筑。
字幕：三世纪，珍藏永恒传统。
画面：新人喜结连理，众人欢聚共祝。
字幕：三分钟，分享刹那喜悦；三原色，构成大千世界；300万像素，完美捕捉一切。

广告所营造的意境让我们感受不到是给索尼摄像机做广告，而像是诉说着一个悠久的人类故事，只不过我们派去了一个人来见证那远离的淳朴与祥和，此番意境美，打动了无数的消费者，让消费者再次体会到了超然物外的宁静世界。

（三）情感美

情感是人类的永恒话题，也是维系人与人之间关系的基础。用真实的情感去表现能够感动自己的情节也一定能打动他人。亲情、爱情、友情等情感的融入，不仅仅是让广告和产品拥有了生命力，更重要的是让消费者从中找到了自己过去、现在的影子，使产品和消费者之间产生共鸣，由此建立了一个产品或品牌最重要的价值——顾客忠诚度。

在现代的广告中,以情感为表达手段的广告并不少见,而且往往能创造出十分感人的效果,如我们知道的百年润发和南方黑芝麻糊的广告,分别以爱情和邻里乡情作为表现手段,赢得了无数观众。还有"爱立信"在1996年推出的三个企业形象广告片——《父子篇》《代沟篇》《矿工篇》,这三部广告片分别以"沟通就是关怀""沟通就是理解""沟通就是爱"为标题,以中国人生活的真实形态作为表现故事的方式,使人们真正地体味到了浓浓的深情。

爱立信还曾推出由金城武代言的近三分钟的广告,他在音像店去买唱片,遇到了一个失聪的女孩,并给她点播了一首歌曲,广告结尾以金城武的独白"夏天过后,我想知道,如果声音最想表达的是什么,那就是让你的心听到吧,我知道,你听得到。"来表达他对女孩的关切,这样一种微妙的情感让我们任何一个人都能够有所触动。片尾以"沟通就是关怀"作为结束语,点出了广告的主题,也把爱立信的产品信息无声地传达给消费者,如图7-11所示。

图7-11 一则爱立信广告

广告大师霍普金斯曾说过:"只要有可能,我就在广告中加入人性的东西……广告能否调动人内心深处情感的体验,关键在于能否用人类最原始的情感去打动人。"

四、怪

广告创作的"怪"主要体现在超常思维的运用,是另类思维的一种表达。从现代主义讲,"怪"主要体现在以下几个方面。

(一)荒诞

荒诞是现代主义广告最重要的特征之一。英国著名学者马丁·埃斯林曾经指出,荒诞是不合道理和常规、不可调和的、不可理喻的、不合逻辑的。现代主义的荒诞手法对广告产生了深刻的影响。由于人们对那些合乎常规的东西看得太多,故对反常规的创意特别青睐,因为不同凡响、反传统的东西容易引起消费者的注意。

除了反常规组合之外,荒诞性的另一特点是在于它的非逻辑性和反逻辑性。广告荒诞,主要在于其问句语无伦次,不合逻辑,是一种无序性的混乱结构。但也正因为广告文案的非逻辑性,才使得观众对它的荒诞怪异产生了兴趣和注意。这是符合心理学规律的。心理学指出,人对于那些一反常态的奇异事物和现象,往往会特别感到兴味盎然,并产生了高度的关注。

要想创作出效果好的荒诞广告文案,一是让题材呈现出反常规的组合,二是语无伦次,使之具备非逻辑性的特征。

在中兴百货的广告中,服装店和书店似乎有些风马牛不相及,中兴百货却偏将二者扯到一起,广告创意在知识和服装之间找到了联系——"到服装店培养气质,到书店展示服装。但不论如何你都该想想,有了胸部之后,你还需要什么?脑袋!有了爱情之后,你还需要什么?脑袋!有了钱之后,你还需要什么?脑袋!有了ARMANI之后,你还需要什么?脑袋。有了知识之后,你还需要什么?知识。"

广告中,创意人制造了绝对语气的设问式文案,不容你对问题产生置疑,仿佛广告给你的就是绝对权威的流行情报。创意人勇于打破人们固有的思维定式,尝试着在看来不相干的事物之间建立起新的组合,新的联想。

(二)扭曲变形

现代主义反传统的另一个重要方面,就在于它不按事物的本来面目予以表现,而是否定事物自身的比例关系,歪曲其外部形态,扭曲变形的方式主要有两种,一是把一种事物完全变成另一种事物,如人变马;二是改变事物的正常比例关系,使人或事物的结构关系受到扭曲而有悖常态。

预防皮肤病的广告,就把儿童的脸置换变形为老妪的面孔,来引起人们关注阳光对皮肤的伤害。其广告文案:"阳光对人的伤害有80%以上是在人们18岁以前就发生了。从小就保护您的孩子。请戴上太阳镜,穿上防晒服。"整则广告压缩危害过程呈现最终结果;画面的对比效应强烈,比枯燥的数字或说教更为触目惊心,引人关注和思考,如图7-12所示。

图 7-12 一则预防皮肤病的广告

复习思考题

1. 理性广告诉求和情感广告诉求的心理策略是什么?
2. 画面的心理效应的主要表现是什么?
3. 如何营造广告的情感美?
4. 选择一则影视广告分析其中所蕴含的创意构思技巧。

实训课堂

收集二十个广告案例,列举说明广告意境美的主要表现方法。

实训案例

麦当劳:"牛肉"广告攻略

"牛肉是尊贵享受,牛肉是健康源泉,啊,对了,牛肉也很性感"。这是麦当劳(McDonalds

Corp.)如今正在向中国消费者传达的信息,希望借此吸引他们去吃更多的汉堡。一则辣味十足的招贴广告上,画面是一个女人红唇的近景特写;而摆放在餐厅门口的另一则广告上,则是女人的手轻轻滑过男人绷紧的肱二头肌。附带的广告语是:"撩动你的感官。"

麦当劳的在华经营战略如今已经发生了改变,近来它开始将产品推广重点越来越多地由专为中国人开发的食品转向了传统美国汉堡。此番为配合新品汉堡"足尊牛堡"的推出而发动的广告宣传攻势便是这种战略转变的一个充分体现。

在中国,牛肉比其他肉要贵,消费者将之视为肉中上品。麦当劳正是在利用牛肉的这种形象以及中国人思想中"吃牛肉让人精力充沛、充满性魅力"的传统观念。在汉语里,"牛"字本身便含有"有力量、有能力、男人味十足"的内在含义。

麦当劳的电视广告比平面广告更加火辣。其中一则表现的是一个男人和一个女人吃"足尊牛堡",女人颈部和嘴唇特写以及焰火水花的画面交相闪烁,其中更夹杂着演员吮指的镜头。柔柔的画外音响起:你能感受到,更厚。感受一下吧,更多汁。

刊登在时尚杂志上的一系列明快的平面广告也设想了许多牛肉帮助解困的场景。其中一个是,一位年轻男子正在为五位网上女友同时约他第二天见面而发愁。广告给出了解决方案:要么另请四位朋友代劳,要么"今晚多吃牛肉,明天便能同时与五位公主周旋"。广告敦促读者,吃"足尊牛堡","将蛋白质和维他命注入你时尚的身体。"

目前,麦当劳在中国销售的快餐中一半以上是鸡肉类产品,牛肉类产品仅占35%。麦当劳中国业务首席执行长施乐生(Jeffrey Schwartz)最近表示,过去一直认为,在中国,言快餐便少不了鸡肉。但消费者研究和推广巨无霸(Big Mac)的成功让他们改变了看法。他说,我们需要牛肉产品,这是我们的特色,也是我们的起点。

施乐生领导着一个一年前左右派往中国的管理团队,希望阻止市场占有率的下滑,重振麦当劳在中国的业绩。多年来,麦当劳在中国的各个地区采取了不同的策略。在施乐生的领导下,中国各地的麦当劳餐厅开始重点销售牛肉汉堡,并增加了得来速餐厅,同时加强了市场研究,了解消费者最喜爱的产品。

管理人员称,麦当劳的牛肉和时尚的广告能使其有别于竞争对手,增强了其在中国塑造的"锐意进取"的品牌形象。这使麦当劳采取了同其最大的竞争对手——百胜餐饮集团(Yum! Brands Inc.)相反的路线。百胜旗下的肯得基(KFC)在中国的餐厅数量是麦当劳的两倍,提供了更多专为中国市场设计的食品。

【案例分析】

麦当劳在中国市场大打品牌,利用美国快餐的形象,通过牛肉在中国人思想中"吃牛肉让人精力充沛、充满性魅力"的传统观念,促销牛肉汉堡——巨无霸。特色产品与麦当劳快餐店的形象相吻合,品牌促进了销售。

【案例研讨】

结合巨无霸牛肉汉堡广告策略,讨论并说明快餐店的核心特点是什么?

第八章

主要广告媒体的心理特点

（1）了解广告媒体的主要类型，理解主要广告媒体的特点。
（2）掌握主要广告媒体的心理特点。

（1）学会判断广告媒体的类型，能够结合实际分析广告媒体的特点。
（2）根据主要广告媒体的心理特点，选择媒体开展广告活动。

印刷媒体广告　电子媒体广告　户外媒体广告　互联网媒体广告　手机媒体广告

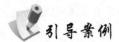

兰蔻玫瑰社区：圈子范本

兰蔻玫瑰社区是兰蔻官方的美妆互动平台，自2006年上线以来，因其丰富的护肤、彩妆教程和温馨有爱的交流氛围受到了广大女性的喜爱；经过近十年的发展，已经有数百万的兰蔻粉丝聚集于此，如今它已经成为以发帖、评论、私信、点赞为基础的交流方式，集产品、评测、试用、潮流美丽分享于一体的官方网络社交平台。

2006年，兰蔻粉丝在其个人博客中发表了一首名为《兰蔻玫瑰》的诗，表达对兰蔻的喜爱。兰蔻随后发起"寻找玫瑰诗人"的活动，反响热烈；兰蔻也因此意识到兰蔻粉丝们真的很需要一个能互相交流的平台,兰蔻玫瑰社区由此诞生。

2012年11月,兰蔻玫瑰社区进行改版,由一个传统的BBS变成一个时尚的瀑布流网站,这也是国内的首个美妆类瀑布流互动社区。

2013年七夕,兰蔻玫瑰社区发起了一个名为#爱的证距#活动,会员只需晒出你和恋人分离两地的证据,并说出你的心愿,兰蔻就会帮你实现。

会员【莱莱8584】因为老公的工作调动,婚后两人便一直两地分离,此时他们的感情正面临严峻的考验,她希望能得到一张机票,在七夕飞去和老公团聚。

同时参与活动的会员看到【莱莱8584】的故事之后,全部主动放弃了实现心愿的大奖,号召大家为【莱莱8584】,最终她如愿以偿获得了实现心愿大奖,将拿到一张去看望老公的机票。然而事情却在此时出现了转机,【莱莱8584】在和老公叙述整件事情之后,她的老公感动不已,向公司提出了调回家乡工作的申请。两人最终幸福的团聚了,2014年年底,他们迎来自己的爱情结晶,【莱莱8584】特意回到玫瑰社区发帖向兰蔻和各位网友表示感谢。

这一刻我们相信:美好的事情正在发生,奇迹还在延续……

2013年10月,兰蔻玫瑰社区——护肤产品评测中心正式上线。此平台涵盖全面的护肤产品测评信息,在这里不仅可以看到专家对产品的测评,也可以看到网友对产品的评价和打分,以及不同肤质的人使用这款产品后的反馈。

2014年7月,兰蔻玫瑰社区发起社区会员昵称大征集,经过收集投票之后确认"蔻蜜"为兰蔻的粉丝们的专属名称。

2014年10月,兰蔻玫瑰社区发起《寻找玫瑰之星》活动,连续12个月。每月都会评选出一位当月最美玫瑰之星,12位玫瑰之星除了能获得正装产品奖励之外,还将成为兰蔻模特参与兰蔻月历拍摄。

2014年11月,兰蔻法式轻妆频道上线,频道主要以彩妆教程和彩妆评测为主,全球首席彩妆创意总监Lisa Eldridge\中国首席彩妆创意总监杨莉莉\兰蔻彩妆师天团\玫瑰社区达人入驻社区,贡献了的彩妆教程。

同时还在兰蔻法式轻妆频道发起寻找彩妆之星活动,只要对自己的彩妆技巧够自信就可以参与。优胜者不仅能获得兰蔻彩妆大美盒,还有机会签约兰蔻成为兰蔻专属彩妆达人。

兰蔻玫瑰社区分为产品、试用、频道三大板块,包括了全面的兰蔻产品信息、评测、明星产品试用、网友分享的超多护肤技巧、彩妆秘笈各种干货等。

【产品】快捷搜索需要的兰蔻护肤、彩妆产品。护肤评测中心涵盖海量用户真实评测,全面解析每一款兰蔻产品。法式轻妆频道则有丰富的彩妆教程帖,超多彩妆评测。

【试用】新品抢先试用,明星产品免费申领,只需一键点击,坐等产品送上门。更有正装兑换好福利,每月上新。

【频道】全面涵盖兰蔻最新动向、蔻蜜动态,更有护肤技巧、彩妆秘笈,各类干货贴层出不穷,看好贴还能交朋友。

社区福利:

注册成为兰蔻玫瑰社区会员即有机会享受超多好福利,更有徽章兑礼、花瓣兑礼、达人免费试用等多种专属好福利等

【徽章】玫瑰社区有各式花色徽章可以满足收集控们,验证手机邮箱、完善资料、参与官方活动,都能让你获得不同的徽章。还能兑换兰蔻明星哦!

【花瓣】花瓣是兰蔻玫瑰社区专属的积分方式,努力冒泡攒花瓣,就能换取试用申领的资

格。玫瑰社区每月都会有明星产品、新品试用申领,包罗护肤、彩妆所有蔻蜜长草的单品。社区还会不定期推出花瓣兑正装活动。心动?那就让你的身影活跃与社区的所有版块,成为大家熟悉的明星蔻蜜吧!

【达人】兰蔻玫瑰社区的会员都有机会升级达人享好福利。如你独具见解且不乏号召力,那就来申请兰蔻玫瑰社区达人吧!社区达人是经过官方认证的"优质会员",成为达人,即可以拥有专属的身份标识,获得更多的粉丝,优先试用兰蔻新品,更有机会享受达人专属好福利。

(资料来源:http://www.hb.xinhuanet.com/2015-03/19/c_1114697788.htm)

点评:奢侈品广告主能利用数字营销的手段去做什么?对他们而言,利用数字媒体打造圈子文化,并进行关系营销、口碑传播,这几方面是不错的选择。

第一节 广告媒体

广告活动的大部分经费都花在媒体上,广告信息能否送达消费者,关键也在于媒体。

一、广告媒体的特点

广告媒体是广告主用以向广告受众传播商品或服务信息的工具。随着生产经济日益繁荣和科学技术不断进步,广告活动是人类社会不断进步和商品经济广泛发展的产物,广告进入社会、经济、文化、生活等方面,成为人们日常生活的重要组成部分。广告媒体作为广告信息传播的载体,不同广告媒体具有不同特点,对广告受众的心理影响水平各异,广告媒体种类的丰富和传播途径的多样化影响广告受众的消费决策。

1. 广告作品的载体

任何广告作品均通过广告载体表现,广告的创意、设计、制作必须考虑广告媒体种类和表现形式。建筑形式、电影电视、报纸杂志、摄影作品、音乐演奏、舞蹈形态、文学形象、造型表现、雕塑绘画等作为媒体形式广泛存在。广告作品在策划创意、画面构成、文字撰写、色彩运用、字体变形、修辞手段等方面都要符合广告表现的艺术原则,通过广告艺术手法运用不同的广告媒体,以生动的艺术形象表现商品的质量性能等。

广告作品通常具有极强的冲击力和感染力,通过不同媒体实现传播的目的。平面媒体主要作用于广告受众的视觉,电影电视产生视听的强烈刺激,表现广告内容和传播广告信息给人以美的享受,引起广告受众的注意,强化认知作用加深印象。由于广告媒体具备十分突出的大众传媒特征,使现代广告具有极强的可接受性,广告作品采用适宜的媒体进行传播,促进其影响力的发挥。

2. 广告媒体表现

广告媒体表现的特点由于媒体形式的不同而变化。平面媒体主要通过色彩、图形、文字、线条等表现广告内容,电波媒体中广播通过声音作为广告的载体传播广告信息,而电视则利用图像和声音实现多媒体途径传播广告信息,现场陈列广告产品供顾客观看、触摸、品尝、嗅味、听声等,通过多种感觉通道促进对产品广告信息的接收。

广告媒体表现与广告内容密切相关,广告信息的传播与广告媒体表现形式的巧妙结合,大大提高了广告信息传播的效率。例如,汽车广告适合在杂志中以摄影图片的形式呈现,或在电视中以动感十足的画面和配乐表现汽车的动感,或在展销会和销售现场采用试驾的方式使顾客亲身感受汽车的动力性和操控性等。

二、广告媒体分类

广告媒体的种类随着社会经济和科学技术的发展不断增加,传统的大众传媒报纸、杂志、广播、电视四大媒体依然占据广告传媒的主体地位,作用十分重要;现代新媒体形式层出不穷,其中电子图书、网络杂志、手机短信、移动电视、电子显示屏、数字多媒体等进入人的日常生活,广告媒体出现竞争新格局。

(一)按照受众的数量划分

1. 大众媒体

大众媒体是指受众广泛、数量巨大的媒体,其受众没有明显的年龄、性别、职业、文化及消费层次的区分。例如,全国性的报纸、电视、杂志等。

2. 中众媒体

中众媒体是指在有限的地域内传播,受众小于大众媒体的媒体。例如,地区性的报纸、电视、杂志等。

3. 小众媒体

小众媒体是指针对很少一部分受众进行传播的媒体。例如,直邮广告(DM 广告)、售点广告(POP 广告)等。

(二)按照媒体的自然属性划分

常用传播媒介的功能比较如表 8-1 所示。

表 8-1 常用传播媒介的功能比较

	印刷媒介	广播	电视	户外媒介	网络
作用器官	视觉	听觉	视、听觉	视觉、感觉	视、听觉
引起注意	刺激性一般,不易产生深刻印象	有较强刺激性,产生深刻印象便于记忆	刺激性强,印象深刻	有较强刺激性,印象比较深刻	主动邀请公众点击,动态效果好,刺激性较强,印象深刻
诱发兴趣	缺乏动感,不易启发兴趣	能诱发心理幻想,产生兴趣	能引入消费境界,产生兴趣	缺乏心理幻觉,不易启发兴趣	具有交互机制,能诱发兴趣
诱导欲望	通过平淡联想,产生消费愿望	通过心理联想,产生消费愿望	透过暗示、启发和鼓励,引发消费愿望	通过现场提示,引发消费欲望	通过详细介绍和价格比较,引发好奇心和购买欲望
引导行为	给人以真实感、促进购买	具有较强的号召力	具有较强的购买推动力	以直观、实在引导购买行为	通过电子商务引导购买行为
公众自主性	阅读完全自主	无法自己决定收听时间	无法自己决定收视时间	公众基本自主	公众完全自主
公众范围	对文盲、知识程度较低者传播功能小	对各种文化程度者基本有效	对各种文化程度者均有效	对各种文化程度者基本有效	对文化程度较高者有效
内容表达	可传播多方面内容,简单、详细均可	只能传播简单内容,且不可详细解释	只能传播简单、形象性内容,且不必详细解释	传播简单、直观内容,不必详细说明	可传播静态、动态信息,简单、详细均可
诱发想象力	容易产生实在感和真实感,形成消费动向	通过语言心理和音响氛围,形成消费动向	通过消费范和形象展示,引发消费动向	通过直观提示和性能展示,引发消费动向	通过信息陈述、全方位形象展示和生动演示,引发消费动向

1. 印刷媒体

印刷媒体是指用印刷品实物的方式展示的媒体。例如，报纸、杂志、图片等。

2. 电子媒体

电子媒体是以电子器材和电子技术传播广告信息的媒体。例如，电视、电影、广播、互联网、电子显示屏等。

3. 户外媒体

户外媒体是指设置在室外，让公众了解广告信息的一切传播手段。例如，路牌、灯箱、气球、招贴画、交通工具、公共设施等。

4. 销售现场广告媒体

销售现场广告媒体（POP广告媒体）是指在销售场所设置传播广告信息的媒体，包括室内销售点广告媒体和室外销售点广告媒体。室内销售点广告媒体有柜台、货架布置、空中悬挂及广告录音、录像等，室外销售点广告媒体有橱窗陈列、商店招牌、门面装饰等。北京市百货大楼销售现场广告，如图8-1所示。

图 8-1　北京市百货大楼销售现场广告

5. 直接邮寄广告媒体

直接邮寄广告媒体又称直邮广告媒体（DM广告媒体），是通过邮局直接寄发给广告目标对象的媒体。例如，商品目录、征订单、试用品等。

三、广告媒体的心理特点

（一）引起受众注意

注意是广告受众实现对广告信息认知的第一步，引起注意是广告成功传播的前提。广告媒体吸引广告受众注意力，使广告受众保持注意于媒体，接受广告媒体载有的广告信息。引起注意是广告的核心，广告媒体的吸引力由媒体本身的吸引力和广告作品的吸引力共同构成，广告吸引广告受众的注意，才能实现传播广告信息的目的。

（二）传播广告信息

广告媒体多为大众传媒，传播是媒体的基本功能。广告媒体载有广告信息，不受时空的局限，随时将广告信息传达给广告受众，广告受众随时通过广告媒体接触到广告信息。广告受众接收到各种不同广告媒体传播的不同形式的广告信息，图形、声音、影像、色彩等。有些广告经过广告媒体的广泛传播,由于特色鲜明成为知名广告。

(三)适应受众认知

不同种类的广告媒体,适应于不同广告信息的传播要求,适合不同广告受众的认知心理。广告受众偏爱报纸广告的及时性,以文字和数据呈现理性诉求;电视广告的声形兼具色彩丰富,以表现感性诉求;广播广告人声音乐结合,运用不同的声音传递广告信息,适合发布及时的促销信息;杂志广告以印刷精美,图片内容栩栩如生,展现精致产品的形象和细节;霓虹灯动感十足色彩丰富,造型奇特炫彩纷呈适合品牌或企业徽标的展示。每一种媒体都有不同的特性,适应于不同类型的广告宣传影响和作用受众认知。

例如,劲牌有限公司创立于1953年,从1987年286万元到2008年突破25亿元的销售额,从湖北大冶的地方小酒厂到全国知名品牌企业,在这个奇迹的缔造过程中,中央电视台扮演了重要角色。1987年12月"长寿酒""皇宫玉液",由中央电视台的著名播音员邢质斌配音在中央电视台播出,之后产品销量大增。劲酒不断加大在中央电视台的广告投入,增强了渠道商和消费者对劲酒的信心,提高了劲酒的品牌知名度和美誉度。通过渠道商的推广和消费者的口碑效应,销售量不断增加。从1987年到现在,劲牌公司连续22年整体复合增长率都保持在35%左右,与在中央电视台长期播出广告的作用密切相关。

第二节 传统广告媒体的心理特点

不同广告媒体具有不同的特征,其广告心理作用效果不同。广告媒体都有传达、吸引和适应等基本功能,把广告信息传达到一定范围的受众。广告媒体所采用的传播技术和手段不同,不同的广告媒体有不同的特点,不同的适用范围,为获得良好的广告效果和有效地选择使用广告媒体,必须对广告媒体的心理特性进行研究,为广告媒体的选择和运用提供理论的支持。

一、报纸媒体

报纸作为四大媒体之一,发行量大、涉及面广、种类繁多,综合运用文字、图形等印刷符号,定期、连续地向公众传递新闻、时事评论、娱乐和广告等信息。报纸是最早被广告主利用的大众传播媒体,是世界上主要的广告媒体。

在广告媒体多元化的背景下,报纸依然在广告领域占据重要地位,通常都把报纸作为主流媒体看待。报纸是最重要的平面媒体,多用于说明性、促销性、品牌形象性广告。

(一)报纸媒体的心理特点优势

1. 受众明确

报纸以文字图形传播为主,对识字能力的要求限制了部分文盲或文字阅读能力较差的人阅读,在一定程度上制约了受众面,使报纸受众具有较高层次的文化素质。通过报纸读者市场的细分,广告主选择目标消费者接触机会多的报纸媒体做广告,由于每一种报纸都有明确的读者群和发行地区,保证了广告对固定读者进行反复诉求。

2. 主动选择性强

受众在阅读报纸时往往不是通读,报纸版面不断增加,大量广告分布其中。为节约时间读者是有选择地阅读报纸的某些版面或部分,略过自己不感兴趣的部分,对报纸中有的内容可能根本不接触,导致报纸广告的受众远远低于阅读报纸版面的受众。受众对报纸不同信息的主动选择,促使广告主的广告制作必须特色鲜明,才能引起读者的注意。

小贴士

你可能会阅读报纸广告

通常情况下,读者对报纸广告的兴趣都不高,报纸广告一般是读者拒绝阅读的内容。但是,在以下阅读情形时,读者可能会阅读报纸广告:①产品是读者拟将购买的;②读者希望从广告中获得信息;③广告很有特色;④读者通过阅读广告来打发时间。

3. 覆盖范围广

报纸价格低廉,易于买到,内容丰富,覆盖范围广,读者的数量众多,适合于任何社会人群。报纸所具有的大众化特点,适合任何一种商品和服务的广告宣传活动。发行量大的综合性报纸,所载信息种类繁多,吸引各行各业的人阅读。受众可从不同的广告专版中,获得相应的广告信息,节约时间和资金成本。

4. 形式灵活多样

报纸广告的版面编辑可大可小,可以在同一版、可以分散在不同的版、可以通栏两个甚至多个版,可以与新闻交织排版,可以是黑白也可以是彩色页面。报纸灵活多样的表现形式为各类广告主提供了充分的选择机会,报纸的特色使报纸广告能尽最大可能将广告信息传递给目标受众,甚至努力让所有受众在接触报纸时受到广告的冲击。

5. 不受时空限制

由于报纸具有保存价值,其内容无阅读时间和地点的限制。报纸可以保存的特点,使得报纸刊登的广告长时间内都具有信息传递的可能。报纸信息稳定其中有用的广告,受众还可以剪下保留以备查阅或送给相关人员阅读。由于载体的便利性,报纸广告信息的传递,能获得广泛和长时间的保留。

6. 可信度比较高

报纸作为新闻媒体,在读者中享有较高的威信。在大众媒体中,报纸的发展历史最为悠久,严肃而公正的报纸,其权威性和可信性在人们的心目中留下了深刻的印象。"爱屋及乌"的心理倾向,使得读者对权威报纸刊登的广告也产生较大的信任感。出于读者对报纸的一贯信任,使报纸广告显示出的较高的可信任程度,是其他媒体无法比拟的。

7. 传播迅速

报纸天天出版发行信息更新迅速,每种报纸都有特定的发行渠道,发行对象比较固定,发行量大的报纸影响面较宽,广告能充分地发挥作用。广告主可以通过报纸以很低的成本将广告信息传播到有独特偏好的目标群体受众,甚至通过报纸使广告信息覆盖全国的各个社会阶层,传播到海外。

(二)报纸媒体的心理特点劣势

1. 生命周期短

日报、早报和晚报每日出版,周期较短更新迅速,读者多在当日阅读后抛弃。由于出报频繁,日报的平均生命周期只一天,报纸的时效性很强,当日的报纸被读后即成历史,读者再接触报纸广告的可能性很小。绝大多数读者只读当天的报纸,极少有人读隔日的报纸。

2. 干扰度高

报纸以新闻报道为主,广告往往难以占据突出位置,读者阅读时必须对报纸的信息进行选择,一般先浏览标题、副标题、图片,然后阅读文字。报纸广告处在报纸版面之中,往往成为被忽略的对象,读者常常有意地跳过广告版面。报纸广告受版面大小限制,在同一版面登有多种广告,干扰度高,影响读者的阅读。

3. 印刷质量不高

由于受低成本的影响,报纸广告印刷质量较差,许多报纸广告以文字为主要传递信息,版面设计较形式单一。图形平面广告往往简单套色印刷,以保证低成本。由于印刷质量不高,大多数报纸广告印刷效果不好,画面精度不高。报纸广告印刷质量不高影响了广告信息的传达,无法和杂志的印刷质量相比。

二、杂志媒体

20世纪以来,现代印刷技术、造纸技术、摄影技术及数码技术等的飞速发展,生动具体丰富多彩的视觉表现使杂志成为重要的广告媒体之一,杂志更加偏重知识性和教育性信息传播,满足了读者对知识、信息、娱乐等方面的需求。利用网络技术在互联网上提供的电子杂志,已成为新广告媒体之一。

(一)杂志媒体的心理特点优势

1. 读者针对性强

杂志都有专业化的定位,杂志在内容和形式上都富有鲜明的个性特点和风格色彩,杂志有其固定的受众群体。不同需求的读者群体,有目的性地订阅不同的杂志,使得杂志广告的针对性大大高于其他大众传播媒介,目标消费群体单一。广告主可以按目标消费者的特点,在相应的杂志上刊登广告,具有极强的针对性,适于广告受众的理解力。

2. 接触频次较高

与报纸一样,杂志具有反复阅读和长期保存的优势。通常,杂志不会只逗留在一个读者手中,被他人传阅的概率很大。装订成册的杂志便于存放和查阅,享有较长的保存期和阅读期。此外,杂志的发行周期较长,且篇幅多,大部分读者要在一段时间内分几次才能读完,多次接触杂志也增加了杂志广告被接触的次数。

3. 视觉吸引力强

杂志采用高质量的纸张和彩色印刷,印刷品质精美,视觉效果逼真,给读者带来视觉上美的享受,促进产生心理认同。杂志广告可以刊登在显著的位置,如封面、封底、封二、封三、插页;可以刊登整页甚至多页广告,可以以年历、海报、书签等各种独特的形式出现。杂志广告适合对产品的形象和功能进行图文并茂的表现,提高了杂志广告的注意度和记忆度。

小贴士

杂志广告的位置

封面:一本杂志的首页;封底:杂志的尾页;封二:封面的下一页,即封面的背面;封三:杂志封底的上一页,即封底的背面;中页版:杂志的中间插页;前插:封二后面的插页广告;后插:紧接封三前面的插页广告。

4. 生命周期长

杂志是所有媒体中生命力较强的媒体。杂志具有比报纸优越得多的可保存性,杂志的出版周期一般在一周以上,文章内容有效时间长,且没有阅读时间的限制,可长期保存。杂志的重复阅读率和传阅率也比报纸高,一份杂志可能辗转经过多人之手,被重复阅读的次数较高,可以通过家人、朋友、顾客和同事得到更广泛的二次传阅,有许多间接读者,广告效果持久。

5. 创意空间大

杂志广告创意空间大,杂志可提供足够版面,将广告信息完整准确地表现出来。利用封页、内页及插页做广告,位置不同效果相异精美的杂志广告吸引读者的目光,促进广告的记忆。杂志广告有多页面、折页、插页、连页、变形和专栏等多种形式,通过创意设计制作广告,利用技巧性变化安排广告内容,使杂志广告版式具有创造性和多样化。

(二) 杂志媒体的心理特点劣势

1. 时效性不强

在四大媒体中杂志出版周期长,不能登载具有严格时间性要求的广告。杂志受出版周期的限制不能及时发布时效性较强的广告信息,杂志的广告来源范围较小。杂志时效性不强的特点,影响到广告主的较少选择杂志登载广告。

2. 影响面窄

杂志的专业性强导致读者群体相对较小,某一领域的专业杂志局限于特定的对象,无法大规模向社会各个阶层传播广告信息。同一杂志的读者往往集中同一行业或地区,影响面窄,读者的同质性极高。

3. 广告费用较高

杂志发行量小、成本高、专业性强,杂志广告费用较高。由于精美的印刷需要较高的设计制作成本,使得杂志广告制作费比较高;杂志的读者群体小,广告影响面窄,杂志广告刊载费用比较高,因此杂志广告收费比较高。

三、广播媒体

广播是四大广告媒体之一,广播媒介产生于 20 世纪初,曾是人们获得信息的主要途径之一,在其后的多种广告媒介的竞争中,广播凭着其独特的功能保持竞争力,在广告市场中占有相当地位,发挥着较为重要的作用。广播媒体是传播广告信息最快的媒体之一,由广播本身具有的特性决定的,在我国也是最大众化的广告媒体。

(一) 广播媒体的心理特点优势

1. 覆盖面广

广播以电波为载体传递信息,传播速度快、范围广,基本上不受时间和空间的限制,无论城市乡村都可以听到广播节目。广播是接触成本最低的媒体,没有电视机的群体、没有阅读能力的群体都可以听广播获得信息。

报刊发行无法及时送达的偏远地区,通过广播可以在最短的时间里迅速传播信息。广播以低成本运行,传播最有价值的新闻或信息,到最偏远的地方。因此目前乃至今后一段时间,广播仍将是重要传媒之一。

2. 收听方便

无线广播的接收简单,只需一部收音机就可以收听。广播通过声音传递信息,只要有一定听力的人,都能成为广播的收听者,不受环境条件和文化水平的限制,因此广播成为一种可以

"一心两用"的媒体；收听广播的工具携带方便，能够深入到各种场合。因为受众只需要用耳朵接收广播信息，因此广播是信息接收条件非常低的媒体。

3. 时效性强

大多数广播节目都是直播，具有非常强的时效性，因此，可以采用广播发布促销广告。在所有媒体中，广播截止期最短，文案可以直到播前才交送，这样可以让广告主根据地方市场的情况、当前新闻事件甚至天气情况来调整广告内容。

广告主可以随播随改广告信息内容，使广告获得最大的传播效果。广播广告可以在活动进行中直接播出，这是广播广告优于其他媒体广告的地方。

4. 费用低廉

广播是主流媒体中最便宜的媒体。首先广播时间成本很低，能被广泛地接收到；其次制作广播节目和广告的成本也很低，这两个方面使其成为非常好的广告辅助媒体。多数广播广告其适宜的地位是辅助性广告，作为其他媒体广告的辅助和补充，起到向消费者提示广告信息的作用。

5. 对特定受众影响力大

广播的主要受众往往不是其他媒体的重要受众，对广播媒体有很高的依赖性和忠诚度，如司机、老年人等。而且，广播独有的双向信息的及时沟通，加强了受众对广播的信任，提高了广播对受众的影响力。广播广告对特定受众影响力大，广告主通过广播广告可低成本地将广告信息传达至广告受众。

（二）广播媒体的心理特点劣势

1. 易被疏忽

广播主要是以声音传播，属于听觉媒体，作用时间短暂，转瞬即逝，很容易被漏掉或忘记，难以给人留下深刻的印象和较长久的记忆，很多人都把广播视为背景声音，而不去认真听它的内容。广告的信息易被疏忽，一过性的播出方式使广告受众难于记住广告内容，广告信息易于失真。

2. 难以存查

广播的声音稍纵即逝，信息不易保存，这给受众对信息的记忆增加了一定的难度。接续性的广播内容使广告受众不能瞻前和顾后，对广告信息实现整体把握。广播进行性不间断播出的广告信息，形成信息保持困难，难以存查广告内容，直接影响广播广告的播出效果。广播广告的无形性和流动性，使广告信息的准确性大受影响。

3. 有声无形

广播没有视觉形象，只能听不能看。声音的限制会阻碍广告创意的表现，广播很难表现商品的外在形象与内在质量，需要展示或观赏的产品并不适合做广播广告，因为消费者无法得到对商品外观和形象的清晰认识，会使广告效果受到一定程度的影响。利用声音可以形成一定的想象空间，通过广播广告信息建立产品的形象。

4. 被动收听

与印刷媒体的读者主动阅读性相反，广播的收听是被动的。广告受众对广播广告信息不能预知，只能被动收听。

5. 信息传递渠道单一

广播广告只能用单一的语言传递广告信息，听众也只能通过听觉接触广告信息。对于语言难以描绘的内容，广播广告难以承担；但是，如果能够恰当地运用这种单一的表达形式，就可以减少受众因多感观接触带来的信息矛盾与冲突，避免广告构成要素之间互相干扰。

四、电视媒体

电视是四大媒体之一，由于电视的视听传媒特色，虽然发展历史最短，却最具发展潜力，在广告市场上具有很强的竞争力，是当代最有影响、最有效力的广告媒体。电视在现代日常生活中占有重要地位，是人们最主要的信息来源和文化娱乐途径。

数字电视技术的进步和推广，改变了电视节目单向传播和观众被动接受的方式，观众将根据自己的喜好点播电视节目，与电视台开展互动。

（一）电视媒体的心理特点优势

1. 受众面广

电视是最容易接触的媒体，只要有正常的视觉与听觉的人都能看电视，电视媒体受众面非常广泛。人在信息接收方面，通常观看比倾听容易，倾听比阅读容易。以观看为主的电视媒体成为最容易接受的媒体，因此受众面广。受众通过视听的双通道感知广告信息，大大降低了对广告信息接收的难度。

2. 冲击力强

电视画面和声音的结合产生强烈的冲击力。电视媒体视听结合，电视广告能够以感人的形象、优美的音乐、独特的技巧给观众留下深刻的印象。电视的图像和真切的同期声能给人以最强烈的现场感，让人犹如身临其境。电视广告声、形、色兼备，同时诉诸视觉和听觉给人以美的享受，有利于人们对产品的了解，突出产品广告的诉求重点。

3. 形式多样

电视集声、形、色于一体，既可直接介绍产品，也可以把广告信息放在故事情节、歌曲、漫画特技之中，形式灵活多变，让人耳目一新。电视也允许很大程度的创新，因为它将画面、声音、颜色、动作和戏剧结合起来。电视的多媒体的特性使得电视广告得天独厚，广告信息传播效果极佳。

4. 收看率高

电视是以电波传递音像信息，不受时空限制，传播迅速，覆盖面广。在城市，几乎每个家庭都拥有一台电视机。由于电视具有综合性、服务性、娱乐性等特点，受不同层次、不同年龄、不同职业、不同兴趣的广大观众喜爱，收看率高。现场实况转播重大体育比赛，会吸引大量的电视观众收看，以致"万人空巷"。

5. 电视广告强迫传播

只要打开电视机，无论是主动还是被动，广告信息都会按时播出，让人无法躲过广告信息的冲击。在观众的心目中，电视广告不是服务性的，而是赢利性的。因此，观众自然而然地对广告产生防御心理和抵触心理。尽管电视广告不太受欢迎，但是由于电视广告总是插播在其他节目之中或之间，这为电视广告到达受众提供了很多机会。

（二）电视媒体的心理特点劣势

1. 传播效果的一次性

电视信息转瞬即逝，不可逆转，因此大多数电视广告都是重复播出，起到加深印象的作用。电视播出的"一过性"特点，往往使广告受众不能确切地记住广告信息，由于电视节目是事先安排播出时间，广告受众无法选择。

2．制作复杂成本高

由于电视广告制作复杂程序较多，电视广告的制作和播放的成本非常高。虽然人均成本低，但绝对费用可能很高，尤其是对于中小型公司来说。同时电视广告的播出费用也高，因而播放次数和广告时间长度都受到限制。

（三）电视广告重复次数与效果

广告的重复刊播，在媒体上（特别是电视媒体上）早已是司空见惯的事情，绝大多数的大众媒体广告（特别是广播、电视广告）都有重复现象。只不过是有的重复次数多，有的重复次数少。既然广告的重复刊播是必然的，那么，对于广告主和广告人来说，最重要的是如何进行重复，以使广告传播达到最佳效果。

广告重复有哪些作用呢？广告重复刊播能够提高品牌知名度，促进广告内容的理解和记忆，实现广告的说服目的，广告重复会影响品牌的感知质量。

广告重复有正面的效果，也有反面效果。广告重复可多也可少。那么重复的次数与广告效果的好坏、大小关系如何呢？这是广告主很关心的问题，也是一个很值得探讨的问题。

二阶段认知反应模型是卡西奥波和佩蒂提出的。他们主张广告效果与广告重复之间成倒U形曲线关系。该模型可以用图8-2来形象地加以表示。

佩蒂和卡西奥波认为，在第一阶段，即广告暴露次数少时，重复暴露为受众提供了更多的机会去考虑广告的内容及其含义。重复呈现克服了人们进行信息加工的时间限制，使得精细加工的可能性随重复次数的增加而提高。精细加工使受众充分地接受广告信息的说服，因此增强了说服效果。在第二阶段，适当地重复促进了人们对广告论点的客观评价。但是，随着冗长乏味的唤起，信息加工开始转向有异议的论点，同时也指向广告诉求的情境因素。

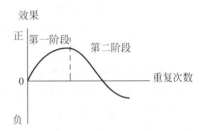

图8-2 二阶段认知反应模型

当重复次数过多时，受众会尽量回避接受广告诉求，把认知活动转移到其他信息上，如看杂志时翻到下一页，看电视时调到别的频道。但是，如果受众不可能或不愿意回避接触广告，如不得不观看精彩电视节目中穿插的广告，此时受众一方面可能进一步对广告进行精细加工，找出广告论点、论据的毛病，因而产生一些反对性的看法；另一方面，受众可能唤起一种消极的心境，在这种消极的心境下，受众容易对广告或广告陈述的观点产生消极的态度。

广告适当的重复暴露有助于提高广告宣传效果，但过多的重复不仅浪费了广告费，还会产生副作用。那么，广告究竟重复暴露多少次为妙？

为了达到有效的宣传效果和尽量节省广告费支出，下列几点意见仅供广告主和媒体策划者参考。

（1）内容抽象、复杂、信息量大的广告应加大重复量；相反，内容具体、简单、信息量小的广告则不宜重复过多。

（2）受众了解少的产品，其广告重复次数可以多一些；为人熟知的产品，广告重复次数可以少一些。

（3）不太引人关注的产品，其广告可以加大重复量。

（4）消费者信赖程度高的产品应少重复；反之，则要多重复。

（5）幽默广告不宜有太多的重复。

（6）广告论据有力，可以多重复；论据无力时，则少重复为佳。

（7）受众喜欢的广告可以多重复，受众不喜欢的广告则要少重复。

（8）存在大量竞争广告时，应该加强重复。

（9）如果需要大量重复，则要围绕同一主题不断地改变广告的表现形式。

五、户外媒体

凡是能在露天或公共场合通过广告表现形式同时向许多消费者进行诉求，能达到推销商品目的物质都可称为户外广告媒体。户外广告可分为平面和立体两大类别：平面的有路牌广告、招贴广告、壁墙广告、海报、条幅等；立体广告分为霓虹灯、广告柱、广告塔、灯箱广告等。在户外广告中，路牌广告和招贴广告是最为重要的两种形式。

人们每天用于户外活动的时间平均为5h左右，在户外度过的时间中与户外媒体可能接触的时间长度，超出了与户内媒体可能接触的时间长度。中国的广告支出中有1/4左右用于户外广告。随着城市版图的扩大，交通堵塞加重，人们花在交通上面的时间增加，这又加大了户外广告传播的机会。设计制作精美的户外广告带成为一个地区的象征。

（一）户外媒体的心理特点

1. 覆盖面小，到达率高

由于大多数户外媒体位置固定不动，广告覆盖面较小，宣传区域小，因此设置户外广告时应特别注意地点的选择。通常户外媒体广告的到达率仅次于电视媒体，位居第二。户外广告内容单纯，能避免其他内容及竞争广告的干扰。

户外广告表现出很强的选择性，一方面可以根据地区的特点选择广告形式，如在商业街、广场、公园、交通工具上选择不同的广告表现形式，而且户外广告也可以根据某地区消费者的共同心理特点、风俗习惯来设置；另一方面，户外广告可为经常在此区域内活动的固定消费者提供反复的宣传，使其印象强烈。通过策略性的媒体安排和分布，户外广告能创造出理想的到达率。

2. 视觉冲击力强

采用在公共场所树立巨型广告牌的方式，在传递信息、扩大影响方面极其有效，能迅速准确地传播广告信息。一块设立在黄金地段的巨型广告牌有利于企业树立持久的品牌形象，户外广告的效果直接和明显，引起了许多大型企业和广告公司的重视。全世界各地有很多知名的户外广告牌，或许因为它的持久和突出，已成为当地闻名遐迩的标志，街头和公路两侧林立的巨型广告牌令人印象深刻，久久难以忘怀。

3. 发布时间长

多种户外媒体能够持久地、全天候发布广告信息。户外广告能够不分昼夜每天24小时、每周7天地存在，使得广告受众容易见到，随时方便地得到广告信息，往往由于广告主的需求而长时间地展示广告信息。

4. 千人成本低

户外媒体价格虽各有不同，但它的千人成本（即每一千个受众所需的媒体费），与其他媒体相比却很低，有的地区路牌广告千人成本为2美元，电台为5美元，杂志则为9美元，黄金时间的电视则需1020美元。户外媒体低成本的优势一直对广告主有巨大的吸引力，而且户外广告费用较低。

5. 城市区域覆盖率高

广告主在某个城市进行市场细分，结合目标人群特点，选择发布广告的适宜地点、全面利用户外媒体,可以在理想的范围接触到多个细分市场层面的人群,取得广告传播的成功,用较低的广告成本进行促销和树立品牌,促进产品的销售。

(二)影响户外媒体广告的因素

1. 表现形式的创新

广告受众经常看到的户外媒体广告,往往是某一产品的报纸平面广告的放大,没有为户外媒体专门进行广告设计,广告表现形式单一,多采用方形平面图片设计,只是放大了的报纸广告画面。户外广告具有一定的强迫诉求性质,匆匆赶路的消费者也可能因对广告的随意一瞥而留下一定的印象,并通过多次反复而对某些商品留下较深的印象。

2. 表现内容的创新

创意意味着出新,创新是广告设计的本质追求,很多广告人在进行户外广告创意时,看到的更多的是户外媒体的局限性,广告发布的空间受地点的限制,能容纳的广告信息量有限,广告传播的强制性差,强制性差的广告很难引起受众的主动注意和关心、难以引起受众的兴趣等。

一个人有5秒钟,也可能有5分钟停留在某一户外环境中。广告表现形式雷同,格式千篇一律,内容枯燥单一,表面上看是强化品牌形象,追求视觉效果统一。实际上,这类广告完全忽视了户外广告的环境因素。人由于所处的环境不同,对广告的关注程度存在着巨大的差别。

户外广告的创意、设计和制作,应该明确广告的诉求,做到有的放矢,目标明确,广告内容繁简得当,广告信息清楚到位。根据不同产品的特点,可采用加大字体强化品牌核心特色,或图文并茂介绍产品。创意、设计和制作优秀的户外媒体广告,需要广告人深入分析广告受众的特点,准确理解产品特性,寻找产品与受众之间的结合点,用新颖的广告内容吸引广告受众接受广告内容,取得预期的广告效果。

3. 表现手法的创新

新技术为户外广告提供了新的方法和手段,大屏幕液晶电视的使用,使户外广告的视觉冲击力越来越强大。在大城市中,闪烁的霓虹灯和电子广告牌遍布街道,装点着城市的夜空,通过广告表现手法的创新,把户外广告的魅力发挥得淋漓尽致。

户外广告可以较好地利用消费者在散步游览途中,在公共场合经常产生的心理空白期,让一些设计精美的灯光广告,运动的画面给人留下非常深刻的印象,引起较高的注目率,使广告受众更易接受广告内容信息。

4. 媒体运用上的创新

户外广告种类繁多,常见的有灯箱、路牌、霓虹灯、招贴、交通工具和橱窗等,不同的户外媒体,有不同的表现风格和特点,应该创造性地加以利用,整合各种媒体的优势。为遮挡正在建设维修之中的工地,会形成大面积的遮挡物,在大型遮挡围屏上制作喷绘广告既能美化环境,又能开展广告宣传,一举两得。

户外广告表现形式丰富多彩,特别是高空气球广告、灯箱广告的发展,使户外广告更具有自己的特色,而且这些户外广告还有美化市容的作用,这些广告与市容浑然一体的效果,往往使消费者非常自然地接受了广告。

5. 效果难以测评

由于户外广告的对象是在户外活动的人,这些人处在不断的流动之中,因此其接受率很难准确计量。广告受众总是在流动中接触户外广告,因此注视时间非常短,甚至只有几分之一秒,有时同一广告受众在同一时间可能接触到许多户外广告,很难评价广告的效果。

第三节　新型广告媒体的心理特点

一、互联网

互联网是20世纪90年代兴起的新生媒体业,已成为继报纸、杂志、广播、电视之后的第五媒体。向用户提供的可用做广告传播的功能和服务主要有电子邮件(E-mail)、远程登录、网络新闻(Usenet)、网络信息服务等。

(一)互联网媒体的心理特点优势

互联网是一种新型的广告媒体。近年来,我国互联网上网人数激增,这表明人们利用互联网进行广告宣传已成为一种趋势。

1. 传播范围广

互联网的传播范围广泛,网上的信息可以全天候、24小时不间断地传播到世界各地。网民可以在世界上任何地方的互联网上随时随意浏览信息,这种效果是传统媒体无法达到的。互联网媒体的超时空性,为人获得信息提供了巨大的便利。互联网媒体广告大量在互联网上出现,成为一种新的广告媒体。

2. 信息丰富

互联网以动态影像、文字、声音、图像、表格、动画、三维空间、虚拟现实等表现形式传播信息,可以根据广告创意需要进行任何的组合创作,最大限度地调动各种艺术表现手段,制作出形式多样、生动活泼、能够激发消费者购买欲望的广告。

广告主可以随时操作自己的网络广告,甚至可以强迫受众接触自己的广告。此外,互联网提供的信息容量是不受限制的,这是传统媒体无法想象的。

3. 交互性强

交互性是互联网媒体的最大优势。互联网不同于传统媒体的信息单向传播,而是动态实时信息互动传播。网民在浏览网页时可以随心所欲地选择自己需要的广告信息,也可以搜索品牌或产品信息,通过点击进一步了解,或者通过电子邮件、网络论坛等进行在线交流,甚至可以实现在线购买。广告主可以随时得到宝贵的用户反馈信息。

4. 受众特征明显

利用软件技术,互联网可以帮助广告主将广告信息发布给某一类指定的群体,直接命中最有可能购买的潜在用户。通过提供众多的免费服务,网站一般能建立完整的用户数据库,包括用户的地域分布、年龄、性别、收入、职业、婚姻状况、爱好等。

广告主可以根据这些资料分析市场与受众,根据广告目标受众的特点,有针对性地投放广告,并根据用户特点投放和跟踪分析,对广告效果做出客观准确的评价。

5. 受众数量可准确统计

在互联网上做广告,可通过权威公正的访客流量统计系统,精确统计出每个广告主的广告被多少个用户看过,以及这些用户查阅的时间分布和地域分布,从而有助于广告主正确评估广告效果,审定广告投放策略。利用传统媒体做广告由于统计上的困难,很难准确地知道有多少人接收到广告信息。

6. 网络广告成本低

在互联网上做广告具有实时灵活的特点,能按照广告主的需要及时变更广告内容。广告主经营决策的变化也能及时实施和推广。能随时变动广告投放,更改广告表现方式,根据广告主的要求制订广告计划。一般网络广告的费用约为大众媒体费用的3%,任何规模的企业都可进行网络广告宣传,目前网络广告成本低。

7. 非强迫性传送资讯

网络广告采用按需发布广告,具有报纸分类广告的性质,可自由查询广告内容,集中呈现用户要找的资讯,却不需要大面积浏览,节省时间。传统媒体都具有一定的强迫性,都是要千方百计吸引受众的视觉和听觉,将广告内容强行灌输到受众的脑中。网络广告能够避免无效的、被动的注意力集中。

8. 形式多种多样

网络广告可以采用多种形式,如文字、动画、声音、三维空间、全真图像、虚拟现实等,将广告产品全面真实地展示,使网络浏览者犹如身临其境。网络广告的形式随着计算机软件和多媒体技术的不断发展而发展,新的网络广告形式不断变化,全仿真系统使虚拟形象十分逼真。

(二)互联网媒体的心理特点劣势

1. 信息不可靠

由于在互联网上信息发布的随意性,很难保证网络信息的真实可靠性,增加了广告受众选择有用广告信息的成本。

2. 人员要求高

网络媒体要求广告人员具备英文、计算机、网络及广告等方面的素质,而大量的新名词也常常使广告受众眼花缭乱,在一定程度上限制了网络广告的发展。网络媒体的高技术门槛也要求上网的人具备一定的文化水平和基本的计算机操作能力,一些年龄较大的人往往对互联网望而却步。

二、车载电视

移动媒体与传统媒体,甚至互联网媒体比较而言,有着独特的特点和优势,如高度的个性化、互动性、高性价比,利于对消费者资料进行管理、信息制作和发布方式便捷等。

车载电视的出现,为拥挤、无聊的公汽空间增添了一道亮丽的新"风景"。这种建立在传统电视媒体基础之上的新的可移动的媒体形态——车载电视受到了欢迎。它具备户外、电视、车载三重属性。车载电视的心理特性如下。

1. "移动"的优势

因为可以"移动",这就为乘客带来了随身视听的方便,例如,车载电视可以提供重要赛事的直播,这样许多人就可以边乘车边看直播,而不耽误重要的比赛。

2. 为乘客打发无聊的时间提供了一种媒体

许多乘客在乘车时是非常无聊的,路边的风景也许看过多遍,而车载电视则提供了娱乐、新闻、旅游等丰富多彩的内容,帮助乘客打发无聊的时间。

3. 收看方便

对于乘客,尤其是站客来说,收看车载电视较读书看报或者看手机方便很多,虽然有些比较嘈杂,但不太妨碍信息的接收。

4. 提供及时的信息

车载电视一般会直播比较重要的新闻事件、体育赛事等，能够通过车载电视了解即时的信息，增加乘客的消息来源。

目前，车载电视已经拓展到了出租汽车、地铁、火车等交通工具，但还需增加车载电视的数量，扩大覆盖范围，以赢取更多的广告客户。当然，在信号传播、抗干扰等方面还需要进一步改进。

三、手机媒体

手机媒体是依托于移动通信技术迅速发展的移动媒体，是一种全新的沟通和传播形态的载体，它是依托于通信网络传播形态的一种飞跃。手机广告对于消费者来说，较为容易接受，但是，垃圾广告则是手机用户深恶痛绝的。手机媒体的心理特性有以下几点。

1. 针对手机用户本身，目标受众明确

针对手机用户本人，量身定做的个性化信息受到欢迎。然而，手机用户也担心个人信息的泄露，不愿经常受到推销电话和短信的骚扰，这也是广告商必须考虑的。

2. 效果显著

在某些时候，消费者可能刻意回避广播、电视、报纸等传统媒介上的信息，而将广告信息发送到个人移动通信工具上，可以达到几乎 100% 的到达率和阅读率，这就增强了广告效度。当然，阅读了不等于广告有效果，以垃圾短信的形式做的广告是没有效果的，反而引起手机用户的反感。

3. 成本低廉

与传统媒体相比，移动媒体的性价比较高，价格低廉。如平均发送一条短信费用不过 0.1 元，千人成本不过几百元，而且手机发布有点对点传播、点对面传播、互动传播等多样化方式。

4. 即时性强

移动媒介不像电子媒介和平面媒介那样，无须排版和周期，它不受时间和空间的限制，一条广告信息，在几秒之内就可以发送给数量众多的目标消费者。手机用户可以阅读到最新的信息，能够带来一定的新鲜感。

第四节 媒体组合策略的运用

一般来讲，单一媒体难以满足广告商的需要，进行"多"媒体组合运用，才能实现良好的广告宣传效果。广告"多"媒体战略要求在广告媒体选择上力求多样化，整合媒体资源，从不同角度来强化广告受众，达到提高知名度、美誉度的广告效应。

一、媒体组合的原则

为了达到良好的广告效果，媒体组合必须要遵循一定的原则。这些原则包括如下几点。

1. 效益性原则

要对各类媒体进行综合运用，充分发挥各自的优势，产生最大的广告效益。

2. 互补性原则

各种媒体的受众、到达率是不一样的，有自身的优势和不足，因此，进行媒体组合时要综合

考虑,选择多种媒体互相补充,进而实现广告宣传的目标。比如,报纸广告和电视广告之间互补,报纸广告进行深入报道,电视广告则侧重产品形象宣传、品牌塑造。

3. 可行性原则

广告宣传当然想达到最优的宣传效果,但是,在现实的宣传中往往是达不到的,不可能实现广告的全覆盖。因此,要在最优和可行之间寻找平衡点,结合企业自身的情况,进行切实可行的广告宣传。

二、媒体组合的流程

进行媒体组合第一步要做什么?是从广告媒体本身出发,还是从企业的广告媒体传播目标开始?这里有不同的争论。我们认为,广告是为企业服务的,目的是推销产品,树立品牌形象,因此,首先要确定广告媒体的传播目标。媒体组合流程如图8-3所示。

1. 确定广告媒体传播目标

按照营销策略,明确广告传播的主要任务和要达到的目标。这一目标包括五个方面的内容。

(1) 传播定位,即明确规定广告媒体传播的主要任务。比如推广新产品、扩大品牌知名度,建立品牌地位,提高产品和企业的美誉度,强化促销,提醒消费等。

(2) 传播区域,即明确规定传播必须达到的地理区域、目标市场的主次地位、信息到达的先后安排等,并说明实行何种程度的覆盖等。

图 8-3 媒体组合的流程

(3) 传播目标对象,即媒体计划要规定传达到什么人。说明目标视听对象的社会及经济属性,其中包括年龄、性别、收入、消费水平、受教育程度等,并可根据营销推广的需要对传播目标做主、次规定。

(4) 传播时机,即对广告活动规定明确的时间表。说明广告发布时间、持续时间,是时令性的还是常年性的,利用何种节目或热点机会等。

(5) 传播的量度,即对广告期内的信息传达数量作明确规定。说明为达到广告的预期目的需要采集的到达率、频率,以及广告接触人口的最低限度等指标。

2. 选择媒体类型

主要依据企业的产品对广告媒体类别特性的要求,以及其他相关因素,选择出可以良好承载广告信息的广告媒体类型。例如,根据产品特性,首选的是电视,还是报纸,或者是网络媒体,选择的时候还要考虑广告费用。

3. 选择媒体

明确了广告媒体的类型后,就要把不同媒体的覆盖区域、目标受众等与企业的目标市场、目标顾客、追求的广告效果放到一起权衡,选择一个在价格承受范围之内,又有良好宣传效果的媒体。

4. 组合优化

确定了媒体之后,还要对媒体不断地进行组合优化。在投放一段时间后,要对广告效果进行测评,并根据效果不断进行完善优化,以期达到良好的宣传效果。当企业的营销策略有变化时,广告媒体的组织策略也要重新按照这个流程进行改变。

三、媒体组合的策略

根据人们接触媒介的方式和企业产品特点,媒体组合有四种基本形式,也可以说是媒体组合的四种策略。

1. 电子媒介与印刷媒介的组合

广告主不大可能在广播、电视、报纸、杂志上都投入广告,更多的是根据媒介的受众特点和购买力,结合企业的产品进行媒介组合。在这种组合中,电视和报纸的组合是一种最基本的组合方式,也是一种效果最好的组合方式。不仅因为这两种媒介的信誉度较高,而且电视媒介与报纸媒介都具有较好的覆盖率和互补性。

电视既覆盖城市又覆盖农村,特别是省级卫视对农村的极高覆盖率,加上城市电视台对城市居民的影响,其广告传播效果可以发挥最佳状态。至于具体选择哪种类型的电子媒介和印刷媒介并进行组合,就要根据企业的经济实力,产品的特性和对消费者的调查所获得的数据进行选择组合。

2. 不同电子媒体的组合

按覆盖面积大小划分电子媒介,有覆盖全国的中央台,有以本省为主的卫视台和省电台,有以城市居民为主的电台和有线电视台。按传播的方式和内容划分有广播媒介和电视媒介。电子媒介的组合还有广播与电视的结合,有线与无线的结合等多种形式。如中央一台在北京收视率最高,但在上海、广州则位于第三,上海人首选东方台,广州人首选翡翠台。

从这三地对媒介的选择看有一种特点:即本地台和中央台是三地居民的重点选择对象,所以在这三地广告投放时的电视媒介组合的最佳方式是本地台加中央一台。对产品的消费者主要是农村的广告主来说,怎样进行电子媒介的组合呢?根据实力媒体的收视调查,卫视的观众分布趋向县城和农村,而中央电视台的观众更多是在大城市。所以对这些广告主来说,广告投放可选择多个卫视的媒介组合形式。

3. 不同印刷媒体的组合

印刷媒介种类繁多,就报纸来说有日报、晚报、都市报,生活服务类报和各种行业报。不同印刷媒介的组合还可以有多种形态。如全国大报与地方报的结合,报纸与杂志的组合等,不管如何组合,其标准只有一个,就是取得最佳的广告效果。

4. 电子媒介、印刷媒介与其他媒介的组合

在现代社会中,许多广告商还把户外广告等其他媒体作为媒介计划中的重要选项。例如,把户外广告与广播、电视结合起来,形成"电视(或广播、报纸)+公交车""电视(或广播、报纸)+候车厅""电视+报纸+公交车(候车厅)"等众多媒体组合形态。

据调查,这种广告投放形式能在最短时间内,最大限度地提升品牌知名度,取得理想的广告效果。网络媒介的出现,也为广告主在媒介组合方式的选择上提供了较广的空间。特别是时兴的网络定向广告,随着计算机的普及,将会在未来扮演重要角色。广告主在媒体组合时,也可以根据产品的特点把网络媒介考虑进去。

复习思考题

1. 广告媒体的定义是什么?
2. 简述媒体的主要特征。

3. 简述广告媒体的主要种类。
4. 简述报纸媒体的主要特点。
5. 简述电视媒体的主要特点
6. 浅析"网络广告"的特征。
7. 简述户外广告媒体的特点。
8. 简述车载电视的主要特点。

实训课堂

选择一份当地的报纸,统计一周中星期一至星期五出现的广告,比较各种广告所占版面的比例。

实训案例

台网联动　多姿女人

1. 执行时间

2011年4月。

2. 具体内容

(1) 市场环境

拉芳在2011年推出了新品"多姿沐浴露",并定下了较高的市场目标:一是要快速提高品牌知名度,二是销售增长率要达到100%。然而在日化这个行业,国际品牌占据了70%的市场份额,民族品牌要进入的成本相对较高,因此广告费就会有所调整。拉芳开始思考,在广告费有限的情况下,选择什么样的媒体平台,既能够覆盖足够多的目标人群,又能够保证有足够强的频次,来完成品牌建设的工作。

(2) 目标

为"多姿沐浴露"的上市寻找一个有影响力和传播力的平台,快速提高新品的品牌知名度。同时邀请目标消费者体验新品,以便促成口碑传播。

(3) 策略

拉芳选择冠名安徽卫视第二季度的大剧《美人心计》,这部电视剧演员不仅演员阵容强大,而且故事跌宕起伏,被称为内地版的《宫心计》,再加上安徽卫视的大剧营销策略,势必会掀起一轮收视热潮。

考虑到新品上市需要一个连续的推广期,但是《美人心计》在安徽卫视的播出时间只有15天,安徽电视台广告中心主任查道存提出要做"台网联动",并推荐了视频网站优酷。因为历史数据显示,视频媒体在与卫视同步播出一部电视剧时,虽然刚开始的收视表现没有卫视那么高,但是持续的收视尾巴特别长。对于广告主来说,两个媒体平台的结合既共振又互补,在热播期有一个强度的叠加,还有一个巨大的长尾。

在接下来的联合推广中,安徽卫视按照之前建立起来的"全频道联动、全媒体整合、全过程互动、全信息提供"的大剧推广模式,对《美人心计》和拉芳新品的品牌信息进行大规模传播。

3. 执行过程

(1) 传播诉求

为了让拉芳的产品和播出的剧集达到最佳契合度，安徽卫视为客户设计了"多姿美人"的传播诉求，除了正常的推广，在所有的宣传推广和线下活动中都会充分植入客户的品牌信息。

(2) 积极预热

电视剧还未播出前，安徽卫视制作了《美人心计》的宣传片和首映礼，为电视剧预热，首映礼也在优酷网同步播出。

(3) 内容延展

安徽卫视量身打造了一档栏目《美人计后计》在每晚电视剧之后播出，话题围绕当晚播出的剧集内容设置，让观众在收看栏目的同时，既能丰富汉朝的历史知识，也能从中明白人生道理，兼有娱乐性与知识性，《美人计后计》也在优酷网播出。

(4) 互动传播

利用网络进行话题营销，例如在微博上与网友互动，例如看剧参与话题讨论，品评剧中人物、情节，即赠送"多姿沐浴露"等。

(5) 整合传播

与此同时，安徽卫视还整合网络、报纸、户外、手机短信等其他媒体在前期对播出的剧集进行360°宣传，将影响扩到最大。此外，优酷网所有《美人心计》广告，都会打出安徽卫视每晚几点播出的字样，增加了受众准时观看的可能。

4. 执行效果

在《美人心计》播出期间，安徽卫视在29测量仪网收视稳居1.4%左右，多次勇夺省级卫视收视冠军。

5. 市场评价

拉芳集团副总裁吴景璇认为："拉芳已经和安徽卫视合作了九年，这个平台的表现力、大剧整合营销能力已经有目共睹，也是我们所看重的。台网联动是广告主的现实需求，也是长远发展趋势！"

(资料来源：安徽卫视《美人心计》大剧营销策略。http://www.maad.com.cn/mediaawards/2011-06-02/2483.html)

【案例分析】

除了延长上市传播周期，"台网联动"进行电视剧和产品的推广有两个优势：其一，在传播区域上形成互补。广东市场是拉芳的重点营销区域，但是传统电视在广东市场的表现都不如其他地方。而广东是优酷所有城市中流量最大的一个城市，因此"台网联动"能兼顾重点市场。其二，在传播受众上形成互补。安徽卫视的主流受众群体是35~45岁，而互联网受众的年龄群相对年轻一些，视频网站的主要人群是15~35岁，这就使得传播覆盖的人群范围扩大了，使拉芳能够在最短的时间内传播到最多的人。

【案例研讨】

分析类似传统媒体与新媒体"联动"在未来广告市场中的地位和作用。

第九章 广告传播者心理

(1) 了解广告主心理,认识广告传媒人心理。
(2) 掌握广告从业人员的特性,掌握广告从业人员的创意心理。

(1) 学会广告创意的产生过程,使用几种不同的广告定位策略。
(2) 培养良好创意能力的几种方式。

广告主心理　广告人心理　创意心理　广告传媒人心理

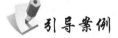

现代广告业的大师级传奇人物

大卫·奥格威(David Ogilvy)是现代广告业的大师级传奇人物,他一手创立了奥美广告公司,他睿智隽永的风格不但塑造了奥美广告,更深深影响了整个广告业的发展。

创办奥美之处——靠坦诚和人格立足

38岁时,奥格威在纽约的麦迪逊大道创办了奥美广告公司,挂牌营业那天,他发表了一个办事公告:

"本公司新近成立,力求生存,一段时间内,大家须超时工作,工资则低于一般水平。

本公司重点招聘精力充沛的年轻人。我不会录用阿谀奉承、惯于谄媚的人。我寻求有头脑、有教养的人。一家公司规模的大小,取决于下功夫的大小。公司初建,资金并不雄厚,但在1960年前,我们要把它发展成一家大公司。"

创业之始,困难重重,他没有过多地去考虑种种难题,他所做的就是为他心爱的奥美奠定一个普通而又非常崇高的管理原则——"奥美最宝贵的资产,就是赢得客户以及所有商业团体的尊敬。"

靠什么赢得尊敬,奥格威回答:"是坦诚,是人格。""在今天,广告公司显然不能单凭专业才能,就能受到外界的尊敬。的确,大型广告公司彼此之间所呈现的专业能力,并没有明显的差异。"

"造成差异的原因是什么?是广告公司的所有人员在代表公司与客户、同业们相处时所呈现的人格气质。怎么做到这一点?首先,公司里的主管人员必须令人钦佩、备受推崇,这种尊敬也许来自现有客户,也许来自潜在客户。这样,奥美的业务通常就会蒸蒸日上。这一原则一直是奥美的基本品质,也是它成功的基础。其次,奥美在伦敦、纽约以及所有国家,都必须拥有一群'有大脑的正人君子。'那种因为短期性的利益而违背了人格原则的做法,对奥美一点好处也没有。"

奥格威的人才观

什么是奥美看重的人才?在奥格威眼里,一个前途无量的人,应当具有五大特征:①有野心。②富于竞争且乐此不疲。③头脑灵活,不拘传统,善于创新。④与人相处融洽愉快。⑤尊重创意。

他对人们的警告是:千万不要在重要职位上雇用和你有同样缺点的人,从而更加深了你自己的缺点。

奥美公司负责人最重要的职责之一,就是有效地管理人才资源。特别在发掘人才方面,有责任尽早看出深具潜力的新人,并随着这些新人的成长,迅速予以晋升。奥格威说:"如果你根本分辨不出这群潜力非比寻常的年轻人,无法适时给予升迁与奖赏,他们不久即会掉头而去;失去一个杰出的人才,对公司的损害如同失去一个客户一样惨重。"

在1978年写给董事会的一张便条中,奥格威说:"著名的医院会做两件事。一是照顾病人,二是教导资历尚浅的医生。奥美也在做两件事:一是服务客户,二是教导年轻的广告人。"在广告领域里,奥美就像一座黄埔军校,也因此,奥美比其他代理商赢得更多外界的尊敬。而奥格威自己,就是一所学校。通过他的四部著作(《一个广告人的自白》《奥格威谈广告》《大卫·奥格威自传》《广告大师奥格威——未公诸于世的选集》),他对广告丰富深邃的见解影响和教育着全球的广告人和商界人士。

奥格威说过他对"诚实的人"的理解:"我们喜欢诚实的人——争论时诚实,对客户诚实,对供应商诚实,对公司诚实——而最重要的是,对消费大众诚实。"

奥格威要求公司人员把客户的公司看成自己的,因此提给客户的建议都是站在他们的利益点着想,毫不考虑广告公司自己的短期利益。"这样才能赢得他们的尊敬,而客户的尊敬则是奥美所能拥有的最大资产。"

领导是门艺术 不能太死板

企业的兴旺,离不开一个有活力的、优秀的领导群体。好的领导能给公司创造轻松愉快的工作环境,并使每位员工发挥主动性,为公司带来最好的效益。领导是一门艺术,它不能要求死板,奥格威自己就是这方面的典型。

奥格威曾这样评价一位35岁的创意指导:

"在若干方面,他的表现仍然不够成熟。比如,他对客户提案的'方式',就流露出反常的孩子气!这使我觉得很不舒服。——我比较喜欢提案以一种信心十足的权威姿态出现。然而,我却发现许多客户就喜欢他这种缺乏自信、充满谦卑的态度。客户似乎觉得这样的提案方式很吸引人,而且能够消除彼此的戒心。

他的办公室就像'猪圈',怎么看都不像一个高级主管的办公室!何况,一个杂乱无章的办公室象征着一颗毫无头绪的心。但我不得不时常提醒自己——有些精明能干的人就是不爱整洁。而有些愚不可及的人却井然有序……

此外,他在管理自己的部门方面也十分松散。不过,我真怀疑严厉而有条不紊的行政管理是否适用于创意部门。也许增加一些无拘无束的气氛和五花八门的工作,对部门比较有帮助……"

1965年,奥格威辞去奥美公司董事长职务,专心从事创新设计,一干就是十年,随后"退休"。名为退休,实为继续勤奋工作。在他的帝国中,他的影响力依旧深广,直至他1999年去世。

(资料来源:http://www.cyzone.cn/a/20131009/245979.html)

点评: 广告人是社会分工和专业化的结果之一,作为广告从业人员应当具备与工作职位相适应的职业技能和角色意识。广告是科学与艺术相结合的产物,广告属于创意产业,广告属于第三产业。客户满意是服务业的基本准则。

第一节　广告主心理

一、广告投资心理

一般而言,投资就是为达到一定的目的并期望有一定的商业回报的资金投入,如机器、厂房、生产设施等均被视为投资,其价值随着存在时间的延长而被按一定比例折旧。而投入广告活动的资金,并不能全部产生即时的销售效果,因此大多数厂商只好将广告费归为生产成本之列。

随着现代广告观念的形成和发展,已经有越来越多的人认为广告活动应该视为企业的投资行为。因此企业在广告方面进行了投资,必然要求这样的活动能够带来最大的收益,也就是投资回报:广告中每一块钱的投入都能够取得一定的广告效果。广告投资回报主要体现在促进产品销售及对于品牌建设的推动作用上。

(一)广告投放与销售量增长

据统计,在消费类商品中,广告与市场销售业绩几乎呈现同比增长的现象,其中酒类、药品尤甚。中央电视台对在其竞争标版上做广告的企业跟踪调查显示,几乎所有的企业在做了广告后近一年的时间内都取得了极好的经济效益。

其榜单包括:脑白金、黄金搭档、蒙牛、伊利、奇瑞、长安、哈飞、金龙鱼、长城、张裕、海尔、海信、TCL、美的、格力、联想、昆仑、雅戈尔、杉杉、七匹狼、安踏、利郎、康师傅、娃哈哈、农夫山泉等。

广告在中国大地上创造了一个又一个神话,虽然其中有诸多经验与教训需要总结,但广告投放对销售增长的促进是毋庸置疑的。

当然我们不能否认广告可以单独发挥作用,但如果它不和其他的营销组合工具配合运用,就不能发挥最大的效用，对企业来说将是一种相当不经济、不科学的策略。例如，当某种产品的广告引起许多消费者的兴趣，而此时产品的销售渠道还未建设完备，消费者准备购买却在终端很难发现这种产品时，他们就会转而购买其他同类产品，甚至从此形成品牌忠诚。包括广告在内的所有营销组合手段，都只是整个市场营销策略中的一个环节而已，它们的作用是否能够完全发挥，还要看各个营销要素之间的配合好坏而定。所以，只有在各种营销组合策略配合完好的情况下，广告才能发挥最好的效果。

(二) 广告投放与品牌资产积累

在现代经济条件下，产品不仅在功能、技术及广告创意表现等方面同质化程度提高，而且在营销推广手段等战略、战术上也惊人地相似。那么促使消费者产生最后购买行为的究竟是什么呢？从有关心理学的书籍中我们可以看到，人们能够较快地识别自己所熟悉的东西，潜意识里对自己熟悉的东西存在很大的信赖。所以在其他诸多因素相同的情况下，消费者会更加倾向于选择自己所熟悉的品牌，这也就是为什么熟悉的品牌那么抢眼、品牌知名度高的产品销量好的原因。

基于这样的认识一些权威的专业人士认为，现代广告最大的作用已经不在于增加产品销量，而是强化品牌印象。通过广告宣传，可以使一个品牌更为人所熟知或增加其凸显度，树立品牌形象，提高品牌知名度、美誉度，并最终积累成品牌的无形资产，即"品牌资产"（Brand Equity）。而品牌资产却是可以为广告主带来丰厚市场回报的，如可口可乐的总裁就曾经说过："如果一夜之间可口可乐的资产化之为零，但只要还有可口可乐这个品牌，可口可乐很快就会东山再起。"显然，这就是品牌资产积累所带来的效益。

1. 品牌资产及其构成要素

品牌资产也称品牌权益。1989年9月，美国《营销研究》发表了彼得·法吉哈（Peter H. Farquhar）所写的《经营品牌资产》的报告。两年后，美国加州大学的大卫·艾克以更完整的理论、架构和实例出版了同名专著。

目前，品牌资产尚不存在统一的定义，有着几种不同的概念模型。

美国市场营销科学研究院（MSI）将品牌资产定义为："品牌客户、渠道成员、母公司等方面采取的一系列联合行动，能使该品牌产品获得比未取得品牌名称时更大的销量和更多的利益，还能使该品牌在竞争中获得一个更强劲、更稳定、更特殊的优势。"

大卫·艾克（1991）认为，品牌资产指："与品牌、品牌名称和品牌标识等相关的一系列资产或负债，它们可以增加或减少通过产品或服务给企业和/或顾客带来的价值。"品牌资产包括品牌忠诚、品牌认知、感知质量、品牌联想及其他专有资产（包括专利、商标、渠道关系等）等五个方面。

凯勒（1993）提出的品牌资产概念主要从消费者对品牌的心理反应，而非从财务方面去衡量价值。他提出了以顾客为本的品牌资产，即由于顾客对品牌的认识而引起的对该品牌营销的不同反应。以顾客为本的品牌资产的框架而言，消费者印象中的品牌知识是创建与管理品牌资产的关键所在。该定义有三个重要的组成部分：不同的效应、品牌的认同和顾客对营销的反应。可见，以顾客为本的品牌资产来源于消费者对品牌的认知及因此产生的差异反应。

贝尔认为品牌资产包括两部分相关因素："一个是用财务术语表达的，另一个是由消费者反应描述的。"他把品牌资产界定为由于企业或者产品具有良好的品牌形象而使消费者愿意为该品牌付出的价格，从而使品牌具有的价值。从财务概念来看，品牌资产是在品牌和其产品或服务之间的一种附加的现金流,而消费者心中建立的品牌知名度、忠诚度、联想度、认知度等品牌形象要素正是品牌资产的主要组成部分。

成功的品牌享有的高额回报,关键都在于由消费者对品牌的不同感知所产生出来的不同消费行为。因而,从消费者角度来看,品牌资产可以视为是由品牌形象所驱动的。

品牌资产由四部分要素构成,它们指导了品牌的发展、管理和评估。

(1) 品牌认知

品牌认知(Brand Awareness)也可以称为品牌知名,是消费者认出、识别和记忆某一产品类别的能力,从而在观念中建立起品牌与产品类别间的联系。品牌认知有一个由浅入深的变化过程,就对品牌认识的程度而言,分成三个层次:品牌识别、品牌记忆和深入人心。一个深入人心的品牌往往是消费者最熟悉、最认同甚至最喜爱的品牌。这种品牌在消费者心目中印象最深、影响最大。面对众多品牌,消费者在购买商品或服务时,通常会选择自己最熟悉、最喜欢的品牌。因此,能被人们记住的品牌,尤其是深入人心的品牌,在消费者进行购买决策中起着至关重要的作用。

(2) 品质认知

品质认知(Perceived Quality)是消费者的一种判断,它是消费者对产品或服务全面质量、优势的感性认识,是对品牌的无形的、全面的感知。品质认知是形成品牌资产的重要组成部分,品质认知程度越高,对品牌资产积累的作用越大。产品本身质量过硬是提升品质认知的重要条件之一。高质量的产品可以产生额外的价值,能给消费者带来心理上的满足和平衡,从而给品牌带来良好的赞誉,更加扩大它的销售规模。

在这里应该明确的是,产品本身的高质量只是企业安身立命之根本,并不是品牌体现的高质量,真正的高质量是品牌所体现出来的独一无二的品牌价值。影响这些认知的因素有品牌联想、品牌外观、品牌名称、价格、广告数据等。例如,在超级市场,产品的新鲜度意味着总体质量;清洁剂易起泡意味着清洗更有效;广告支持一个品牌的次数也暗示着它是一个优质产品,尤其是新产品体现的质量更加受到广告支持的认识影响。

(3) 品牌联想

品牌联想(Brand Associations)是指人们的记忆中与品牌相连的各种事物。一个品牌可以同一种事物相联系,也可以同多种事物相联系。与品牌相联系的各种事物都可引起对品牌的联想,从而加深品牌在消费者心中的印象。品牌联想可以使消费者形成对某品牌十分有利的特定感觉,强化品牌形象,提高品牌忠诚度。

产品或品牌与消费者沟通过程中的所有环节和信息都可以影响人们的品牌联想。例如,广告表现中最常运用的手法就是明星代言人,这就是为了使消费者产生美好的联想,并将这种感觉移情到自己身上,最后使用产品,形成品牌忠诚。

此外,恰当的公关宣传也可以使消费者产生预期联想,如每到"3·15"消费者权益日时,企业若同政府部门共同开展打假维权活动,消费者就会产生这样的联想,即这个企业一定不会欺骗消费者,从而提高其品牌形象和品牌美誉度。

(4) 品牌忠诚

品牌忠诚(Brand Loyalty)是指消费者对品牌感情深浅的程度。消费者对品牌忠诚度高,是该品牌的一个重要资产,甚至是品牌资产的核心。作为消费者对品牌感情的衡量,品牌忠诚的高低反映出一个消费者转向另一品牌的可能程度。品牌忠诚度越低,消费者转向另一品牌的可能性就越大;品牌忠诚度越高,消费者转向另一品牌的可能性就越小。

品牌忠诚度是企业的一笔财富,它可以留住老顾客,吸引新顾客,从而扩大未来的销售和利润。消费者对品牌的忠诚度有不同的层次或等级,如对品牌忠贞不二者及习惯性购买者等。前者是品牌坚定的拥护者,为使用这一品牌而自豪,并乐于向其他人推荐该品牌;而后者则对品牌的忠诚度不高,购买较随机。因此,广告主就应该针对不同类型的消费者采取不同的广告传播措施,这样才能有效提高品牌忠诚度,扩大产品销售。

2. 广告促进品牌资产积累

(1) 广告能提高品牌知名度

品牌知名度是一个测量术语,指知道某品牌的消费者占所有消费者的比例。

品牌知名度因人和产品类别不同而异。Guest(1942)对 813 名分布在 3~11 年级的学生的测验结果表明:品牌知名度随年龄而增加;高收入经济群体比低收入经济群体熟悉更多的品牌名字;高智商的孩子比低智商的孩子熟悉更多的品牌名字;品牌知名度与兄弟姐妹的数量无关。

另外,品牌知名度也会随着时间的推移而发生变化。例如,摩托罗拉手机的第一提名率 1998 年是 52.2%,1999 年下降为 22.7%,2000 年又回升至 32.0%。在广告实践中,消费者都非常关注品牌知名度,有研究表明,品牌知名度与品牌偏好水平、市场占有率呈正相关。

广告最明显的作用就是在短时间内提高品牌知名度。但在产品同质化非常强的今天,面对众多同质广告的干扰,要想使自己的品牌脱颖而出是非常困难的。这就要求广告独特新颖便于记忆,广告诉求点一定要准确等,使消费者"一见钟情"。而广告对提高品牌知名度的作用又往往会表现在产品销量的增长。

人是惯性的动物,对熟悉的事物自然会产生好感和特殊的情绪。当世界变得越来越复杂,产品越来越相似时,越熟悉了解的产品就越使人感到安心和舒适。无论是金利来"男人的世界",还是风靡一时的脑白金,它们能有如此高的知名度,可以说广告起了很大作用。

小贴士

提高品牌知名度的广告策略

品牌知名度是一个品牌的重要资产,它对于消费者的品牌选择有着重要的影响,综观各种对于品牌知名度的理论研究,提高品牌知名度有以下几种手段。

1. 加强产品陈列

研究证据表明,产品仅仅因为展示在货架上,就会导致产品试用和品牌知名度的提高。采用广告不厌其烦地向消费者介绍你的品牌,虽然也能提高品牌知名度,但会让人厌烦。然而,将产品摆在显眼的地方,让消费者不经意地看到你的品牌,也是提高品牌知名度的方法。特别是对于那些喜欢逛商店的消费者来说,产品陈列对品牌知名度提高的作用更大。

产品陈列是一种比较能让人接受的广告形式。这种形式的效果好坏取决于以下几个因素:①产品陈列柜台在商店中的位置;②产品陈列在货架上的位置;③在产品陈列的地方努力吸引顾客。

2. 增加广告投入

(1) 加大广告支出

要想提高品牌知名度,就要舍得花本钱。虽然品牌知名度的提高与广告投入量是否存在着线性关系的认识还不是很清楚,但是一些成功、知名度高的品牌的广告实践告诉我们:在现代市场中,没有大量的广告投入,就没有高的品牌知名度。可见,要提高品牌的知名度,没有适当的广告投入是不行的。

(2) 开展全方位的广告宣传

采用各种各样的媒体,打立体的广告战。不同的媒体各有其不同的特点和受众。透过不同的媒体,才能使品牌广告宣传尽可能地覆盖所有消费者,同时使消费者通过不同的渠道获知品牌信息,加深他们的品牌印象。

(3) 强化大众传播媒体的广告传播

着重加强在大众传播媒体上的广告宣传,特别是要加强广播、电视广告的力度和强度。因为大众传播媒体的覆盖面大,受众的接触率也比较高,采用这些媒体还可以加速品牌知名度的提高。

3. 根据记忆规律设计和发布广告

(1) 突出品牌名称

要利用广告来提高品牌知名度,在每一则广告中都尽可能把品牌名字突出出来。在现行的广告中,有些受众看了广告若干遍之后,仍然不知广告所介绍的产品是什么品牌,这类广告对于品牌知名度的提高无疑是不利的。

(2) 不断重复品牌名称

在广告中尽可能多地重复品牌名称是为了强化记忆。根据记忆的规律,要让外界信息进入人的长时记忆之中,其中最重要的条件就是重复。在广告设计时,不管是采用视觉形式重复,还是采用听觉形式重复,总之尽量将品牌名称加以多次重复呈现广告内容。

(3) 恰当选择媒体

选择适当的广告方式,着重宣传品牌名称。广告的刊播费用是相当昂贵的,所以任何广告的重复刊播都是有限度的。为了使一定的广告费用有效地达到提高或巩固知名度的目的,可以采用简单化的广告方式,直接告知品牌名称即可。

(4) 品牌广告特色鲜明

不管是广告形式,还是广告内容,与众不同就能让人过目不忘。

(5) 错位播发广告

避免与竞争对手的广告一起发布。在中央电视台的广告中,经常看到多个同类产品的品牌广告相继播出,这种情况实际上对谁都没有好处,特别是对于弱势品牌来说,更是不利。因为,同类品牌之间会相互抑制,影响观众的品牌记忆。一个产品类别的竞争品牌广告越多,目标品牌及其广告陈述越容易与其他信息相混淆,越可能被遗忘。

(2) 广告有助于建立正面的品质认知

一般来讲,消费者对于品质的认知都是在使用产品或服务之后,但是广告对提高消费者的品质认知仍然发挥着巨大的作用。通常消费者会对他们使用过或正在使用的产品广告给予更大的关注,他们将已有的关于品质认知的体验与广告中对品质的表现进行对比和联想。如果相符,则原有的好感将会加深,更加信任这一品牌,对产品和自己的判断都很满意,进而成为这一品牌忠诚的拥护者。如果相反,消费者会认为广告是骗人的,原有的不良印象会进一步加深,甚至变成极度反感和不信任。

对于上市伊始的新产品,人们对其品质一无所知,而高品质、定位准确的广告,通常可以增强消费者对产品的好感并愿意去购买,可以说在一定程度上,广告的品质反映了产品或品牌的品质。同时,当产品或品牌进行延伸时,广告还可以帮助消费者将原有的品质印象转嫁到新产品上,这对新的产品或品牌而言无疑是一块打开市场的敲门砖。此外,品质的改进与创新要通过广告告知广大消费者,更新其认知,同时又不妨碍原有的品牌形象。这就要求企业必须对此有充分的认识,有计划地、系统地逐步树立品质印象。企业需要通过一次次地沟通、不断积累,并尽力保持形象的持续和连贯,否则原来树立的品质印象就会前功尽弃。

(3) 广告为品牌联想提供了空间

广告最主要的功能之一就是教育消费者,使消费者对品牌能立刻产生联想,而消费者所想到的特质,应是该品牌的独特卖点或个性,进而产生差异化的认知。广告就是要利用这种独特的差异,在消费者心目中重建一片天地,并使该产品在消费者心目中居于首位。

在广告表现手法中,最常被使用的就是情感诉求,将广告带给消费者的美好感受转移为对品牌的好感。广告还能够塑造感染力,传达一种非常微妙的感情,引发消费者的欲望,促成行动,提高购买与使用时的心理享受。如化妆品广告常常借助美丽的画面、动听的音乐或漂亮的模特来引导消费者产生美好联想,增强对产品或品牌的好感,刺激人们产生购买欲望。

(4) 广告能增强消费者的品牌忠诚

品牌忠诚让企业有时间对竞争者的行动做出反应。当竞争者开发出更优越的产品,在他们将顾客吸引过去之前,企业可以改进产品以达到与竞争者相当的水平。许多老牌企业,由于有大量的忠诚顾客做后盾,它们总是在市场上采取跟进策略,以规避新产品市场开拓的风险。

例如,在迅速发展的手机市场,当时的先进产品往往能吸引一些消费者,但是其中很少有老顾客。相反,满意的老顾客不会寻找新产品。新型手机产品主要吸引的是青年好时尚一族,而老顾客往往坚守知名品牌,购买物美价廉的产品。不愿冒风险花费较高的费用购买新型产品。

品牌忠诚度有着积极的意义。

① 减少营销成本。维持一个老顾客比获得一个新顾客成本要少得多。潜在的新顾客通常缺乏改变品牌的动机,因此,要吸引他们需要付出昂贵的代价。对于老顾客来说,只要他们没有什么不满意的地方,要维持他们并不难。消费者对品牌越忠诚,越容易维持。但是如果消费者所反映、所关心的问题未能得到解决,他们就可能弃品牌而去。消费者对一个品牌的忠诚,同时也是对竞争品牌进入市场的障碍。

② 促进销售。消费者怀有强烈忠诚的品牌,如可口可乐、柯达胶卷等,能够获得较大的货架空间,因为零售商知道消费者将它们列在购物单上。有时品牌忠诚支配着消费者的商店选择决策,如果一个超市没有那些重要的品牌,消费者可能会转移到别的商店购买。

③ 吸引新顾客。当购买存在风险时,某些顾客的重复购买起到为新顾客提供担保的作用,在新产品领域,情况也是一样。一大群消费者重复购买一个品牌,会让人觉得该品牌是一个人们普遍接受的、成功的品牌,是一个能够支撑得起售后服务和产品改进的品牌。

④ 为企业提供对竞争行动做出反应的时间。通常地,忠诚的顾客有这样几个特点:经常性购买;建立口碑,为品牌产品做"免费"的广告宣传;对其他竞争者的促销活动有一定程度的抵制;回顾品牌的其他产品或服务等。这些行为不论哪一种,都直接或间接地促进了销售额的增长。若是品牌的忠诚顾客,即使是遇到价格更低、有更多方便的产品,也会持续购买该产品。所以,品牌忠诚是品牌资产中最重要的资产。若没有忠诚的品牌消费者,那么品牌也只不过是一种识别符号,是一个毫无价值的东西。

案例 9-1

葡萄酒定制

张裕公司 2003 年推出的桶装酒定制营销,其主要客户为跨国公司、私营企业、大型国有企业等团体客户和少数个人客户,如知名人士杨澜、阎维文均有订购;2005 年实施俱乐部营销,在广东成立中国首个酒庄俱乐部——张裕·卡斯特 VIP 俱乐部,为会员提供专业化的服务和专有交流空间。

张裕公司 2006 年 6 月开展储酒领地营销,储酒领地是张裕公司专门为世界级政务、商务巨子量身定做的高端产品。领地的领主拥有酒庄酒窖储酒位的 10 年使用权,可以不定期莅临自己的领地,在葡萄酒的品鉴中接受酒庄的文化熏陶和专业知识培训,同时还可以享受到葡萄籽油 SPA、住宿、餐饮等一系列度假服务。如商界知名人士马云、王中军、江南春等,社会名流唐国强、葛优、冯巩等均是领主,此外领主还有意大利、克罗地亚、芬兰、哥伦比亚和突尼斯等国家的驻华大使。

张裕公司 2007 年 6 月推出期酒营销,这种国际通行的顶级酒庄产品主要针对国内外巨富名流,由于从新酒品尝到成酒装瓶,时间一般为 1~2 年,而成酒和新酒之间往往存在着比较大的价格上升空间,因而吸引了众多投资者的目光。

2010 年张裕已经形成了主要包括品种、年份定制、酒标、包装定制、免费储酒、俱乐部建设和会员葡萄酒文化期刊定投等定制营销。张裕承诺保证所有的桶装产品,所选葡萄均为当年最优原料,非市面普通流通产品;客户自主选择不同的葡萄年份,不同的葡萄品种,不同的甜淡口味,甚至橡木桶烧烤的程度,打造独一无二唯您专属的葡萄佳酿;包装设计的个性化,标签(主标、颈标、背标)、木盒、纸袋、外纸箱均可做个性化包装,打上企业标识或者领导人、名人个人的签名。

2014 年贺岁片《私人订制》引发了诸多话题,"私人定制"这一"高大上"的概念,也悄然出现在多个企业的广告牌上,葡萄酒行业的"定制酒"也再次被大小酒厂和酒商关注。目前国内张裕、中粮长城、王朝定制酒已经运作得十分成熟,例如张裕大客户分公司便负责定制业务。国内葡萄酒企业不仅提供订制,还提供个性酒标的制作,多用于单位、个人重要事件的纪念用酒。

二、广告战略思维

广告战略是指广告主在宏观上对广告决策的把握,它是以战略眼光为企业长远利益考虑,为产品开拓市场着想。广告战略并非是某个企业一时一地的权宜之计,或者是随心所欲地玩弄手段,而是经过周密的调查研究,高瞻远瞩,审时度势,从战略的眼光出发,进行长远的、全局的谋划,不失时机地为实现企业总的战略目标服务。

研究广告战略的目的是提高广告宣传效果,使企业以最低的费用达到最好的营销目标。在当今市场竞争日趋激烈的情况下,一个企业、一种产品要在市场上取得立足之地,或者为了战胜竞争对手以求发展,几乎都与正确运用广告战略有着密切关系。

科学的、创造性的广告战略,是广告宣传成功的关键,也是整个市场战略获得成功的关键。市场如同战场,广告战略不当,会使大量的金钱白白花掉而一无所得;巧妙的广告战略往往能花钱不多而收获甚大。从内容上看,广告战略通常分为品牌广告与促销广告两大类。

（一）品牌广告的战略规划

品牌广告是指以树立品牌形象、提高品牌价值为主要目的的广告活动,在某种程度上品牌形象广告也可以称为企业形象广告。运用战略性眼光在传达内容、媒体计划等方面全方位策划,适时制定出一个符合企业发展需求的品牌广告,对企业及品牌的形象建设和价值提升是相当有益的。

当然,品牌或企业的整体形象不可能通过一两次广告攻势就在消费者心目中确定下来,而是需要企业根据具体发展目标和情况,对品牌广告进行战略性规划,综合各种传播手段,达到树立品牌形象、提升品牌价值的目的。

（二）促销广告的战略规划

促销广告是以促进产品的销售量为首要目的的广告活动,是营销策划中不可缺少的重要环节和手段。其广告诉求的重点大多在于产品的质量、功能、价格等方面,从而有效刺激消费者产生购买行为,达到短期内提高产品销量的目的。因此,根据产品不同的生命周期,促销广告应具有不同的战略规划。

1. 产品导入期的广告战略

处于产品导入期的产品的市场特点是：产品销售缓慢,产品改良尚未成熟,制造成本高,产品和品牌知名度低,企业用于产品导入期的渠道及促销费用高,几乎没什么利润可言。因此,这一阶段应采取开拓性的广告战略。

2. 产品成长期的广告战略

产品经过导入期后,消费者对该产品已经熟悉,老顾客重复购买,并带来了新顾客,产品销售迅速增长,市场占有率上升,企业利润增加。由于有大规模的生产和利润的吸引,新的追随者与竞争者进入市场,市场进一步扩大,销售渠道增多。企业为维持其市场增长率,使获得最大利润的时间得以延长,可以改进产品品质、寻找新的细分市场。成长期的广告致力于说服更多的消费者购买该产品、提高产品的市场占有率。在成长期信息传播尤为重要,因此广告战略应采取劝服性广告。

3. 产品成熟期的广告战略

产品市场占有率达到顶点,销售增长速度开始减缓,为了保持已有的消费者,企业的营销费用有所增加,利润率稳定或开始下降。销售成长率的减缓使整个行业内的生产能力过剩,进而加剧竞争,一般此阶段的持续期长于前两个时期。这一时期的广告主要是提醒性广告。如果产品成熟期及衰退期极长,意味着还有较丰厚的利润潜力,因此,根据需求弹性加大广告投入依然具有长期战略的眼光。

4. 产品衰退期的广告战略

在成熟期的后期,产品销量从缓慢增加转为缓慢下降,利润很低,则产品已经开始进入衰退期。这时产品老化,消费者兴趣转移,市场占有率降低,销售额不断下降。企业可以通过广告尽量维持现有市场占有率,或将广告重点转移到其他更有潜力的产品上。

三、广告作品评判心理

消费者对某一产品的了解往往都是从其广告开始的,广告做得好,就会激发消费者对产品的兴趣,进而产生购买行为。一个具体的广告作品,首先引起人们兴趣和关注的往往是广告创意,因此国内外众多知名的广告奖项都是以创意的优劣作为其评选的首要标准。如由国际电影节派生出来的广告作品大奖赛——戛纳国际广告节、始创于1957年的纽约广告大奖、由美国著名营销专家J.W.安德森于1971年创立的莫比广告奖,以及素有广告"奥斯卡"之称的克里奥广告奖等,都是历史悠久、规模较大、影响深远的世界性广告大奖。

这些广告大奖汇集了来自全球各地的广告公司和专业制作工作室提交的一流创意作品,是对当今世界广告作品,特别是广告创意的一次总巡视和检阅。因此,是否得过国际广告大奖便成为广告主衡量广告公司创意能力的重要标准之一。

但是,广告毕竟是企业进行销售促进的重要手段之一,所以广告的实际效果才是广告主最为关心的问题。因此,一些注重广告效果的广告大奖也不断涌现,其中最负盛名的莫过于美国市场协会于1968年创立的"广告效益奖",即"艾菲"奖。其入围的作品基本上都是广告公司根据客户的市场情况来制定广告策略,并进行有效执行,从广告涉及的范围、定位、诉求、创意、策划、独特手段的运用,到媒介计划、推广计划、预算、实施等环节都十分缜密、细致,广告效果显著。

可以说,"艾菲"奖是唯一以广告实效为主要依据的广告大奖,并将创意和商业利益并重。目前,"艾菲"奖已成为国际广告界中声名卓著的广告大奖,为众多广告代理公司和广告主所认可,特别是得到广告主的重视,成为他们衡量广告代理公司水平的重要依据。所以综合而言,对于广告作品,广告主都是从创意与实效这两个方面来进行评价的。

(一)广告作品的创意评判

从广义上说,广告创意是对广告战略、策略和运作每个环节的创造性构想;从狭义上说,广告创意是表现广告主题、能有效与受众沟通的艺术构思。创意可以产生差异:在竞争的市场环境下,同质的产品很多,生动的广告创意可以在消费者的心目中使一种品牌与其他品牌区分开来,并高于其他品牌。创意可以增强记忆:生动的创意可以保证品牌在观众的记忆中停留的时间和印象比广告刊播的实际时间更长,效果甚至会延续到媒介发布后几周或几个月,这种创意可以帮助一个品牌在广告停止后仍被消费者记忆。创意可以令品牌持久:生动的创意可以保证品牌经得起竞争品牌削价竞争、促销、更充裕的广告投放等方面的冲击。尽管杰出的创意对广告作品而言至关重要,但在现实的广告创意表现中仍有很多不尽如人意之处。因此,广告主往往采取比稿的方法,对广告创意的高低优劣进行评判与取舍。其间,广告主——通常是由企业市场策划中心总监与公司老总构成决策人——往往会产生如下的评判心理。

(1) 广告创意是否独创、具有想象力。

(2) 广告创意诉求是否明确、简洁有力。

(3) 广告创意是否具有战略思考、服务长期目标。

(二)广告作品的实效评判

所谓实效的广告就是能带来现实的广告效果,使广告主的广告投资得到最大的收益回报,给其带来实质利益的广告。广告代理商是为广告主服务的,广告主出资购买广告代理商的劳动,是一种经济交换行为,等价交换的结果应该是广告主得到百分之百的服务,达成广告的商业目标,而不是仅仅获得一些奖杯等非实质性的东西。

大卫·奥格威在评价广告作品时说:"能够促销产品,而不是把人们的注意力引向自身的广告才是一则好广告。"可以说,实效性是广告创意的最高原则,是广告产生的根本原因,更是检验广告优劣的重要标准。

从企业的角度看,广告的实效性体现在两个方面:一是促进销售,提高销售量;二是提升品牌形象,积累品牌资产。从广告本质来看,它是一种投入与产出的过程,企业投入一定的广告费用,其目的或是为了促进和扩大其产品的销售,实现企业的赢利;或是为了达到品牌形象建立、品牌价值积累的效果。所以,评价某一广告是否有效、是否是好广告,主要是看它在道德和法律所允许的范围内,最终能否给企业带来良好的经济效益和品牌形象,这是衡量广告实效性的根本准则。

从消费者的角度看,广告的实效性体现在以下几个方面:吸引注意、引发兴趣、激起欲望、强化记忆、促成购买。这也是在广告界被认可的关于发挥广告心理功效的"AIDMA"原则,即A——Attention(注意)、I——Interest(兴趣)、D——Desire(欲望)、M——Memory(记忆)、A——Action(行动)。此外,广告最终的目标是影响消费者的想法和行为,所以在这一方面,广告的实效性还应在"AIDMA"原则的基础上加强消费者的态度,保持消费者对品牌的熟悉度,促使他们形成品牌忠诚。

第二节　广告人心理

一、广告从业人员的心理素质

(一)广告从业人员的能力素质

1. 说服能力

广告具有一项沟通与说服的功能,广告既是传递信息与消费者进行沟通的过程,也是对消费者进行说服的过程。广告从业人员应该是沟通大师,比任何人都知道"对谁说""说什么""怎么说"才能打动对方,因为这是他的天职。

2. 信息采集和处理能力

广告是传递信息的,传递的基础是对信息的大量采集。从整个社会宏观环境的信息到具体市场的信息;从客户本身的信息到竞争对手的信息;从产品的信息到使用产品的消费者的信息,等等,只有在大量收集和充分研究这些相关信息的基础上,才能最后凝结成广告信息。同时,对从不同渠道、媒体获得的信息还必须进行筛选、分类、重组、存储等,使信息转化成资源,从而创造出更大的价值。

3. 表达能力

表达能力包括文字表达和口头表达能力。能说会写是广告人的基本功。在与客户、同行、消费者沟通时,有良好的口头表达能力,才能吸引人、打动人、说服人。一个好的创意如果表达不清楚,就没有说服力。同样,广告人还有许许多多的案头工作,除了写文案,还有调查、策划文本等,无一不需要广告人有较强的文字表达能力。

4. 良好的心理与体力承受力

广告是一个长时间充满变化与压力的行业,工作过程中充满着挫折与失败,疲惫与劳累。需要旺盛的精力和良好的心理承受能力,在沮丧挫折之余,卷土重来,它也需要充沛的活力,在困难来临时,不惧困难,有不达目的决不罢休的毅力与气概。

前美国总统罗斯福曾说:不做总统,就做广告人。当你置身其中就能感受一切,与创意人员的共事可以刺激灵感;层出不穷的问题极具挑战性;产出的创意作品令人心满意足。当广告确实发挥了功效,可使人获得成就感。因此,做广告人虽然艰难辛苦,却又乐在其中。

5. 观察与直觉能力

广告人的观察与直觉能力是韦伯·扬推崇和主张的能力。观察是人们有计划、有目的、有步骤的知觉。任何正确的判断和断定都是以细致而有效地观察分析为前提条件。直觉属于判断能力中的一种,人的直觉力是在一种潜在的直觉基础上做出判断的能力。

广告人必须培养自己良好的观察与直觉能力,要对各类新的知识、技术和科学讯息经常地观察和分析,对于广告现实和趋势乃至微观操作上的广告行为加以警觉和注意。"当训练有素的有直觉力的广告人,其作业一定要经过僵化死板的、没有直觉力的、没有商人神通的痛苦程序时,广告主很难获得有创造力的广告。"

(二)广告从业人员的性格特点

1. 信守承诺

创意除非贩卖出去,否则就不是创意。那些在广告界有所成就的人,并非只是把创意提出来而已,他们还要勇往直前、努力不懈地在每一阶段奋斗,直到创意具体呈现。如果他们认为是重要的事,绝对不会轻言放弃。

2. 追根究底

研究市场和个人案例。观察何者有效、何者无效,并发掘其中的原理。探索对未来有冲击力的市场发展趋势,尝试找出新的广告模式,建立新的原则。当一名广告的好学生,不断学习不断进步。

3. 雄心勃勃

有敢于追求一种超出目前实力的雄心。这种追求方向上的近期愿景和现实中的自己之间会形成一种"创造性张力",产生促使行动的渴望,创造性地设计广告和赏识雄心带来的成果。

4. 拥有热情

热情并不总是获得成功的最佳因素,但它是获取成功的基础之一。热情是一种精神因素,克劳德·霍普金斯说:"好的事情很大程度上是精神作用的结果",它为人的追求提供一种精神支撑。也包括为了达到心中的目标或是获得最大成功,不得不牺牲一些对最喜爱的东西的拥有愿望,有所不为才能真正有所为。

5. 良好心态

不仅追求成功,还要享受到达成功的过程。如果一个年轻人能够认识到他一生的工作是一件他所能做的最有意思的事,那是非常有意义的,而且这种意义永远存在,对体育明星的欢呼鼓掌很快就会沉寂,而成功对于一个人的鼓励能持续一辈子。良好的心态,使广告创作者任何时候都不会放弃对成功的追求。

6. 勤奋工作

具有良好的愿望和精神支撑还不够,重要的是辛勤的付出。霍普金斯将自己的成功之道归于他比其他的撰稿人工作的时间长两倍,因此得以晋升的速度两倍于其他撰稿人,他从未在午夜前离开过办公室,因为星期日不受人干扰,是他最喜欢工作的日子,因为他始终相信:"辛勤工作绝不会置人于死地。"

7. 创新精神

求新与创新,是广告的生命。广告的终极目标是销售,是引起消费者注意,并最终导致购买行为。创新精神应贯穿于广告创作的自始至终。它表现在两个方面:一是要有灵敏的头脑,善于从多方面收集信息,善于从多角度考虑问题,并且善于抓住产品的独特之处,运用丰富的想象力,发掘出产品中蕴含的戏剧性;另一个是要敢于打破保守观念,放弃平衡,有敢于创新的魄力和勇气。

（三）广告从业人员的气质特点

美国广告协会总裁弗罗斯曾说："广告事业是将平生的时光花在有趣活动上的挑战性工作，而且对我们的社会能产生动态的结果——唯有少数人能达成这种远景。"

1. 艺术气质

广告人要有较高的审美能力。广告表现要符合审美情趣的要求，广告活动中的立意与形式要符合审美的规范。广告人在对广告活动创新的过程中，必须从美的角度去审慎、分析、检测与评估广告表现是否给社会广泛的受众以美感。

2. 商业气质

广告本质上是一种经济活动，它作为一种营销的重要手段，旨在为广告主推介他们的商品和服务的信息，去刺激、影响消费者，劝导后者采取消费的行为，购买他们的商品和使用他们的服务。

对于广告主而言，广告最重要的作用就是促进销售；对于广告从业人员而言，广告的最大作用的发挥也在于销售的促进，这样才代表着他们的智慧所创造出的价值，从而为他们赢得更高的商业价值。

所以广告从业人员一定要具备商业头脑，懂得营销策划的知识。

（四）广告从业人员的敬业精神

1. 公正地传播广告信息

作为广告主的代表和广告信息传播者，广告人应该保持公正、客观。既对广告主的产品、服务和形象做出诚实的、明白的传播，又对每一个对产品缺乏知识和缺少经验者进行正确引导。

2. 客观地向广告主反馈信息

为广告主传播信息和向广告主反馈信息是广告人应具备的职责。广告人要对自己为广告主传播信息的效果进行定量化测定、检验和分析，为广告主反馈客观的广告效果，完善广告主的正常决策和经营工作。

3. 有一定的社会文化责任感

广告人在整理、制作和传播广告信息时，既要考虑到广告对于广告主、消费者带来的影响，也要注意广告文化对于社会文化的影响，推动广告文化的传播和社会文化的进步。

4. 对组织和广告主的忠诚精神

从广告人自身来看必须能够正确评价自身，摆正自己的身份和地位。广告是一种社会性活动，广告一经发布，通过传播媒体广告出去，就成为一种社会文化现象，就会对社会产生影响。广告中的内容、思想观点、感情倾向，必须符合国家的政策、法律，符合国家制定的广告法规，符合社会主义精神文明建设要求，不能与此相悖。

小贴士

广告文案人员必须有严肃的社会责任感和职业道德，遵守广告人员的行为规范。广告人员应有知法守法观念和自律意识。

（五）广告从业人员的心理调适

广告的创作是艰苦的、是孤独的，大卫·奥格威曾说："最成功的事业，往往是建立在这种孤军奋战、披荆斩棘的突然事件上。"这种孤军奋战的结果并非每一次都能得到承认，换来成功,而是以这种努力作铺垫。在重大时机出现的时候能识别它、抓住它。行业的要求对创作者的心理撞击是剧烈的。

顶尖级广告大师霍普金斯也不止一次发出感慨:当他得了神经衰弱在旅馆休息期间,他的广告公司打电话给他。霍普金斯说:"这是又要我去做牛做马,这是要我夜以继日地工作,去告诉别人怎样赚更多的钱。""我的广告生涯中的主要任务就是应付各种危机。风平浪静的时候,没有人会想到找我。一旦他们踏上坦途,几乎个个都会离我而去。"

广告人只有具备知难而进、直到成功的心理素质,才会获得事业的辉煌;而软弱、无自信,见困难就畏缩不前、懒惰马虎、意志薄弱、情绪波动过大、好逸恶劳的人将永远与成功无缘。广告人的工作始终处于紧迫感和危机感中。在竞争激烈的环境中寻找客户颇费周折;当找到了客户,客户的挑剔更让人"小心翼翼"。

因为作为极大程度上决定广告效果的文案人,"他一定要伺候两个主人:他自己和付钱给他的这个世界"。商场如战场,竞争厮杀残酷无情,广告人面对的是战场上的前沿阵地,稍不留神,极小的失误都会造成重大的失败。拉紧了心弦,应对紧迫感和危机感是心理素质的又一方面。

小贴士

所以对于广告人而言,在面对巨大的工作压力、客户压力的时候,一定要懂得自我心理调适,使自己有一个很好的心态去面对工作、面对自己所从事的职业。这样才能够在自己的职业生涯中体会到生命的乐趣、工作的乐趣。

二、广告从业人员的创意心理

(一) 广告定位理论

全球首富、微软总裁比尔·盖茨的成功经验已受到了全球的瞩目。在他的取胜之道中,最重要的是把自己的公司定位为一个不断创新的公司,在这种定位策略的思想指导下,微软甚至敢于与自己过去的产品做比较。定位在广告营销与传播中的战略地位,由此可见一斑。

广告定位是现代广告理论和实践中极为重要的观念,是广告主与广告公司根据社会既定群体对某种产品属性的重视程度,把自己的广告产品确定于某一市场位置,使其在特定的时间、地点,对某一阶层的目标消费者出售,以利于与其他厂家产品竞争。它的目的就是要在广告宣传中,为企业和产品树立独特的市场形象,从而满足目标消费者的某种需要和偏爱,为促进企业产品销售服务。

为了使消费者在心目中建立某一品牌"第一"或独特的概念形象,让消费者认识到产品在市场中的独特位置。在产品定位时,有很多策略可以采用。

1. 强势定位

在市场上以"领导者"的角色出现,采取"高高在上"和"咄咄逼人"的姿态面对市场和竞争者,以显示优势和强势争取消费者信任,取得实力的认同。此形式适用于成就大、实力雄厚的企业。如施乐的"复印机王国"、IBM 公司的"无论一大步还是一小步,总是带动世界的脚步"等。

2. 跟进定位

处于劣势的二三流产品常采取的一种依附式、防守性策略。通过模仿或跟进一流企业,达到以较少的投入获得较大的传播效果的定位方法。最有代表性的案例是美国艾维斯出租汽车公司(AVIS),它在美国只排在第二位,它便将自己甘愿定位在"我们只排第二位,所以我们更努力"的位置上,避免了与实力强大的第一名直接抗衡,以诚恳的态度赢得了消费者的好感。

国内彩电企业中,创维把自己贴近第三名定位在"四强"上,广泛宣传也是一种跟进策略考虑;而新飞冰箱利用各种机会与冰箱巨头海尔"贴"在一起,使新飞品牌的形象大大提升,跟进策略的成果显而易见。

3. 避让定位

处于弱势的企业,为避免与强势企业正面交锋,而采取的回避正面焦点、开发寻求侧面新领地的迂回式竞争方式,是一种变被动为主动的定位策略。例如,广东华凌冰箱面对国内冰箱巨头们的技术和实力优势,根据自己合资的特点,反其道而行,扬长避短,广告打出华凌冰箱与日本原装三菱冰箱相比"最大的不同就是完全相同"的独特定位,迎合了广东人喜爱原装进口产品的消费心态,一直成为广东地区最畅销的名牌之一。

4. 逆向定位

以守为攻的定位方式。以反向思维方式找出自己的优势特点,争取市场主动。例如,海尔面对洗衣机产品向高档化、大而全方向发展的激烈竞争现状,以及夏天人们不愿使用洗衣机的传统习惯,独树一帜,开发出针对夏季可洗单件衬衣的迷你型"小小神童"洗衣机,同时打出广告语"飞进美满家庭",传达了产品小巧玲珑的特点。产品推出后,风行全国,成为最畅销的洗衣机。

5. 进攻性定位

抓住竞争对手的弱势、缺点进行全方位进攻,削弱其影响力、动摇其地位,转变消费者的看法,争取市场的主动。例如,针对海尔引以为自豪的"不一定要拥有博士,但要拥有博士研究成果"的借力经营哲学,同一城市中竞争对手海信则抓住海尔缺乏博士的空隙机会点,以"拥有42个博士"的强烈针对性广告主题与海尔进行进攻性定位竞争。这一主题也与海信一贯的科技定位呼应相吻合,因此反响强烈。

以上介绍的仅仅是常见的几种定位策略,在实践中商品的广告定位策略并不局限于这几种,广告主和广告从业人员可以根据具体情况进行有效的市场定位。

 小贴士

广告定位

1. 叶茂中的定位观

准确的定位是成功广告运作的前提,反之,定位失误则必将导致失败的广告运动。常见的定位失误症有:贪大求全,盲目出击,眼睛长在额角上,脚踩在云端里。定位的实质就是找到一块足够小的市场空间,集中兵力形成优势,在狭小区隔中占据最大的市场份额。

这里有几个"小而精":产品利益点要小而精,目标市场要小而精,目标消费对象要小而精。

一个产品在市场中,在同类产品中、在目标消费者心目中,它占有的位置几乎可以决定一个产品的成败。定位的根本在于寻找一个你能称得上第一的空隙,比如第一事件,第一说法,第一位置,而不是去发明或创造一个了不起的事物。

2. 乔治·路易斯的定位观

真正的"定位",应包括能以直觉与企图心,彻底了解广告主的问题与机会。宝林·崔姬被定位为第七大道的圣女贞德;世界金融中心被定位成远离曼哈顿喧嚣繁华、天堂般的避难所;古德曼的面包被定位成逾越节的必需品;福斯汽车以一种新的观念来定位金龟车——它是一部小型轿车。

在做广告的过程中,定位必须有创造性的思考,而且要能克服偷懒的心。但是定位的问题在于它很容易将创意的神秘性,变形为一堆诱人但毫无意义的词句,而觉得不需要伟大的创意。这样一来,就让太多的广告人相信,只要在上厕所前,记得拉开拉链这种必要却无趣的动作后,就能找到真和美。

最好的定位观绝对应该来自可突破障碍的广告,以及惊奇而有创意的解决方法,理性的逻辑反而会束缚任何可能制造奇迹、有创意的解决之道。

当那些精通定位的高手说"人类心灵的空隙是他们魔法的箭靶"时,他们所表达的是一种无意义的"瞎掰","捏造"的是一种太过理性的、自以为是的、方法论的、扼杀广告创造力的解题法。而乔治·路易斯则坚持广告绝不是那种逻辑,想要对付困难的行销挑战,最佳的办法就是蔑视定位的约束,要有创造性的想象力,正因为广告不是科学,而是艺术。

(二) 广告创意灵感

大卫·奥格威清楚而明确地提出"在广告中,最重要的必然是创意""除非你的广告中有了不起的大创意,不然它就会像黑夜中行驶的船只一样,无声无息,不留痕迹。""若是你的广告的基础不是上乘的创意,它必遭失败。"

创意,在威廉·伯恩巴克和李奥·贝纳那里被称为"构想",并认为在广告创作中,发现和发展一个好的构想,是尤为重要的。威廉·伯恩巴克说:"最重要的是当一个构想最好的时候,一定要认识它。"又说:"我的教条——我所求的,就是有一构想,能把我们商品的优点传达给人们,并且让他们记住。"

1. 广告创意的内涵

创意,在英语中以"Creative、Creativity、Ideas"表示,是创作、创制的意思,有时也可以用"Production"表示。

20世纪60年代,在西方国家开始出现了"大创意"(The Big Creative Idea)的概念,并且迅速在西方国家流行开来。大卫·奥格威指出:"要吸引消费者的注意力,同时让他们来买你的产品,非要有很好的特点不可,除非你的广告有很好的点子,不然它就像很快被黑夜吞噬的船只。"奥格威所说的"点子",就是创意的意思。

詹姆斯·韦伯·扬在《产生创意的方法》一书中对于创意(Ideas)的解释在广告界得到比较普遍的认同,即"创意完全是各种要素的重新组合。广告中的创意,常是有着生活与事件'一般知识'的人士,对来自产品的'特定知识'加以新组合的结果"。

广告创意就是广告人对广告创作对象所进行的创造性的思维活动,是通过想象、组合和创造,对广告主题、内容和表现形式所进行的观念性的新颖性文化构思,创造新的意念或系统,使广告对象的潜在现实属性升华为社会公众所能感受到的具象。

2. 广告创意的产生过程

詹姆斯·韦伯·扬在《产生创意的方法》(A Technique for Producing Ideas)一书中提出了完整的产生创意的方法和过程,他的思想在我国广告界颇为流行。产生创意的整个过程如下。

（1）收集原始资料——一方面是你眼前问题所需要的资料，另外则是从平时你继续不断所积累储蓄的一般知识资料。

（2）用你的心智去仔细检查这些资料。

（3）是加以深思熟虑的阶段，你让许多重要事物在有意识的心智之外去做综合的工作。

（4）实际产生创意——Eureka！我找到了的阶段（Eureka是遇有新发现时胜利的欢呼，据传为阿基米德发现测量王冠的含金量方法时所发出的欢呼）。

针对第（1）步与第（4）步的关系来看，它是创意产生的基础。创意的产生，是要经过足够的前期积累，这种积累越丰富，思维碰撞产生的火花越多，创意产生的机会就越大，这种积累对个人来说是一项与时共进的长期工作。要求：①对世界上所有的问题都应该有一种兴趣；②广泛浏览各门学科中所有的资讯。

当一个创意小组面对某个广告课题时，短期内的定向积累是不可缺少的。一旦深入广泛地研究产品与其消费者之后，几乎都能发现在每种产品与某种消费者之间存在着各种相关联的特性，这种相关联的特性就可能导致创意。

格雷汉姆·芬克说，最优秀的广告人应该永远处于观察、储存和联系的状态。使自己成为一块海绵，尽可能地多吸收信息：读书、看报、上剧院、去电影院、游泳、散步等。李奥·贝纳说："我认为，对生活的好奇心意味着一切，它也是杰出创意人成功的奥秘所在。"广告名家的观点充分表明广告创意的产生过程的艰巨性和长期性。

3. 优秀广告创意的特点

（1）新颖独特

广告创意的新颖独特是指广告创意不要模仿其他广告创意，人云亦云、步人后尘给人雷同与平庸之感。唯有在创意上新颖独特才会在众多的广告创意中一枝独秀、鹤立鸡群，从而产生感召力和影响力。

（2）情趣生动

广告创意要想将消费者带入一个印象深刻、浮想联翩、妙趣横生、难以忘怀的境界中去，就要采用情趣生动等表现手段，立足现实、体现现实，以引发消费者的共鸣。但是广告创意的艺术处理必须严格限制在不损害真实的范围之内。

（3）形象化

广告创意要基于事实，集中凝练出主题思想与广告语，并且从表象、意念和联想中获取创造的素材，形象化的妙语、诗歌、音乐和富有感染力的图画、摄影融会贯通，构成一幅完善的广告作品。

（4）原创性、相关性和震撼性

所谓原创性是指创意的不可替代性，它是旧有元素的新组合。相关性是指广告产品与广告创意的内在联系，是既在意料之外，又在情理之中的会意。

如1996年6月戛纳国际广告节上获得广告大奖的由日本电·扬创作的"VOLVO安全别针"，每一个人看到之后都会过目不忘。正如美国评委Gary Goldsmith所言："它是一幅仅有一句文案（一辆你可以信赖的车）的广告——纯粹的视觉化创意。我认为我们所看到的一些最好的东西，传递信息得都很快，并且很到位，它无须费神去思考或阅读。"广告创意必须巧妙地把原创性、相关性和震撼性融为一体，才能成为具有深刻感染力的广告作品。

（5）艺术性

广告创意中的艺术为实用艺术类，属于现代设计范畴。它不是一种纯艺术。广告艺术创作与表现都是为了推动商品销售，为企业组织最终带来利润。它又是上层建筑的一部分。这也就是广告创意时既要追求广告艺术性，但又不追求纯粹艺术的原因。

总之，广告创意作为一种文化整合，不仅要着眼于经济效益，还要着眼于社会效益，并且不可避免地要承担相应的社会责任。美国《广告时代》总编鲍勃·菲尔德先生撰文指出："广告设计要顺应情理，注意内容上的卫生，也就是精神卫生。"我们的广告人不应该再对某些非精华文化在广告创意中的不断出现而无动于衷了。

第三节　广告传媒人心理

一、传媒核心竞争力

目前，我国传媒的经济来源主要还是依赖于广告收入，因此传媒在核心竞争力方面的经营与管理、传媒受众市场的开发与维系，以及传媒广告经营的手段等对其广告收入有很大的影响。

（一）传媒核心竞争力形成

1990年美国企业战略管理专家普拉哈拉德和哈默尔在《哈佛商业评论》上首次提出"核心竞争力"，这一观点一经提出，就得到学术界和企业界的广泛认可。核心竞争力，是指企业组织中的累积性知识，特别是关于如何协调不同的生产技能和整合多种技术的知识，并据此获得超越其他竞争对手的独特能力。

简言之，核心竞争力就是对本企业价值巨大，能够使企业做得最好，而其他企业难以模仿和学到的、独特的、稀缺的优势。传媒的核心竞争力，是指该传媒在经营和发展中胜过竞争对手的核心资源和能力的总称，就是人无我有、人有我优的东西。具体地说，它是该传媒以其主体业务为核心形成的能够赢得受众、占领市场、获得最佳经济和社会效益，并在众多传媒中保持独特竞争优势的资源和能力。

（二）增强传媒核心竞争力的方法

（1）明确内容定位，打造强势品牌。
（2）确定受众定位，开发细分市场。
（3）培育杰出的传媒人才队伍。

二、传媒的广告市场开发

众所周知，广告业务是每个传媒的经济支柱，广告业务经营的好坏直接关系到传媒的生死存亡，往往一个具有竞争力的媒体不仅意味着它作为内容提供者的强大实力，另外在广告业务方面，其他媒体也难以望其项背。但是，一个媒体要想始终如一地保持其领先地位，就不能仅仅在内容制作、吸引传媒受众市场上做文章，还要同时考虑如何开发传媒的广告市场、增加广告业务量，既维持既有客户又能争得新客户，从而为该媒体的持续发展提供源源不断的财力支持。

（1）树立品牌形象是广告市场开发的有利武器。
（2）提高广告服务水平是传媒广告经营的现实要求。

三、广告载具营销观念

（一）媒体载具

一般来说,在巨大的广告预算中有70％左右的钱是花在媒介投放上的,媒介选择是否得当、媒介组合是否合理将决定广告信息能否被准确地传递给目标受众。因此,如何选择有效的信息传播途径,就成为影响广告效果的首要问题。然而,在受众市场越来越细化的"小众传播"时代,不仅互动性媒体将占据主流,而且媒体的多样性与复杂性也空前突出,这使得依赖一两种强势媒体进行粗放式的广告投放战略风光不再,媒体也出现细分化、精细化趋向,因此一个新的名词"媒体载具"开始引起人们的注意。

美国学者杰克.Z.西瑟斯等人认为"媒体"与"媒体载具"的意思似乎一样,其实不然,媒体（Media）是指具有一系列相似特征的传播工具,而媒体载具（Media Vehicle）是指媒体中的某一种传播工具"。前者指电视、报纸、杂志等,后者指特定的电视节目（如《实话实说》《快乐大本营》）、报纸专题或版面、网站栏目乃至直邮、POP、车体、户外、海报、优惠券、登机牌等媒体。分清"载具"的含义,有助于广告代理商制定更加准确有效的媒体组合,使广告效果达到最大化。对于传媒的广告经营者来说,则可借助这一概念进行广告媒体的进一步开发。

（二）广告载具营销观念

随着中国传媒市场化的逐步深入,媒介进入产业化的形态已是不争的事实。如何把媒介分解成一个个广告载具进行销售,特别是不同类型的广告载具营销逐渐成为媒体经营的重中之重。目前,传媒市场上主导的营销观念有以下几种。

1. 强势载具拍卖营销

所谓"强势载具"是相对于"弱势载具"而言的一个概念。强势载具在发行量、收视率、权威性、公信力、影响力、传媒规模、资本实力等方面是弱势载具所望尘莫及的,因此强势载具意味着最大范围的市场和读者。这种"强势"的优越性表现在广告经营上便是拍卖营销的形式,其中最具代表性的应数中央电视台每年一度的黄金时段广告招标。

2. 弱势载具捆绑营销

以同一媒体内部为例。由于时间段位的不同、版面方位的不同,必然会分化出一些受众关注度较低的载具,如电视的"垃圾时段"、报纸的中缝、杂志的内页、网页的底端等。而媒体内部的一些关注度高的载具就显得非常抢手,如电视的"黄金时段"、报纸的"报眼"、杂志的"封底"、网页的"大横幅"。因此,出于"削峰填谷"的战略考虑,以及优惠服务客户的考虑,就可以将强势、弱势载具进行搭配捆绑,即在出售强势载具时,将弱势载具进行优惠,与之搭配销售,从而在载具捆绑中使广告主的广告信息得到更多的暴露机会,产生整合传播效果,同时又获得了实惠。

3. 广告载具直接营销

广告载具直接营销指的是媒介经营者不通过广告公司代理,而是自己将具体的"版面""时段""路牌"等载具直接销售给广告主或直接接受客户委托发布广告的营销行为。媒体的这种营销方式在实际运作中占据较大比例,严重影响了广告代理制的切实推行。

当然,很多媒体在广告经营模式方面手段灵活,并不完全排斥媒介代理,因此在具体营销运作时也会采用自背与代理结合的双轨制形式。如《广州日报》的广告经营以版面灵活、价格稳定透明而著称。广告公司和广告主均可直接向其购买广告版面,但收费标准是完全统一、一视同仁的。

四、广告载具代理营销

代理式经营是媒体传统的经营模式,而"广告载具代理营销"则是指媒介经营者先将具体的广告载具以较低的价格"批发"给广告代理公司,由广告代理公司为这些载具寻找广告主,广告代理公司的利润来源就是其间的差价。从广告代理公司的角度讲,这就是广告代理制。

众所周知,健全的广告代理制可以推动整个行业的健康发展,通过促进广告代理公司不断提高服务水平,为企业提供更优质的服务,促进传媒市场的良性竞争,对广告代理公司、企业和媒体都有好处。然而在现实中,传媒广告部门与广告代理公司还存在着一些诸如利益和需求上的冲突,影响了双方的合作。

广告代理公司收入的一大来源是广告代理费,它们通过提供广告创意制作、媒介选择、调查研究和项目管理服务来使佣金的利润最大化。它们强调自身地位,要求媒体给予最优的代理政策,这在一些大型的 4A 广告代理公司身上表现得更为明显。这就容易诱发媒体广告部与广告代理公司在利益分配方面产生矛盾,甚至导致协作破裂。此外,媒体为了在广告经营上获得更大的主动权,往往将媒体载具的代理权分散给多家代理公司,使单一广告代理公司不能对媒体最终的广告销售产生决定性的影响。

特别值得一提的是,强势媒体与广告代理公司合作组建利益共同体已经是目前国际上流行的广告代理制度之一。据报道,目前国际上比较常见的广告代理制度主要有两种:商品细分广告代理制和媒介细分代理制。前者以美国为代表,后者以日本为代表。在日本,数家广告代理商为相同客户提供服务通常是以媒介细分来分担的。这样就出现了以媒体为中心,好几家广告代理公司为同一家广告主提供服务的现象。因此,在媒介细分代理制下,广告代理公司与媒体更是休戚与共,媒体广告部与广告代理公司更应求同存异、加强合作、共同发展。

复习思考题

1. 简述广告促进品牌资产积累的具体表现。
2. 简述广告从业人员的服务意识及其作用。
3. 简述广告从业人员的受众意识及其作用。
4. 简述广告从业人员的经营意识及其作用。
5. 简述广告从业人员的能力素质的内容。
6. 简述广告载具的营销观念有哪些?

实训课堂

一家民营企业进入了汽车行业,获得了海外著名汽车公司的授权,生产中档商务车。虽然该民营企业从原来的行业来看是非常具有实力的,但对资金密集的汽车行业来说,其规模、实力则相形见绌。而该企业的商务车即将下线,其广告是不能不做的;于是,便有多家广告公司找上门来欲获得广告业务。通过前期的接触、比稿,该企业将合作伙伴缩小到了三家,它们分别是:A 公司、B 公司和 C 公司。

A 公司是一家国际广告公司的分公司,其经验丰富、人员齐整,创意富有气魄,但广告制作与代理的报价非常高。

B公司是本土的一家广告公司,近年来业绩突出,但策略与创意水平一般,尤其是没有做过汽车业务,其服务报价合理。

C公司是依托某高校广告研究所成立的一家广告公司,市场业绩不大,但策略与创意能力强,只是后期服务人员不足,其服务报价最低。

如此,请讨论:如果你是该企业的老总,会选择哪个广告公司为合作伙伴?

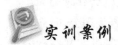

实训案例

2015年央视广告招标:低调、潜行、新常态

北京APEC之后,中央电视台迎来了其每年一度的第21次广告招标,与以往的轰轰烈烈不同,这次2015年的央视广告招标非常低调,甚至取消了记者观摩采访分会场。纵观央视21载广告招标,除了梅地亚中心是铁定的风水宝地,11月8日原本也是央视广告招标的传统吉时。除了2002年与党的十六大撞期,同样是因为2012年党的十八大,2013年党的十八届三中全会,和今年的北京APEC,央视已连续三年将招标吉时改在了11月18日,这也预示着从某种意义上,央视广告进入了一种新的常态。

央视招标平常心:低调示人

2014年对每个中国人都是不平凡的一年,央视也不例外。发出一系列变故之后,央视上下改革创新的呼声越来越高,央视开始调整老大哥的心态。

曾有传言:鉴于2014年中国电视广告收入大幅放缓的势头,央视将不再举行2015年广告招标。然而事实上,央视的广告招标又一次如期而至,只不过呈现的是前所未用的低调与内敛。

与湖南卫视今年高调招标,11月13日一天揽收30亿元略有不同。今年的央视自启动招标工作以来,一直保持低调。不但未举行新闻发布会,在北京、上海、广州举办的推介会也婉拒媒体现场采访,推介会上只见白岩松、倪萍等央视自家名嘴串场,与往年气势宏大的推介会相比,不但场次减少,央视也没有外请大牌明星助兴。招标前央视刻意的低调颇显出一丝神秘。

如果说表面上的低调内敛表现出央视平常心态的调整,"实效、创新、稳定"的新思路,则预示着央视在广告经营上常态策略的调整。央视在明年的广告预售上投入了更大的资源优势,预售比例或超过招标比例。

2015年央视招标预售以签约认购为主,招标竞购为辅。签约认购产品包括频道合作类、电视剧类、季播大活动类、栏目时段类、长秒类、网络类等具有超高性价比的广告产品,为广大客户提供一站式购买。招标竞购产品为最稀缺的核心资源,包括"新闻联播标版组合"、春晚贺岁套装、季播大活动以及新媒体系列四类广告产品资源。相当于央视提前整合了16个频道群的资源优势,结合2015年各频道的节目编排和重点节目,推出系列丰富的产品线,供广告客户选购。

从经济晴雨表到招标新常态

20余年来,央视黄金广告招标素有"中国经济晴雨表"之誉,成为中国经济的增长趋势的一个重要参照物。如今中国经济进入"新常态"时代,正如新一届领导人所言:国民经济的各个层面都要从当前我国经济发展的阶段性特征出发,适应新常态,保持战略上的平常心态。

其实中央电视台广告招标是"短缺经济学"的产物,在中央电视台打广告成为很多中小企业实现全国品牌梦想的开始。20世纪中央电视台的垄断地位还无人挑战,广告时段供不应求,只好采用公开招标,价高者得,开启了央视广告的招标时代。虽然亚洲金融危机后期,曾有短暂的低迷,但中国的企业家很快重拾信心,他们意识到广告拥有最大的投资回报,开始在这个集万千宠爱于一身的国家电视台一掷千金。中央电视台的广告招标成为中国最富有企业与企业家的豪门盛宴嘉年华。

自2012年,中国GDP增速开始回落,延续了30多年的年平均10%左右的高速增长,已从2012年与2013年的7.7%,降至2014年前三季度的7.4%,这意味着近年来已经不仅仅是经济下行区间的循环,而是中国从高速增长向中速增长的根本性转变,中国经济进入了发展的新常态。

而作为"中国经济晴雨表"的央视黄金广告招标,自然也会一叶知秋,从2010年开始,央视广告招标的增速已连续五年下降。中国经济减速的压力迅速传播到中央电视台的广告经营上,这也会促使央视更大程度上的调整策略,以更为平常的心态看待黄金广告招标历史性的转变,央视广告已不再是无可替代的短缺商品,"豪门盛宴"的嘉年华经营方式也需要更多的智慧与创新来实现真正的浴火重生。

新媒体对央视的挑战已成常态

伴随着中国GDP的高速成长,央视在中国广告市场上称王已有20多年,虽然也面临着以湖南卫视、浙江卫视为代表的地方卫视娱乐节目的不断挑战,却一直被追赶,从未被超越。

但正如中国移动终于发现最大的竞争对手不是中国联通而是腾讯微信,让央视让出广告老大宝座的同样不是地方卫视,而是百度。2013年百度的收入首次超过央视,成为中国最大的广告媒体。

央视广告收入在过去的20余年里一路高歌猛进,但是2013年的广告收入让央视第一次让出了广告老大的宝座,百度的收入首次超过央视,成为中国最大的广告媒体。其实早在2011年,中国网络广告的市场规模已达到511.9亿元,超越报纸广告的453.6亿元,成为仅次于电视的第二大受众接触媒体。目前我国网民规模已超过6.3亿,互联网普及率超过50%,手机网民达5.27亿,互联网无疑成为电视媒体最大的挑战者。中国网络广告的年增长率保持在40%以上,而电视广告的增长率在2014年下降至6%左右,低于GDP的增速,按照这一趋势,中央电视台失去的广告老大地位将很难再收复。

对于央视广告更具挑战性的是,随着消费形成的变化和移动互联网时代的到来,门户网站、网络视频、移动智能终端、微博、微信的相继崛起吸引了更多的年轻群体,由于网络更多的灵活性与互动性使得越来越多的年轻人离开了电视屏幕。他们更乐意在网络上购物,观看电视节目、电视剧、在网上获取信息,等等。正如今年双11,阿里再次以571亿元的交易额刷新记录,购物全球化和移动化已成大势所趋,也许不久的将来,此消彼长,阿里系天猫和淘宝的广告收入也可能会超过央视。

如何应对新媒体跨界来打劫广告蛋糕,已成为央视必须应对的常态挑战。

2015年央视招标新看点

以"实效、创新、稳定"为原则,央视广告部优化广告回报,整合优质节目跨频道联播,2015年度央视广告招标还颇具新看点。

近年来,央视以开放的心态吸引国内顶尖的社会化制作团队合作,除了自主研发创新节目外,还引入国际上优秀的节目模式,推出了一系列全新的现象级节目。2015年招标会上,《舌尖上的中国(三)》《挑战不可能》《中国正在听》《大开眼界》《最野假期》五大现象级节目的广告项目将花落谁家，成为一大看点。

明星永远都是好看点，近水楼台先得月，为 2015 广告招标，央视还是蛮拼的：白岩松、王小丫、张斌、朱迅、撒贝宁、尼格买提、郎永淳、欧阳夏丹、劳春燕、严於信、肖艳、王溪、陈蓓蓓、陈晓卿、赵传、董艺、张赫、金圣洙、吉克隽逸、熊黛林、郁静瑜、何小萌……大牌云集，男女搭配，中西结合，央视的招标大会明星阵容仍然豪华璀璨。

新常态下，央视要用移动互联网思维进行升位

低调潜行之下，央视已经意识到了新媒体对自己的强势挑战，2015 年，央视将广告与节目深度融合，电视与新媒体全面融合，推出一批具有全媒体传播特色的创新产品。在媒体融合方面，中央电视台近年来正在加速发展新媒体，全力布局移动端。2015 的招标有四个新媒体项目：2015 年央视新闻客户端合作伙伴、2015 年 CCTV-1、新闻《天气预报》二维码互动合作伙伴、2015 年 CCTV 春晚独家新媒体互动合作伙伴、2015 年 CCTV 网络春晚独家冠名。

2015 年央视招标最大的亮点在于央视将与中国移动全面合作。央视计划投入 4 亿元资金，未来三年内，中国移动将在合作机型预装央视新闻、央视影音 APP，每部手机预装费用 2 元，央视影音、央视新闻是央视的拳头 APP。"央视影音"移动客户端是口袋里的电视，可实现海量视频随时、随地观看。此次合作规模之大，影响范围之广，前所未有。可预见未来三年，央视新闻、央视影音 APP 装机量呈现井喷式增长已无悬念，预计 2017 年，央视新闻、央视影音 APP 装机量将超过 5 亿元。

黄金广告招标 20 年，笔者与央视一道见证了中国经济的高速增长，如表 9-1 所示。中国已成为全球第二大广告规模市场，但总体上我国的广告业还处于较低的发展水平，只占 GDP 的不到 1%，与发达国家占 GDP 2% 的比例仍有差距。央视在中国电视广告的影响力仍然首屈一指，在中国广告业的发展空间仍然巨大。更为重要的是在新常态的历史转折时期，中国崛起与复兴需要中国诞生世界级的品牌，这必然要求央视适应历史的发展，提升平台作用，更快、更好、更深入地用移动互联网思维改造传统广告经营，将互联网媒体互动性、社交性、体验性、移动性的优势嫁接到传统电视媒体上，进一步整合资源优势，着力于利用高清化、网络化、文件化的资源与技术优势，进行新媒体的纵向整合。

(资料来源：http://news.hexun.com/2014-11-18/170511178.html)

表 9-1 历年央视"标王"中标金额及央视招标总额一览表

年份(年)	单项招标额最高企业	中标金额(亿元)	央视招标总额(亿元)
1995	孔府宴酒	0.31	
1996	秦池酒	0.67	10.6
1997	秦池酒	3.20	23
1998	爱多 VCD	2.10	28
1999	步步高	1.59	26.8
2000	步步高	1.26	19.2
2001	娃哈哈	0.22	21.6
2002	娃哈哈	0.20	26.3
2003	熊猫手机	1.09	33.2
2004	蒙牛	3.10	44.1

续表

年份(年)	单项招标额最高企业	中标金额(亿元)	央视招标总额(亿元)
2005	宝洁	3.80	52.5
2006	宝洁	3.94	58.7
2007	宝洁	4.20	68
2008	伊利	3.78	80.2
2009	纳爱斯	3.05	92.6
2010	蒙牛	2.04	109.7
2011	美的	2.31	126.69
2012	茅台	5	142.57
2013	剑南春	6.03	158.81

【案例分析】

中央电视台由于资源独特，在市场中居于强势地位，中央电视台2015年黄金资源广告招标竞购大会上，负责会议组织工作的员工全面表现了作为媒体传播业的人员的素质，广告招标竞购大会充分展示了中央电视台工作人员的工作水平和业务能力。

【案例研讨】

讨论作为一位广告人或媒体人应具备什么样的基本素质和专业素质，才能胜任工作，制定一份提高自己的素质和业务能力的一年计划，提高工作水平。

第十章 广告心理效果测量

（1）了解广告心理效果测量的内容及程序。
（2）掌握广告心理效果测量的方法。

（1）按照相应程序进行广告心理效果测量。
（2）灵活使用合适有效的方法与技术，对广告心理效果做出科学的评估与检验。

广告的心理效果　广告心理效果测量的内容　广告心理效果测量的方法

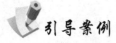

天猫"双十一"介绍

天猫是淘宝网打造的网络商城模式。淘宝商城处在飞速发展阶段，多种新型网络营销模式正在不断被开创。加入品牌商城，将拥有更多接触最前沿电子商务的机会，也为全新的 B2C 事业创造更多的奇迹。虽然天猫的发展并不长，但是淘宝商城在此之前已为天猫的后续发展做足了准备。本身在网络的大环境下随着经济的发展、电子商务的发展、物流的发展，促使网上购物的消费者日渐增多，在网站的推动下，现在网上消费已是一种趋势和个性的体现。

2009年,天猫(当时称淘宝商城)开始在11月11日"光棍节"举办促销活动,最早的出发点只是想做一个属于淘宝商城的节日,让大家能够记住淘宝商城。选择11月11日,也是一个有点冒险的举动,因为光棍节刚好处于传统零售业十一黄金周和圣诞促销季中间。但这时候天气变化正是人们添置冬装的时候,当时想试一试,看网上的促销活动有没有可能成为一个对消费者有吸引力的窗口。结果一发不可收拾,现在"双十一"成为电商消费节的代名词,甚至对非网购人群、线下商城也产生了一定影响力。

2012年3月29日天猫发布全新Logo形象。2012年11月11日,天猫借光棍节大赚一笔,宣称13小时卖100亿元,创世界纪录。天猫是马云淘宝网全新打造的B2C(Business-to-Consumer,商业零售)。其整合数千家品牌商、生产商,为商家和消费者之间提供一站式解决方案。提供100%品质保证的商品,7天无理由退货的售后服务,以及购物积分返现等优质服务。

回顾从2009年起历年双十一的交易量,2009年仅为0.52亿元,2010年增长到9.36亿元,2011年52亿元,2012年191亿元,2013年是350亿元,而2014年的交易量确定在了571亿元!相较2013年增长了63.14%。虽然在此之前就已经有人对当年的双十一交易量有了预测,但但这一数字公布出来的时候依然让人震惊,震惊国内网购人群的强大的购买力,震惊天猫的巨大影响力。

点评:在本该寂寞独处的光棍节日期间,创造出近乎疯狂的销售业绩。天猫的营销着眼于消费者属性,聚焦于创意策略,发力于整合营销传播策略,最终帮助天猫在不是节日的节日——光棍节取得了令人美慕的业绩。

第一节 广告心理效果测量的内容及程序

一、广告效果的类型

广告效果指广告信息通过广告媒体传播之后所产生的影响和效益。

从内容上,广告效果可分为广告的传播效果、广告的心理效果、广告的经济效果和广告的社会效果。

广告的传播效果,指广告刊播后所达到的人数的多少,或者广告的覆盖率的大小,这一效果常用到达率和到达频次来表示。

广告的心理效果,指广告的接触效果,即广告呈现之后对接收者产生的各种心理效应,包括对受众在知觉、记忆、理解、态度变化、行为欲求等诸多心理特征方面的影响。这是广告效果最核心的部分,对它的测定最能反映出广告的宣传效力的大小。

广告的经济效果,指广告的销售效果,就是由于广告活动而造成的产品和劳务销售及利润的变化。但客观地说,它还应包括由此引发的同类产品的销售、竞争情况的变化及相关市场中经济活动的变化。比如说,由于广告活动的作用,某品牌商品的市场份额上升,推动了本企业的市场开发、新产品的研制推广,同时也加剧了与对手的竞争,促进了对方在改进产品、加强管理、人力促销等各方面的积极变化。

广告的社会效果,指广告活动不仅对人们的消费行为、消费观念的变化起作用,也会对整个社会的文化、道德伦理等方面造成影响。例如,美国的可口可乐,经过长时间的、跨越不同历史时期的各种广告活动(许多是与竞争对手的广告大战),它的商标、包装、品牌形象已为广大的美国人民所接受,并同苹果馅饼、热狗、星条旗一样,成为美国文化象征的一部分。

从时间的角度,广告效果可分为即时效果和延时效果(潜在效果)。

广告的即时效果,指广告活动在广告传播地区所造成的即时性反应,如即时的促销效果。

广告的延时效果,指广告对受众的观念上的冲击,如消费者对产品及企业的印象的变化。这些观念上的影响可能一时难以看出,但经过广告活动的重复、巩固、加强之后,便会逐渐表现出来。

二、广告心理效果测量的内容

广告界有一个较为流行的说法,商家投入的广告费用中只有一半的广告费起到了作用。为什么会有许多广告费白白打了水漂?这就涉及广告心理效果的测量问题。

广告效果的测定是广告活动必不可少的一个步骤,是对广告进行检验和评价的环节,也是从实践中发现问题,进而提高广告效果的途径之一。其中,广告心理效果是综合评估广告效果的关键内容之一,居于各种广告效果的核心地位。

广告心理效果是广告传播活动在消费者心理上引起的各种反应,主要表现为对消费者认知、态度、行为、记忆、理解、情绪、情感等方面的心理影响。一则广告的目的并不一定是直接获得销售效果,有时是引起消费者的心理变化,改变消费者对品牌的态度,增加消费者对品牌的认知度、好感度直至对品牌的忠诚度,保持持续购买。

广告心理效果测量主要是测定广告在受众心目中留下了什么样的印象,如记忆、理解、信赖、好感等。对广告心理效果进行测量,能进一步明确广告投放和广告心理效果之间的关系,是广告活动的一个关键环节和核心内容。随着广告运作过程的进一步规范化,越来越多的广告主在投放广告时,越来越注重广告心理效果的测量。

在现实生活中,人们往往只注意到广告的销售效果,而忽略了广告的心理效果及其对品牌提升的影响。从本质上说,广告属于一种信息传播活动,广告能否达到将产品推销出去这一最终目的取决于广告能否对消费者产生深刻的心理影响。因此,在进行广告效果测量时,应该将由于广告信息的传达对受众产生的系列心理效果作为测量的主要标准。

从传播的角度来分析广告效果,就会发现,广告效果的显现往往不是立即产生购买行为,而是通过一个具有明显的阶段特征的心理过程来实现的。我们将广告心理效果分为三个层次进行测量,即认知反应、情感反应、意向反应。

1. 认知反应

认知反应属于一种知识性和理性层次的心理状态,它反映了消费者对广告的了解和认识程度,主要考察消费者是否知晓广告商品与品牌,是否注意广告信息内容尤其是关于产品特性功能方面的信息,受众对广告传递主要信息的记忆情况,以及消费者是否正确领会了广告传达信息和对广告重要信息的认同程度等。认知是消费者从接触广告到最终做出购买决策的核心要素。消费者的认知反应测量包括如下几个维度:知晓度、记忆度、理解度。

2. 情感反应

情感反应属于一种较偏重于情绪与情感层面的心理状态,是消费者接受广告信息后在态度上发生的变化,它体现的是广告对消费者的影响状况和渗透程度,主要考察消费者在理解的基础上所形成的对于广告或产品的喜欢与偏好程度。

3. 意向反应

意向是指即将采取行动前的意念。在接受了某种广告信息之后,消费者可能会对广告刺激做出某种意向性的反应,如信服与购买意图。意向反应为一种驱策力的心理状态,能够使个体产生最终行为。它可以通过两个方面表现出来:信服、购买意图。

三、广告心理效果测量的程序

对广告心理效果进行测量,是广告效果测量最核心的部分。为了保证测量结果的科学性和有效性,必须有计划、按步骤地进行。总体上讲,广告心理效果测量的程序(见图10-1)大体上为"确定测量问题,获取相关资料,整理和分析资料,论证分析结果和撰写分析报告"的过程。

(一)根据广告目标确定具体的测量问题

由前述关于广告心理效果测量的内容可知,消费者在接触广告之后,对于品牌会经历从不知道到知道、从不喜欢到喜欢、从喜欢到特别偏好、从信服到产生购买意图的一个螺旋的、迂回的心理推移过程。企业在制订广告计划时,会根据自身所处的市场状况、产品状况等明确广告所要达到的主要目标。

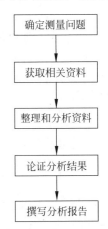

图10-1 广告心理效果测量程序

如当产品新上市或不为人知时,其广告目标是提高产品的知名度,让更多的消费者了解企业产品;而对于既存品牌或广为人知的品牌而言,成长期的广告目标则是让更多的消费者知道并了解产品和企业在市场上的比较优势,喜欢企业产品;成熟期的广告目标则是形成消费者的品牌偏好,树立企业或产品在消费者心目中的美誉度和忠诚度等。

进行广告心理效果测量,应该根据广告目标事先决定测量的具体对象,以及从哪些方面对该问题进行剖析。广告效果测定人员要把广告主广告活动中存在的最关键和最迫切需要了解的效果问题作为测量的重点,设立正式的测量目标,选定测量课题。

(二)进行调查活动,获取相关资料

这一阶段主要包括制订计划、组建调查研究组、收集资料和深入调查等内容。

(三)整理和分析资料

整理和分析资料,即对通过调查和其他方法所收集的大量信息资料进行分类整理、综合分析和专题分析,对广告心理效果获得一个全面、准确的认识。

(四)论证分析结果

论证分析结果,即召开分析结果论证会。论证会应由广告效果测量研究组负责召开,邀请社会上有关专家、学者参加。广告主有关负责人出席,运用科学方法,对广告心理效果的测量结果进行全方位的评议论证,使测量结果进一步科学合理。常用的论证评议方法有以下两点。

1. 判断分析法

由测定研究组召集课题组成员,邀请专家和广告主负责人员参加,对提供的分析结果进行研究和论证,然后由主持人集中起来,并根据参加讨论人员的身份、工作性质、发表意见的权威程度等因素确定一个综合权数,提出分析效果的改进意见。

2. 集体思考法

由测量研究组邀请专家、学者参加,对广告心理效果测量的结果进行讨论研究,发表独创性意见,尽量使会议参加者畅所欲言,集体修正,综合分析,并认真做好分析,以便会后进行整理。

(五) 撰写分析报告

广告策划者要对经过分析讨论并征得广告主同意的分析结果,进行认真的文字加工,写成分析报告。企业广告效果测量分析报告的内容主要包括以下几项。

(1) 绪言:阐明测量广告心理效果的背景、目的与意义。

(2) 广告主概况:说明广告主的人、财、物等资源状况,广告主广告活动的具体情况。

(3) 广告心理效果测量的调查内容、范围与基本方法。

(4) 广告心理效果测量的实际步骤。

(5) 广告心理效果测量的具体结果。

(6) 改善广告的具体意见。根据测定结果,可以发现广告效果在哪些方面没达到预期目标,效果不理想的原因何在,从而有针对性地进行改进和完善,在以后的广告活动中提高广告效果。

第二节 广告心理效果测量的方法

广告心理效果的测量,主要是通过一定的技术、方法,考察广告活动在促进消费者认知、吸引注意、强化印象记忆、说服受众、诱导受众行为等方面的效果和能力,它应贯穿广告活动的全程,进行事前测量、事中测量和事后测量。这里介绍一些各阶段常用的测量方法和技术。

一、广告心理效果事前测量的方法和技术

广告心理效果事前测量是在广告正式投放之前,对印刷广告中的文案,广播、电视广告中的脚本及其他广告形式信息内容的心理层级效果的检验与测定,可以将广告创意策略、传播策略中某些错误和不合理、不当之处消灭在萌芽状态,为广告作品创作提供丰富的创作源泉和改进作品的参考依据。广告心理效果事前测量的方法和技术包括意见评定法、仪器测试法、雪林测定法等具体方法和技术。

1. 意见评定法

意见评定法是在广告作品的各个创作阶段或广告作品、媒体计划做好后,拿出几种可供选择的方案或多份广告原稿,直接征求相关人员的意见,进行效果的测定。根据评审人员身份的不同,可以分为专家意见综合法和消费者评定法。

专家意见综合法是邀请有经验的广告专家、心理学专家、营销专家等进行测定,多方面、多层次地对广告作品和媒体组合方式将会产生的效果做出预测,然后综合所有专家的意见,作为预测效果的基础。运用此法事前要给专家提供一些必要的资料,包括设计的广告方案、广告产品的特点、广告主生产经营活动的现状及背景资料等。

另外,专家意见综合法虽然简便易行,但主观性较强。因此,所邀请的专家应能代表不同的广告创意趋势,他们通过独立思考,对广告设计方案提出自己的见解,以确保所提供意见的全面性和权威性。一般来说,聘请的专家人数以 10~15 人为宜,少了不能全面反映问题,多了

则浪费时间。

消费者评定法是把供选择的广告展露给具有代表性的一组消费者,并请他们对这些广告进行评比打分。这种评比法用于评估消费者对广告的注意力、认知、情绪和行动等方面的强度。虽然这种测定广告实际效果的方法还不够完善,但一则广告如果得分较高,也可说明该广告是可能有效的。

意见评定法问卷中涉及的问题通常是多个,详见表10-1(以平面广告为例)。

表 10-1 广告作品评价表

评价项目	评价标准	项目分值
吸引力	该广告吸引读者的注意力如何?(考虑其图片、标题、排版打字及配置的文案)	15
	该广告对潜在购买者的吸引力如何?	5
可读性	该广告能使读者进一步详细阅读的可能性有多大?	20
认知力	该广告的中心意思突出吗?	20
亲和力	这种广告适合读者吗?	10
	这种诉求激起购买欲的有效性有多大?	10
行为力	该广告激起购买行为的作用有多大?	10
	该广告引起潜在购买行为的作用有多大?	10
广告得分	0~20 | 20~40 | 40~60 | 60~80 | 80~100	
广告等级	极差 | 下等 | 中等 | 上等 | 极优	

(资料来源:章军.广告原理与策划.合肥:中国科学技术大学出版社,2012)

案例 10-1

"绿A"保健食品平面广告作品的事前测试

绿A保健食品集团(以下简称"绿A")在广告投放前进行了小范围测试,用以检验广告作品的主题、创意、语言、形象。由于"绿A"消费者主要是25~45岁的男性。因此,把研究对象界定为:第一组是25~45岁的已婚男士,平时工作压力较大,对自身健康较关注(有通过服用维生素或保健品等来保健),家庭月收入2 000元以上;第二组是25~45岁的已婚女士,对丈夫的健康问题较为关注,家庭月收入2 000元以上。在调查中发现如下问题。

1. 保健品消费动机

"绿A"这种以已婚男性为目标对象的保健品,广告不但要针对男性,也要针对女性。现代男性最常见的病症是疲劳,广告应着重"抗疲劳"的宣传。

2. "绿A"产品测试

消费者对大脑、血液、带氧能力影响疲劳认识尚浅,但他们意识到这三方面的重要性。在现阶段还没有哪个品牌针对这三方面作大量宣传,绿A可利用新面世的"螺旋藻",把新的"抗疲病"概念传达给消费者,使之成为先行品牌。对于"螺旋藻"和"绿A"的认知较浅显,需要进一步加强教育和引导消费。对"绿A"的目标消费群认识模糊,必须要明确市场定位。

3. 传播活动测试

(1) 广告口号测试。"绿A护夫,太太真情"和"绿A护夫,妻子情真"从语意和传达的思想上讲,男性与女性消费者都非常接受,它传递了一种感情与关爱和人与人之间的真情。从语句的讲法来说,"护夫"易让消费者误解,所以此概念是否能准确地灌输给消费者是值得推敲的;"妻子"一词过于书面化,"太太"一词无论在广州或在外地都容易让人接受。

(2) 报纸广告测试(拿出五篇报纸广告逐一进行测试)。

①"压力篇"。"压力篇"广告是两场座谈会与会者最喜爱的广告。广告中,"家庭"与"事业"两个重担形象地勾勒出男性是家庭支柱。这两个重任是推动男性甘愿去奔波的原动力,是使他们产生疲劳的根本原因,对此与会者深有体会。"举重若轻"广告词是吸引消费者的另一因素。家庭与事业是两个不容推卸的责任,那么如何能轻松地扛起来是他们所希望知道的,因此这简洁的广告词诱导他们去深入了解。

②"成功篇"。"成功篇"广告是男性与会者认为最有说服力的广告。但绝大多数男性与会者对这广告的第一印象并不十分好,觉得图案多,很复杂,整个画面看起来不够清朗。另外,广告主题综合征被与会者理解成"百病",所以觉得夸张。还有,广告主题中用"男人"这个词不恰当,让人误会是男性性保健品,建议改为男士或人士。

③"爱夫篇"。"爱夫篇"广告对女性最具有说服力,其原因是"爱他就是爱自己"的广告词道出了作为女性的心声和希冀,给人一种温馨感,这一点最打动女性的心。一男一女的卡通人物笑得很健康、充满活力,看上去很舒服,且突出了健康的概念。而绿 A 的"绿"也代表着健康的意思,因此这则广告很贴切产品与品牌名称。

④"负担篇"。与会者认为"负担篇"广告给人一种压迫感。人一生中已经被很多事情所困扰,还要为了房子、为了妻儿强迫自己去做成功之士,实在太累。另外,广告并不实际,适应面不广。汽车、房子不是所有家庭都需要的,那么,不是这样的就不需服用保健品吗?相反,与会者觉得"压力篇"表现得更为实际和恰当。

⑤"休息篇"。"休息篇"广告是一篇纯文字的广告,显得单调和平白。把粤语的口语转成文字不易让人看得懂,那么就无法很好地把信息和产品的概念传达给消费者。

(资料来源:http://www.eme2000.com)

2. 仪器测试法

仪器测试法主要是在实验室场景内,在目标对象观看广告的过程中,使用不同的仪器设备测定不同目的的广告作品。仪器测试目前在广告界只作为一种辅助性手段,对设计制作的广告作品进行测试,以期了解和研究相关作品为媒体受众接受和喜好的程度。

3. 雪林测定法

雪林测定法是由美国雪林调查公司发明的测定电视广告影片心理效果的方法。其具体做法是:邀请有代表性的视听众到剧场,欣赏接受测试的各电视广告影片。在看影片之前,要求入场者选择自己喜爱的商品,并按其所持号码记录,在供选择的这些商品中,既有企业在广告影片中要宣传的品牌,也包括其他有竞争力的同类商品。看完影片之后,请被测者再做一次选择。如果这次对所测验的广告商品偏爱转换度高,那么就归功于广告的心理沟通效果。最后,把各人所选择的商品赠送给被测者。

二、广告效果事中测评的方法与技术

通过广告效果的事中测评,可以直接、及时地了解消费者在实际环境中对广告活动的反应,以便发现当前的广告活动中存在什么问题,如媒体组合、广告排期表的编排、广告的心理效果等是否理想,从而对正在进行的广告活动进行调整。

广告效果事中测评常用的方法有以下几种。

1. 销售区域测评法

这一方法也叫实验市场法。广告主预先选出实验市场与控制市场。要求二者具有代表性，并且在地区大小、地理位置、人口组成、经济文化发展、购买力、消费观念、销售渠道、媒体效力等方面都较为相近。实施时，在实验市场发布广告，控制区则无广告的投放。一段时间后，比较各区域广告活动前后销售情况的变化及实验区与控制区域销售情况的差异，借以判断广告效果的大小。

比如，市场实验前，某公司产品在实验区域 A 和控制区域 B 的销售额大致相等，都约为 100 万元。在实验市场 A 发布广告，实验区域 A 的销售额增长为 150 万元，控制市场 B 在没有广告的情况下销售额增长为 120 万元。可以得知若无广告投放，销售额的自然增长为 20 万元，而广告产生的效果为 30 万元。

销售区域测评法适用于周转期较短的商品，如时令商品、流行商品。周转期长的商品，由于广告效果的累积性、迟效性作用及其他条件的影响，都会影响销售额等指标，难以保证结果的客观性。

2. 回函测评法

在一些广告中，常会出现"样品备索""回信参与抽奖"等字样，有时也向消费者邮寄调查卡、广告、产品清单等，要求消费者根据自己的意见填写回函。根据消费者回信数量及填写内容确定广告效果。

此法的优点是简单易行，便于操作。但为了获得收件人的兴趣和合作，使用回函测评方式往往要给予收件人一定的好处，所以费用较大。有时，回函率不高，并且不能保证回函者就是现实中的消费者，等待回函的周期也较长，而且整理回函和统计工作较为繁杂。

3. 分割测评法

分割测评法其实是一种较为复杂的回函测评法，通常用于报刊与杂志广告。实施时，将同一份报纸杂志分开印刷。在同一日期、同一版位、同一面积，一半刊物刊印广告 A，另一半刊印广告 B。将印有不同广告的刊物，分别在两个比较区域发行，或混在一起，随机发给读者。根据回函率及读者的反映来测评哪一个广告效果更好。

广告 A 和广告 B 中应有暗号（Key），如回函的地址或收信人有所区别，以便可以区分回函者是观看了哪一个广告才回函的。

三、广告效果事后测评的方法与技术

广告心理效果事后测量是在整个广告活动进行之后，通过一定的方法和技术来测验广告是否达到目标或者广告播出后取得了什么样的心理反应。它建立在广告心理目标的基础上，是评估和检验广告运动的最终指标。广告后测虽然与此次广告活动不再具有任何补益，但能为广告主开展新一轮的广告活动提供翔实准确的参考资料，广告公司也能从中总结经验教训，提高代理能力和服务质量。

1. 广告认知效果测评

广告认知效果测评用于测评广告知名度，即消费者对广告商品、品牌、企业名称和标志等的认知程度。按照信息加工的程度不同，可以用注目率、阅读率和精读率等不同指标对广告的知觉效果进行测评。

注目率：注目率测评的是看过广告的消费者占被调查人数的比率，而不考虑对广告内容的加工程度如何。注目率测评常用再认的方式进行，即把在调查地区刊播过的广告与没有刊播过的广告混在一起,让被调查者指出哪些是自己见过的,也可用提示回忆的方式进行。

阅读率:阅读率测评的是在对广告注意的消费者中,至少了解广告产品名称、企业标识等信息的消费者所占的比例。

精读率:精读率指对广告作精细阅读的消费者占被调查者的比例。这部分消费者详细了解了广告内容,至少浏览过广告50%以上的内容。

阅读率和精读率的调查常采用回忆测评的方式进行。回忆测评主要检测消费者对广告内容的记忆与理解,测评的内容主要包括消费者对商品、企业标识、广告创意等的理解、记忆情况。

2. 态度测量法

所谓态度测量法,就是通过测量广告对消费者的态度改变、购买意向的影响,来评价广告的一种方法。这种方法能够提供一些具体信息,同回忆相比,态度改变是未来购买行为的更好预测指标,有助于决策者做出决策,因此,至今仍广泛应用。主要由广告态度总加量表、语义差异量表等测量工具辅助完成。

总加量表类似一个综合指标,由一组陈述组成,每一陈述有"非常同意""同意""不一定""不同意""非常不同意"五种回答,分别记为1,2,3,4,5(也可分为三级、五级或七级及以上回答),每个被测者的广告态度总分就是他对各道题的回答所得分数的加总,这一总分可说明他的态度强弱或他在这一量表上的不同状态(表10-2)。

表 10-2 总加量表示例

评价元素	1非常反对	2反对	3无所谓	4赞成	5非常赞成
很美的广告	√				
产品优良的广告		√			
有趣的广告				√	
……			√		

语义差异量表是设计一系列形容词和它们的反义词,作为极端对立的两端,在每一对形容词和反义词之间又设计若干等级(一般7~11个),每一等级的分数从左至右分别为7,6,5,4,3,2,1,或+3,+2,+1,0,-1,-2,-3。最后,由被测者按照自己的感觉在每一量表的适当位置画上记号。广告测量者可透过记号所代表的分数进行统计,了解人们对广告的态度和看法。比如:请您按××品牌给您的印象,在下列最能反映您看法的数字上画圈。

    暗淡的 1 2 3 4 5 6 7 明朗的

    现实的 1 2 3 4 5 6 7 幻想的

    刚毅的 1 2 3 4 5 6 7 柔和的

    正经的 1 2 3 4 5 6 7 幽默的

通过对测量的结果进行统计分析,就可以得知该品牌在消费者心目中的形象。

复习思考题

1. 简述广告效果的类型。
2. 广告心理效果测量的内容有哪些?
3. 企业广告效果测量分析报告的主要内容有哪些?
4. 您如何看待消费者评定法?

5. 广告效果事中测评常用的方法有哪些?

实训课堂

选定一个品牌的报纸广告,试分析,如果对该广告进行测评,应该选择什么样的测评方法和技术。

实训案例

多乐士电视广告"离家出走"篇的效果调查

1. 调查背景资料

(1) 多乐士墙面漆简介。多乐士漆是ICI油漆集团下的知名油漆品牌,ICI油漆集团是全球最大的油漆生产商之一,每年全球有5 000万户家庭使用ICI油漆,ICI油漆已在全球26个国家开设了油漆生产厂,产品行销全球100个国家,并且在多个国家雄踞市场领导地位。同时,ICI也是世界上第一家做到所有油漆产品中不添加铅和汞的油漆公司。其中家丽安净味墙面漆产品,运用国际创新环保净味配方,不添加苯、汞、铅等有害物质;遮盖力强,涂布率高,施工性能优良,精选悦目色彩。中国市场竞争对手主要包括日本立邦漆、广东华润漆、广东嘉宝莉漆。

(2) 多乐士墙面漆"离家出走"篇电视广告简介。爸爸在给新房的墙壁刷油漆,宝宝呛得直流泪,一气之下就要带着宠物小狗离家出走,在门口刚好碰到回家的妈妈。妈妈抱起宝宝,皱皱眉头说:"嗯,好难闻的油漆味,难怪宝宝要离家出走了"!然后,立刻更换油漆。使用了多乐士的净味漆后,效果明显,家里再没有刺鼻的异味,一家三口相视而笑,其乐融融。

2. 调查方案

(1) 调查对象

本次调查中的街头拦截式被调查者为武汉市城镇居民,以25~50岁的成年男女为主;他们大多拥有自己的家庭或住房,有相对较高的消费能力,能够自主做出消费决策;他们的住所或家装与墙面漆关联较大,对墙面漆产品和品牌有一定了解,对家装使用的材料有自己的要求;追求舒适、健康的生活状态。

本次调查中的网络访问被调查者均为武汉市城镇居民,也是以25~50岁的成年男女为主;他们的家庭消费水平较高,并且接触电视、电视广告时间较多,其中部分被调查者刚刚结束自己家的家装,对家装、墙面漆的选择与使用有自己的见解。职业构成包括政府机关工作人员,经营管理人员,工人/职工/员工,个体户/私营企业,离/退休人员,家庭主妇,待业人员。

(2) 调查目的

通过此次调查,评估该广告的传播效果,主要包括以下几项。①该广告的信息传递效果:多乐士净味墙面漆广告到达率、记忆率,多乐士品牌记忆率、品牌识别率;②该广告的内容表现形式效果:多乐士净味墙面漆广告中的声音、画面、内容对于目标受众的印象;③该广告的沟通效果:多乐士净味墙面漆广告是否与目标受众进行了有效沟通,是否拉近目标受众与产品、品牌之间的距离,是否增加了产品的亲和力;④目标受众对该广告宣传产品的认识与理解;⑤目标受众对该广告和产品的评价:多乐士净味墙面漆广告的好感度、促销度,是否给目标受众留下美好印象,是否有助于多乐士墙面漆产品增进销售和扩大市场占有率。

(3) 调查方式

主要包括以下三个部分。①调查方法：本次调查采用街头拦截式访问与网络访问相结合的方法；前者是指根据事先设计好的问卷,任意抽取被调查者进行面对面的访问,由被调查者在调查者的说明下填写问卷；后者是指将事先设计好的问卷制作成电子文档格式,通过QQ\MSN等聊天软件发布,进行随机调查,由有意接受被调查者填写问卷并返还调查者；②调查地点：(专指街头拦截式访问的调查地点)武汉市汉阳区家乐福、武昌区司门口沿线、洪山区亚贸广场、江汉区江汉路步行街等人流量大的地点。③调查样本：总样本容量——120个；有效样本容量——100个。

(4) 调查人员

江汉大学人文学院新闻传播系广告学专业学生需要于2007年11月中旬至2007年12月下旬完成对多乐士净味墙面漆"离家出走"篇电视广告的调查问卷派发、数据总结和调查报告撰写。其中,样本总数为120个,实际有效样本为100个,此次报告的结果是在对有效样本的数据统计分析的基础上总结出来的。

3. 调查实施过程

本次调查分3个阶段完成。

第一阶段街头拦截式访问于本学期13周周三下午在武汉市汉阳区家乐福、江汉区江汉路步行街完成,总样本50个,有效样本43个。

第二阶段街头拦截式访问于本学期14周周四下午在武昌区司门口沿线、洪山区亚贸广场完成,总样本50个,有效样本45个。

第三阶段网络访问于本学期14周周四晚上完成,总样本20个,有效样本12个。

4. 调查数据分析

在将调查资料进行统计处理之后,对其进行了分析(数据陈列如上),发现多乐士净味墙面漆"离家出走"篇电视广告并没有取得很大的效果,不论是多乐士品牌还是多乐士产品,在广告记忆度、好感度、促销度、美誉度还是品牌识别上,都没有达到很好的效果；相反,目标受众似乎将注意力更多地转移到广告本身而不是广告宣传的产品和品牌。

5. 调查结论

通过广告效果调查发现,多乐士净味墙面漆"离家出走"篇电视广告不甚成功。在被调查人群中,仅有45%的人群表示看过广告后对该产品产生兴趣。在有效的100个样本中,有35%的人仅仅记忆了广告模特而非广告内容,有55%的人群看过广告后并不想对多乐士墙面漆产品进一步了解,有69%的人群将该广告与同类产品其他品牌混淆,这说明多乐士墙面漆"离家出走"篇电视广告是不甚成功的,甚至有些失败,它并没有在目标受众中产生影响和购买力。

(1) 较好的传播效果

① 部分使目标受众产生了亲和感和信任感。在所有被调查者中,分别有35%和34%的人对广告模特和广告设计有记忆,并且对该广告的内容、画面、声音和整体安排给出较一致的好评。对于广告中宣传的"具备环保功能,有助于维系家人身体健康""采用净味配方,不刺鼻,不呛喉""产品不添加苯、汞、铅,保证无毒无害""色彩鲜艳,令人赏心悦目"4个要点,分别有59%、63%、37%、32%的人表示有记忆,更有52%的人表示愿意相信上述产品宣传语。

② 部分目标受众改变了对多乐士漆的印象或观念。在所有的被调查者中,观看该广告之

前,6%的人对多乐士漆印象很好,32%的人印象较好,69%的人印象一般,3%的人印象很差;在观看该广告之后,印象更好的占7%,印象变好的占40%,印象无变化的占53%。他们对多乐士的产品功能、产品宣传、产品种类、产品服务方面提出了要求改进的意见。

(2) 需要改进的地方

① 多乐士漆在品牌记忆和品牌识别方面存在问题。多乐士净味墙面漆"离家出走"篇电视广告播出之后,在已经有部分人群知道这个品牌的基础上,再次提高了品牌和产品信息的到达率。100%的人表示自己对这则广告有记忆,但是认为该广告是立邦漆的人占55%,认为是华润漆的人占2%,认为是大象漆的人占2%,认为是嘉宝莉漆的占2%,记不清品牌的人占8%,仅有33%的人记得这是多乐士漆的广告。同样的,人们在想到油漆品牌的时候,首先想到立邦的人占67%,想到汇丽的人占1%,想到华润的人占5%,想到大象、嘉宝莉和无印象的各占3%,而想到多乐士的人只占18%。

② 广告沟通效果不好,没有缩短与目标受众之间的距离。在被调查者中,有55%的人表示看过广告后不会继续关注多乐士漆。另外,8%的人愿意购买多乐士漆,有76%的人会综合其他因素之后再考虑是否购买多乐士漆,有16%的人直接表示不会购买多乐士漆。

6. 调查启示与建议

(1) 墙面漆的目标消费者是成年消费者,他们对墙面漆的质量等要点有自己的经验与思考,在进行广告时应该对这部分人群进行理性诉求。

(2) 仅仅强调功能利益已经不再是调动消费者购买欲的首要因素,广告宣传需要给目标受众一种差别化利益信息的传达,赋予多乐士漆更多的附加值。

(3) 广告创意不要过于单一,广告内容、声音、画面可以创造性的排列组合,使品牌识别更加明显,使品牌更加具有个性而不是被同质化;通过广告去传达产品信息,而不是仅仅用广告本身去吸引目标受众的眼球,所以要注意广告内容与产品信息的协调性安排。

(4) 墙面漆不是快速消费品,所以对多乐士漆的忠诚度、美誉度和好感度与产品销售的前期宣传和售后服务有很大关系,要想在激烈的竞争环境中争得一席之地,除了产品本身质量过硬,还需要拥有一批高素质的专业人员参与销售与售后服务来作为坚强后盾。

(5) 墙面漆并不是只有在家装中才会使用,办公大楼、学校等其他建筑物装修都会用到,多乐士漆应该有针对性地开发新产品、选择恰当的媒体播放广告,争取潜在客户。

(6) 在广告表现形式多样化的今天,新兴媒介的力量不可忽视,网络媒体的影响同样惊人,多乐士漆除了可以在电视上投放广告,还可以尝试在其他的媒介上投放,以达到促销效果和市场占有率的扩大化。

(资料来源:多乐士墙面漆电视广告效果调查报告. http://blog.sina.com.cn/s/blog_5dd8221a0100g1i0.html)

【案例分析】

多乐士电视广告"离家出走"篇的效果调查报告内容充实、调查程序清晰、方法较为科学。通过调查,发现多乐士净味墙面漆"离家出走"篇电视广告不论是多乐士品牌还是多乐士产品,在广告记忆度、好感度、促销度、美誉度还是品牌识别上,都没有达到很好的效果。调查启示与建议较有针对性。

【案例研讨】

收集相关电视广告效果调查案例,讨论分析其测评的方法。

参 考 文 献

[1] 丁家永.广告心理学——理论与策划[M].广州：暨南大学出版社,2005.
[2] Robert J. Sternberg.认知心理学[M].陈燕,译.北京：中国轻工业出版社,2006.
[3] 崔银河.广告法规与职业道德[M].北京：中国传媒大学出版社,2007.
[4] 王鸿敏.试论票证设计的形式感[J].上海工艺美术,2008(02).
[5] 范时勇.最新经典创意案例集[M].重庆：重庆大学出版社,2009.
[6] 刘松萍.会展营销与策划[M].北京：首都经济贸易大学出版社,2009.
[7] 张磊.Freeform触觉式设计系统简介.百度空间,2009.
[8] 崔晓文.广告学概论[M].北京：清华大学出版社,2009.
[9] 舒咏平.广告心理学教程[M].北京：北京大学出版社,2010.
[10] 江波.广告与消费心理学[M].广州：暨南大学出版社,2010.
[11] 王楠.关于虚拟会展的研究[M].石家庄：河北大众文艺出版社,2010.
[12] 吴爱莉.会展设计师宝典[M].北京：化学工业出版社,2010.
[13] 张晴.会展设计表达[M].上海：上海人民出版社,2011.
[14] 黄合水.广告心理学[M].北京：高等教育出版社,2011.
[15] 章晴方.商业会展空间设计[M].北京：中国传媒大学出版社,2011.
[16] 孙永健.会展总体设计[M].上海：格致出版社,上海人民出版社,2011.
[17] 薛振田.广告心理学：原理与方略[M].北京：化学工业出版社,2012.
[18] 章军.广告原理与策划[M].合肥：中国科学技术大学出版社,2012.
[19] 胡以萍.论世博会展示设计的多维表达[M].武汉：武汉理工大学出版社,2012.
[20] 张辉、李东.会展展示设计[M].广州：中山大学出版社,2012.
[21] 王怀明.广告心理学原理[M].北京：清华大学出版社,2012.
[22] 冯娴慧,王绍增.会展展示设计[M].北京：中国人民大学出版社,2012.
[23] 许广崇.从攻心为上88个经典广告策划[M].长沙：湖南科学技术出版社,2013.

推荐网站：

[1] 中国广告网.http://www.cnad.com.
[2] 中华广告网.http://www.a.com.cn.
[3] 中国广告协会网.http://www.cnadtop.com.
[4] 中央电视台广告部.http://ad.cctv.com/2006_ad.
[5] 中华人民共和国文化部.http://www.mcprc.gov.cn.
[6] 中华人民共和国国家工商行政管理总局.http://www.saic.gov.cn.
[7] 中华人民共和国国家新闻出版广电总局.http://www.sarft.gov.cn.
[8] BTV广告.tv.brtn.cn/btvgg.
[9] 未来广告.http://www.future-ad.com.
[10] 奥美广告公司.http://www.ogilvy.com.cn.
[11] 艺术中国网.art.china.cn
[12] 人民日报广告网.http://www.rmrbgg.com.
[13] 中国广告人网.http://www.chinaadren.com.